현명한 부모는
**넘치게
사랑하고**
부족하게
키운다

Parents Who Love Too Much by Jane Nelsen and Cheryl Erwin
Copyright © 2001 by Jane Nelsen and Cheryl Erwin
All rights reserved.

Korean Copyright © 2021 Doublebook
Published by arrangement with the authors via Empowering People, Inc.,
(DBA: Positive Discipline), San Diego, California, USA
Through Bestun Korea Agency, Seoul, Korea
All rights reserved.

이 책의 한국어 판권은 베스툰 코리아 에이전시를 통하여
저작권자인 저자와 계약한 (주)더블북코리아에 있습니다.
저작권법에 의해 한국 내에서 보호를 받는 저작물이므로 어떠한 형태로든 무단전재와 무단복제를 금합니다.

현명한 부모는
넘치게 사랑하고
부족하게 키운다

제인 넬슨·쉐릴 어윈 지음 조형숙 옮김

더블북

시작하며

나는 아이를 잘 키우고 있는 걸까

인생에서 가장 중요한 것이 무엇이냐고 묻는다면 많은 사람들이 '부모 노릇하기'라고 대답한다. 그들에게 다시 그럼 인생에서 가장 어려운 것은 무엇이냐고 묻는다 해도 아마 똑같은 대답을 할 것이다. 자녀를 갖는다는 것은 마치 꿈처럼 아름답게 보일지 모르지만, 자녀를 키우는 현실은 풀리지 않을 것 같은 실타래와 같다.

자, 당신 주변의 평범한 한 가정을 찾아가서 조용히 집 안을 둘러보자. 그 집에 아이가 있는지 없는지는 금세 알아낼 수 있다. 말끔히 정돈되어 있든, 어지럽게 널려 있든 아이 장난감이 있을 것이다. 그렇지 않으면 적어도 한쪽 벽에는 활짝 웃고 있는 아이 사진이 걸려 있고, 냉장고 여기저기에는 아이가 만든 미술작품, 가정통신문 등 아이에 관한 것들로 뒤덮여 있지 않을까?

이제 조금만 더 유심히 살펴보면 그 아이들을 만나게 된다. 아이들은 저마다 나이, 체격, 기질 등이 다르지만, 그들에게는 한 가지 공통점이 있다. 바로 그들을 너무도 사랑하는 부모가 있다는 점이다.

한 가정에 자녀가 태어난다는 것은 가히 역사적인 사건임에 틀림없다. 아이는 하루하루 새로운 변화를 보이며 성장하는 동안 부모와 많은 추억을 만들어간다. 손자 손녀까지 함께하는 부모와 자녀가 쌓는 추억의 파노라마는 계속 이어진다.

그러나 이런 그림은 너무나 이상적인 모습일 뿐이다. 우리 주변에는 오히려 버릇없고 감사할 줄 모르는 아이 때문에 힘들어 하는 부모, 자신이 해야 할 일을 스스로 해결하지 못하고 끊임없이 부모에게 의존하는 아이 때문에 속을 끓이는 부모, 책임감도 없고 삶의 목표도 없는 아이 때문에 막막하기만 한 부모가 더 많다.

현대사회의 가족 구조는 매우 다양하지만, 대부분의 가정이 자녀 중심으로 돌아간다. 그래서 아이를 키우는 일은 모든 부모에게 가장 어려운 일이면서, 동시에 그들의 삶을 가장 보람 있게 채워주는 일로 여겨진다.

자녀가 하나이건 둘이건 아이를 키우는 일은 모든 부모에게 큰 책임을 지우는 일이다. 부모가 된다는 건 자신의 시간과 자원 그리고 에너지를 아이를 위해 기꺼이 희생하겠다는 것을 의미한다. 또 부모가 된다는 건 물줄기를 찾아 끊임없이 땅은 파는 일과 같다. 그래서 부모가 되는 일은 엄청난 인내심을 필요로 한다. 부모는 아이의 행복하고 건강한 삶을 위해 정확한 판단을 해야 하고, 아이가 사회의 구성원으로서 바르게 살아가는 데 필요한 규율을 가르치고 안내해야 한다. 그래서 부모가 된다는 건 아이가 올바르게 성장하고 있는지 끊임없이 살피고, 때로는 걱정하는 삶으로 들어서게 되는 것이다.

부모 교육 강연에서 만난 부모들은 모두 부모의 역할을 잘하고 싶어 했다. 그들은 자녀를 기르는 일이 매우 중요하다고 생각했다. 문제는 매 순간 부모의 역할에 혼돈을 겪는다는 것이다. 당신도 이미 알고 있듯이 부모 노릇하기가 그리 쉽지 않다. 사회는 너무나 빠르게 변화하고, 아이들은 부모 세대와는 다른 환경에서 자라면서 가치관도 부모와는 다르다. 자녀를 양육하는 방법과 신념도 언제나 같지만은 않다. 자녀 교육에 대한 책이 넘쳐나고, 방송에서는 전문가들의 조언이 쏟아지고, 다양한 언론 매체에서는 부모 역할에 관한 수많은 연구 결과를 소개하는 데 열을 올리고 있지만, 그 어느 것도 일관된 방향을 제시하지 못하니 부모로서 더욱 혼란스럽기만 하다.

자녀 교육 문제와 관련해서 지금까지 부모의 사랑이 논쟁의 초점이 되는 경우는 거의 없었다. 아이의 탄생을 지켜본 부모, 아이가 아장아장 첫걸음을 걷는 순간을 지켜본 부모, 처음으로 학교라는 또 다른 사회로 나아가는 모습을 지켜본 부모에게 물어보면 한결같이 자녀를 향한 넘쳐나는 사랑의 감정이 어떤 느낌인지 말해줄 것이다. 우리는 물론 당신이 아이를 너무나 사랑한다는 것을 잘 알고 있다. 만약 그렇지 않다면 이 책을 읽으려 들지도 않았을 테니까.

아이를 너무 사랑하는 부모는 무엇이든 해주려 하고, 무엇을 좋아하는지, 어떻게 행동하는지를 늘 지켜본다. 때로는 자신의 행복과 소망을 포기하고서라도 아이가 좋아하는 것을 맘껏 즐기면서 누구보다 행복한 사람이 되기를 바란다.

그런데 사랑이면 모든 게 괜찮을까? 어느 TV 프로그램에 비만이 심각한 자녀를 둔 여러 엄마에 대한 이야기가 소개된 적이 있다. 이들 중에는 세 살 때 몸무게가 50킬로그램이 넘은 아이들도 있었다. 패널로 나온 의사나 방청객뿐만 아니라 프로그램 진행자도 몹시 의아해하면서 왜 아이를 이 지경이 되도록 놔두었는지 물었다. 그러자 엄마들은 한결같이 대답했다. "왜냐하면 우린 아이를 사랑하니까요." 상담 결과 이 엄마들은 대부분 불우한 어린 시절을 보냈는데, 어린 시절 부모가 자신이 원하는 것을 충분히 해주지 않은 건 자신을 사랑하지 않았기 때문이라고 생각하고 있었다.

물론 이건 너무 극단적인 예이긴 하다. 하지만 이들보다 교육 수준도 높고, 더 풍요로운 부모를 둔 가정에서도 아이들의 문제행동과 폭력성은 사회문제화되고 있다. 왜 아이들은 남을 존중할 줄 모르고 이기적이 되어갈까? 도대체 우리 아이들에게 무슨 일이 벌어지고 있는 걸까?

자녀를 넘치게 사랑하는 부모는 대개 너무 많은 것을 해준다. 그들은 아이에게 지나치게 허용적이다. 반대로 사랑이라는 이름으로 자녀를 지나치게 통제하고, 부모의 의지대로 행동하게 만드는 부모도 있다. 아이는 어릴 때는 부모의 말에 순종하지만, 사춘기만 되어도 아이의 행동과 생활에 지나치게 간섭하다 보니 부모 자녀 간 잦은 말다툼과 논쟁이 벌어지기 일쑤다. 둘 다 결코 바람직하지 않은 모습이다.

한번은 어느 부모에게 여덟 살 된 그 집 아이가 스스로 점심을 준비할 수 있으며, 그 과정에서 아이는 자신이 능력 있는 사람이라는 자존감과 가족에게 뭔가 해줄 수 있다는 자신감을 얻게 될 뿐 아니라, 자신이 만든 음식이기 때문에 더 이상 음식 투정은 하지 않을 거라는 얘기를 해주자 무척 놀라는 기색을 보였다. 오히려 아이를 사랑하는 부모라면 아이의 점심은 정성껏 만들어주어야 하는 것 아니냐고 반문했다.

그렇다면 아이를 잘 기르기 위해 당신은 무엇을 알아야 하는가?
솔직하게 고백하자면 이 책은 그 정답을 말해주지는 않는다. 아이를 키우는 데 정답은 존재하지 않기 때문이다. 다만 아이를 올바르게 키우기 원하는 당신의 바람을 실현하는 데 필요한 도움, 즉 무엇이 내 아이에게 맞는 양육 태도인지 찾아나가는 과정을 함께할 것이다. 우리 역시 당신과 같은 시행착오를 겪어왔다. 이 책에서는 필자들의 경험은 물론이고, 다양한 부모의 사례를 통해 시행착오를 줄이고, 부모와 자녀 간 문제를 해결해나가는 법을 함께 나눌 것이다.

우선 이 책에 등장하는 다양한 사례를 통해 부모로서 당신의 현재 모습을 점검해볼 수 있는 기회를 가질 것이다. 또 우리 아이들이 자신의 삶에 대해 어떻게 생각하고 있으며, 살아가면서 만나게 되는 많은 선택의 과정에서 어떤 결정을 내리는지 살펴봄으로써 당신의 아이를 보다 이해할 수 있는 방법에 대해서도 이야기하고자 한다.

무엇보다 중요한 것은 바람직한 부모의 역할을 당신 스스로 깨달아가는 데 있다. 이 방법을 이 책에서는 '친절하면서도 엄한 부모 역할'이라고 부르는데, 당신은 부모의 역할에 대해 숙고해보는 시간을 가짐으로써 아이를 위해 내린 당신의 결정이 어떤 결과를 불러올지도 점검해볼 것이다. 또한 부모로서 당신의 아이에게 진정 바라는 것이 무엇인지 탐색해볼 수 있는 시간도 갖게 될 것이다.

아마도 당신이 부모의 역할을 제대로 잘하고 있는지 여러 고민으로 마음이 무거웠을 것이다. 내가 과연 좋은 부모인지 불안하고, 때로는 죄의식에 시달리기도 했을 것이다. 부모의 욕심에 자녀를 다그치며 어쩔 수 없다고, 하지만 옳은 선택이었다고 스스로 확신을 갖는 경우도 있었을 것이다. 처음부터 완벽한 부모는 없다. 실수란 무언가를 배우는 과정에서 언제나 생길 수 있는 것이며, 누구든 실수할 수 있다. 문제는 우리가 그것을 깨닫고 다시 일어서는 데 있다.

우리는 당신이 사랑과 지혜를 바탕으로 아이를 양육하는 데 필요한 신념과 태도를 갖추기를 바란다. 그래서 우리 아이들이 좀 더 건강하고 행복한, 그리고 사회에 공헌할 수 있는 구성원으로서 성장할 수 있도록 제대로 이끌어줄 수 있는 부모가 되길 바란다. 아이들이 자기주도적인 삶을 살아갈 수 있도록 돕는 데 깊고 한결같은 당신의 사랑을 어떻게 전해줄 것인지를 고민하는 데 이 책은 도움이 될 것이다.

이 책의 저자로서, 그리고 먼저 아이를 키운 부모로서 아이를 위해 모든 시간과 노력을 아끼지 않는 당신에게 존경을 표하면서 본격적인 이야기를 시작하고자 한다.

그동안 한 번도 의심해본 적 없던 부모 역할에 관한 당신의 믿음이 이제부터 도전을 받게 될 것이다. 하지만 이런 과정을 통해 유능하고 건강한 아이와 신념 있는 양육 태도를 가진 부모가 되는, 매우 가치 있는 결과를 얻게 될 것이라고 확신한다.

자, 이제부터 시작이다.

옮긴이의 말

"당신의 아이를 정말 사랑하세요?" 하고 묻는다면 부모들은 과연 어떤 대답을 할까? 아마도 이런 질문을 실제로 받아본 부모는 거의 없을 것이다. 부모라면 자녀를 사랑하는 것이 너무나 당연한 일이라고 생각하기 때문이다. 그래서 '아이를 너무 사랑하는 부모들(Parents Who Love Too Much)'이라는 원서의 제목이 나의 눈길을 끌었다. 도대체 부모가 아이를 너무 사랑하는 게 왜 문제란 말인가?

그런데 이 책의 페이지를 넘기면서 아이를 너무 사랑하는 일이 우리 아이들을 '정말'로 사랑하는 일이 아닐 수 있음을 깨닫는 순간 탄식이 터져나왔다. 그리고 나는 어찌 되어도 좋지만 우리 아이만큼은 행복하게 키우고 싶다며 온갖 유아교육 프로그램을 섭렵하고, 때마다 멋진 옷과 장난감을 아이에게 안기는 젊은 부모들의 모습도 떠올랐다.

우리는 분명 아이를 사랑하고 있다. 그런데 그 사랑이 진정으로 아이에게 필요한 것이 아니라, 그저 아이의 몸과 감각을 순간적으로 즐겁게 해주는 것에 지나지 않는다면? 아이에게 진정으로 필요한 것은 그들의 정신을 살찌우고, 독립된 성인으로 살아갈 수 있는 능력을 키워주는 것이라면?

눈에 넣어도 아프지 않을 아이에게 잘못된 사랑을 주고 싶은 부모는 없다. 하지만 많은 부모들이 아이의 미래를 위해 진정으로 필요한 것이 무엇인지 고민하기보다, 당장 자신이 해줄 수 있는 것을 자녀에게 쏟아붓기도 하고, 아이에 대한 자신의 바람을 강요하기도 하고, 순간적인 감정에 따라 자녀를 대하기도 한다. 문제는 이런 부모의 행동이 미치는 영향이 연기처럼 사라지는 것이 아니라, 아이의 가슴속에 새겨져 시간이 갈수록 선명해진다는 것이다.

그렇다면 아이를 진정으로 사랑하는 방법은 무엇인가? 이 책의 저자들은 그리 쉽게 그 해답을 열거해주지 않았다. 바로 이것이 이 책의 장점이라는 사실을 깨달은 것은 마지막 장을 넘기면서이다.

우리는 부모로서 자신의 지혜와 판단을 신뢰하고, 그럼에도 자신의 행동을 되돌아보는 자기 성찰의 과정 속에서 바람직한 부모의 역할을 찾아나가야 한다. 여기저기서 내밀어대는 자녀 교육에 관한 수많은 정보 속에서 부모가 길을 잃는다면, 우리 아이들의 미래 역시 바람 앞의 등불처럼 정체성을 갖지 못하고 흔들리고 말 것이기 때문이다.

이 책은 우선 지난 시간 부모로서 어떻게 생각하고 행동해왔는지 되돌아보는 시간을 갖게 한다. 또 앞으로 어떻게 수정해나가야 하는지 신중하게 판단할 수 있는 성찰의 계기를 준다. 그래서 어느 순간 막막했던 머릿속이 환하게 밝아지며, 아이를 어떻게 사랑하고 이끌어야 하는지 그 길이 보이기 시작한다. 자연히 더 좋은 부모의 모습으로 변화하고 싶은 의지도 샘솟는다.

저자들의 말처럼 부모는 내 아이에 대해서만큼은 전문가이다. 전문가란 자신의 역량을 키우기 위해 끊임없이 노력하여 나름의 노하우를 갖춘 사람들이 아닌가. 부모가 내 아이를 위한 길은 무엇이며, 바람직한 방식으로 사랑하고 있는지 끊임없이 스스로를 점검하고 노력해나갈 때 우리 아이들의 미래가 건강해지고, 나아가 우리 사회도 건강해질 수 있을 것이다. 이 책은 한마디로 부모로서의 자신을 되돌아보며 '내 아이를 진정으로 사랑하는 조력자'가 되기 위해 나아가야 할 길을 안내하고 있다.

자, 이제 부모로서의 수많은 걱정과 두려움은 살짝 내려놓고 두 저자와의 만남을 시작해보자. 그리고 진정으로 아이를 사랑할 수 있는 방법을 찾아보자. 부모와 아이 모두가 행복한 세상을 위하여!

중앙대 유아교육과 교수 조형숙

차례

시작하며
나는 아이를 잘 키우고 있는 걸까 • 4

옮긴이의 말 • 11

1장   아이를 지나치게 사랑하는 게 왜 문제일까 • 16

2장   사랑이란 이름으로 저지르는 부모의 잘못 • 38

3장   통제하는 부모, 반항하는 아이 • 64

4장   합리적인 규율을 세우는 훈육이 필요하다 • 82

5장   내 아이에게 맞는 양육법은 따로 있다 • 100

6장   왜 부모는 아이에게 늘 미안할까 • 122

7장   독이 되는 사랑을 고집하면서 약이 되길 바라는 부모 • 150

8장   어떻게 해야 아이를 독립시킬 수 있을까 • 178

9장   인성은 왜 중요하고, 어떻게 길러지는가 • 198

10장　아이가 원하는 것과 아이에게 필요한 것은 다르다 • 226

11장　나는 어떻게 지금의 모습이 되었을까 • 246

12장　자신을 아는 것이 자녀 양육의 시작이다 • 262

13장　아이를 제대로 이해하는 방법 • 276

14장　친절하면서도 엄한 양육법을 실천하라 • 298

마치며
부모 역할을 다시 돌아보아야 한다 • 320

1장

아이를 지나치게
사랑하는 게 왜 문제일까

모든 부모는 아이를 사랑한다. 사람마다 자녀에 대한 사랑을 달리 정의하고, 표현하는 방법 또한 다르지만, 부모와 자녀 간의 결속력은 그야말로 신성할 정도이다. 책과 미술작품, 음악, 심지어 광고에서조차 우리 아이들은 고귀한 존재로 표현된다.

　많은 부모가 아이가 이 세상에 나오던 순간을 잊지 못한다. 얼마나 감격스러웠으며, 그로 인해 얼마나 큰 책임감을 갖게 되었는지 감회 섞인 이야기를 묻지 않아도 쏟아내곤 한다. 또한 부모라면 아이를 키우면서 만나는 보물 같은 첫 경험의 즐거움을 안다. 첫 번째 이가 난 날의 기쁨이나 처음 말을 시작한 날, 첫걸음을 내디딘 날, 처음으로 학교에 입학한 날, 처음으로 데이트하러 나간 날, 그리고 그 자식이 낳은 손주를 안으며 새로운 부모 세대가 시작되는 것을 경험해보는 환희를 알고 있다. 그러나 그와 함께 아이를 보호하고, 정성껏 양육해야 하는 엄격한 의무가 주어진다는 것도 알고 있다.

　부모들이 이 신성한 의무를 제대로 이행하려는 의지가 있다는 것은 자녀 교육에 대한 엄청난 정보가 넘쳐나는 것을 보아도 알 수 있다. 아이가 태어나기 전부터 자녀 교육에 관한 책을 사서 읽고, 적극적으로 부모 교육 강연에 참석하고, 온라인 커뮤니티에도 가입하여 아이 키우는 일에 대해 의견을 나눈다. 때로는 부모 자신의 개인적인 일도 제쳐 놓고 오직 아이를 위해 모든 시간과 에너지를 쏟아붓는다. 왜 그럴까? 그건 바로 아이를 사랑하기 때문이다.

<u>사실 부모의 사랑 자체가 문제는 아니다. 문제는 사랑이라는 이름으로 내리는 부모의 판단과 선택이다.</u> 특히 부모가 내린 선택이 가져올 결과는 다시 되돌리기에는 너무 늦어버린 뒤에야 나타나기 때문에 더욱 문제가 된다.

이 책에서 우리는 그러한 부모들을 비난하거나 질타하려는 게 결코 아니다. 우리 또한 좀 더 나은 부모가 되기 위해 노력하고 공부해왔기에 부모 역할을 제대로 한다는 것이 얼마나 어려운 일인지 잘 알고 있다. 다만 부모가 사랑이라는 이름으로 아이를 위해 내린 선택이 어떤 결과를 가져올 것인가를 좀 더 냉철하게 인식하고 경각심을 갖게 되기를 바랄 뿐이다.

아이를 사랑하지 않는 부모는 없다

약간의 차이는 있겠지만 평범한 부모라면 누구나 자신의 아이를 지극히 사랑한다. 솔직히 아이를 사랑하지 않는 부모는 거의 없다. 자, 이제 차분히 다음에 나오는 여러 가지 행동에 대한 이야기를 보고, 당신의 모습은 과연 어떠한가 생각해보자.

• **과잉보호하는 부모**

아이를 과잉보호하는 부모는 아이에게 어떤 능력이 있는지 잘 인식하지 못한다. 이런 부모는 심지어 아이가 놀이터의 놀이 기구 꼭대기에 올라가는 것도, 집 근처에서 자전거를 타는 것조차 허용하지 않는다. 조금이라도 위험해 보이는 건 무엇이든 못하게 한다. 어떤 실수도 용납하지 않는 부모는 아이가 성장하면서 만날 수 있는 실수도 미리 막아주려 한다. 무언가를 배우는 과정에서 실수가 얼마나 중요한 역할을 하는지에 대해 전혀 알지 못하는 것이다.

아이를 안전하게 보호하는 일은 매우 중요하다. 그러나 지나친 과잉보호는 당신의 아이를 소심하고 무기력하게 만든다. 어떤 아이는 과잉보호하는 부모 곁에 있지 않으려고 반항을 하기도 한다. 아이의 반항은 결국 부모와 자녀 간에 갈등을 만든다. 아이를 과잉보호하는 일은 엄청난 에너지를 소모하는 것이지만, 정작 아이는 고마움을 느끼지 못하며, 부모가 왜 과잉보호하는지 그 진정한 이유조차 알지 못한다.

• **구원자가 되어주려는 부모**

아이의 구원자 역할을 하는 부모는 흔히 아이가 잊고 가버린 과제를 들고 정신없이 학교로 뛰어간 경험이 있을 것이다. 이런 부모는 만약 아이가 마트에서 장난감을 슬쩍 훔친 경우, 혼을 내는 대신 그저 장난감을 빼앗아버리거나 교사에게 하소연을 늘어놓고는 그냥 지나쳐버린다. 아이가 좀 더 자란 후에는 어떨까? 아이가 자신이 쓴 휴대전화비를 내기로 한 약속을 어겼을 때 휴대전화를 못 쓰게 하는 대신 부모가 전화비를 내주고 만다. 이런 부모는 나중에는 결국 '도대체 우리 아이는 스스로 책임감 있게 할 수 있는 일이 왜 하나도 없지……' 하는 답답한 심정으로 긴 한숨만 내쉬게 될 것이다.

• **무엇이든 허용해주는 부모**

일반적으로 아이에게 지나치게 허용적인 태도는 좋지 않다고 말한다. 그러나 아이에게 일일이 많은 규칙을 지키도록 강요하기보다 허용해주는 일이 부모 입장에서는 훨씬 쉽다. 또 많은 부모가 아이에게는 스스로 무언가를 탐색하고 자기 뜻을 펼쳐볼 기회가 필요하며, 안 된다는 말은 아이의 창의성과 자존감의 싹을 꺾는 일이라고 생각한다. 하지만 어느 순간 뭐든 내키는 대로 행동하고 남을 배려할 줄도 모르는 아이의 모습을 발견하고는 몹시 당혹스러워한다. 친구들로부터 따돌림을 받는 아이를 보면서 상처받고 불쾌감에 사로잡히기도 한다.

• **사사건건 통제하는 부모**

아이를 지나치게 통제하는 부모는 아이에 대한 애정이 전혀 없는 것처럼 비춰지지만 그렇게 쉽게 단정할 수는 없다. 아이에게 이래라저래라 잔소리하고, 자주 벌을 주며, 무엇이든 아이 대신 결정하는 부모의 태도가 그리 애정적으로 보이지 않는 건 사실이다. 하지만 이런 부모는 언제나 "난 널 너무나 사랑하기 때문에 네가 어떤 실수를 하거나 태만해지는 것을 원치 않아"라는 식의 말을 한다. 이런 부모 밑에서 자란 아이는 부모에게 감사할 줄도 모르고, 반항적이며, 어떻게 하면 하고 싶은 일을 몰래 할 수 있을까 눈치만 살피게 되기 쉽다.

부모는 왜 이렇게 과도한 통제를 하는 걸까? 그렇지 않으면 아이가 하고 싶은 대로 내버려두는 방법밖에 없다고 생각하기 때문이다. 하지만 두 가지 극단적인 방법 사이에는 많은 대안이 있다. 이 책에서는 바로 그 대안에 관해 이야기할 것이다.

• 자녀의 요구를 무조건 들어주는 부모

아이가 바라는 걸 해주고 난 뒤 아이의 행복해하는 모습을 지켜보는 일은 부모에겐 즐거운 일이다. 이런 부모는 대개 자신이 성장하면서 해보지 못했거나 가져보지 못했던 것을 아이에게 해주고 싶어 한다.

어떤 부모는 단순히 장난감 가게나 마트에서 무언가를 사달라고 졸라대며 우는 아이와 실랑이를 하고 싶지 않아서 아이의 요구를 들어준다. 어떤 경우가 됐든, 이제 아이는 자기 부모에게 통하는 그 무언가가 있다는 걸 알고 계속 그런 행동을 하게 될 것이다.

• **아이의 의사를 무시하고 자기 마음대로 결정하는 부모**

이런 유형의 부모들은 흔히 아이가 실수하지 않도록 보호하기 위해서라는 명분을 내세워 무슨 일이든 자신이 결정하려 한다. 하지만 아이들은 어떤 일을 스스로 하는 과정에서 만나는 실수를 통해 많은 것을 배울 수 있다. 예를 들어, 연극반에서 주연을 맡고 싶어 거울 앞에서 열심히 연습을 하고 있는 딸아이를 보며, "너무 열심히 하지 마라. 안 되면 실망만 크니까"라고 말하는 부모가 있다. 이런 부모는 어차피 아이는 이루지 못할 것이기에 굳이 시간을 낭비하거나 상처받을 필요가 없다고 생각한다. 하지만 발명왕 에디슨의 어머니가 전구를 발명하기 위해 40, 50번씩 실패한 에디슨이 자존감에 상처를 입을까 두려워서 그만 포기하라고 했다면 과연 어떻게 되었을까?

만약 아이에게 공부하라고 끊임없이 잔소리를 해대기보다는 차라리 학교에서 꼴찌를 하도록 내버려두는 것이 아이를 위해 더 좋은 방법이라고 조언한다면 거의 모든 부모들은 말도 안 되는 소리라고 생각할 것이다. 하지만 아이를 위해 숙제를 대신 해주는 일은 아이를 더 망치는 일이다. 그렇다고 아이를 무조건 내버려두라는 말은 아니다. 아이 스스로 어떤 일에 대해 의사를 결정할 수 있고, 그 결과가 어떻게 나오는지를 직접 경험해보도록 기회를 주어야 한다는 뜻이다.

• **자녀의 비위를 맞춰주는 부모**

자녀의 비위를 맞추기 위해 애쓰는 부모는 대개 유명 브랜드 신발과 옷을 입히고, 최근에 나온 장난감을 사다주며 부모로서 아이를 위해 많은 것을 해주고 있다는 자부심을 느끼곤 한다. 이런 부모는 아이가 방에서 TV를 보거나 컴퓨터 게임에 매달려도 그냥 내버려두는 것이 아이를 사랑하는 일이라고 생각한다.

이렇게 아이를 키우는 부모는 어떻게 해야 아이가 스스로 자기 방을 치우게 할 수 있는지도 모르고, 왜 자신이 망가뜨린 장난감을 당장 고쳐달라고 떼를 쓰는지 알 수 없다고 생각한다. 언제나 자녀의 비위를 맞춰주려는 부모 밑에서 자란 아이는 어떤 일을 하든 내키는 대로 행동하게 된다.

- **아이에게 너무 많은 기대를 하는 부모**

아이에 대한 기대가 지나치게 높은 부모는 심한 경우 아이가 태어나기도 전에 좋은 유치원을 찾아 대기자 명단에 올려놓고, 갓 돌이 지난 아이를 위해 도서 전집을 들여놓기도 한다. 심지어 두 살 때부터 온 집안에 단어 카드를 붙여놓고 읽기 공부를 시키고, 네 살만 되면 온갖 운동을 배우게 한다. 아이가 학교에 다니기 시작하면 어떻게든 영재 프로그램에 등록시키려고 갖은 애를 쓴다. 그러고는 날마다 숙제 때문에 아이와 실랑이를 벌인다. 이런 부모는 아이가 학교에서 뛰어나지 않으면 인생에서 실패하고 말 거라고 확신하기 때문이다.

이런 유형의 부모 밑에서 자라는 아이는 대체로 자신이 충분히 인정받지 못하고 있으며, 조건부적인 사랑을 받고 있다는 느낌 때문에 상처받고 의기소침해지기 쉽다. 때로는 심리 치료가 필요할 정도로 상처가 깊을 수도 있다. 이런 아이는 평생 부모의 기대에 부응할 수 있는 방식으로 자신의 삶을 꾸려나가거나, 아니면 학교도 그만두고 부모에게 반항하며 멋대로 살아가는 경우가 많다.

• **칭찬을 남발하는 부모**

아이의 작은 행동 하나하나에도 칭찬을 쏟아붓는 부모는 아이에게 칭찬을 해주는 것이 가장 중요하다는 말을 전적으로 믿고 있다. 심지어 냉장고에 '아이를 칭찬하는 100가지 방법'이라는 목록까지 붙여놓는다. 하지만 과도한 칭찬은 아이의 자신감과 창의성을 높여주기보다는 오히려 칭찬 중독증에 빠지거나 더 이상 칭찬을 통해 더 발전하려는 의욕을 꺾을 수도 있다.

• **아이 대신 싸우는 부모**

이런 부모는 자기 아이에게 조금이라도 잘못하는 친구가 있으면 곧장 집으로 돌려보낸다. 아이가 옆집 창문을 깨뜨렸다면 아이 대신 가서 창문은 본래 깨져 있었고, 우리 아이는 야구공에 손도 대지 않았다고 변명해준다. 뿐만 아니라 아이가 수학을 잘 못하는 것은 수학 선생님의 실력이 없기 때문이라고 불평한다. 이런 부모는 주변 사람들로부터 따돌림을 받기 쉽다. 이런 부모 밑에서 자란 아이는 자신의 행동에 책임을 져야 한다는 사실을 알지 못한다.

• 아이를 상전 대하듯 하는 부모

무슨 일이든 자신보다 자녀의 요구를 먼저 고려하고, 아이를 마치 상전 대하듯 하는 부모들이 있다. 예를 들어, 아이가 원하기 때문에 저녁을 피자로 먹고, 아이가 너무 좋아하기 때문에 틈만 나면 놀이동산에 간다. 아이가 울거나 보고 싶어 할까 봐 불안해서 부부끼리만 주말을 보내는 일도 없다. 부모 자신은 비록 조금 불만스럽더라도 아이가 행복해야 한다고 생각한다.

그런데 막상 아이는 그리 행복해하지 않는다는 사실을 아는 순간 부모는 일종의 배신감을 느끼게 된다. 왜냐하면 아이는 이런 부모에게 고마움을 느끼기는커녕 점점 더 많은 것을 해달라고 칭얼거리며 요구하기 때문이다.

• 아이를 위해 밤낮없이 일해야 한다고 생각하는 부모

부모라면 누구나 아이를 좋은 동네에서 키우고 싶어 하고, 좋은 학교에 보내길 바란다. 그래서 열심히 일한다. 부모가 열심히 일을 하는 것 자체가 아이에게 해를 입히는 것은 아니다. 그러나 보다 풍요로운 환경을 마련해주고 싶다는 일념으로 밤낮없이 일만 한다면 부모의 바람과는 달리 아이에게 오히려 부정적인 영향을 주게 된다.

이런 부모의 경우 가족과 함께 시간을 보내는 데 익숙하지 않아 간혹 아이나 배우자가 시큰둥한 반응을 보일 때도 있다. 그러면 자신이 잘못되었다는 생각을 하기보다 당혹스러워한다. 게다가 아이나 배우자가 일벌레처럼 사는 자신 때문에 몹시 힘들었다고 불만을 토로하면 일종의 죄의식까지 갖게 된다. 이렇게 되면 부모는 아이의 응석을 무조건 받아주게 되고, 결국 누구에게도 도움이 되지 않는 양육 태도를 취하게 된다.

• **자녀의 모든 것을 다 알고 있다고 생각하는 부모**

친구들이나 이웃에게 아이 자랑을 입에 침이 마르도록 늘어놓는 부모가 있다. 심지어 어떤 부모는 주변 사람들 모두 그 집 아이가 악기 하나 제대로 연주하지 못한다는 걸 뻔히 아는데도 불구하고 자기 아이가 앞으로 훌륭한 피아니스트가 될 것이라고 장담하기도 한다.

이런 부모는 자신의 아이에 대해 제대로 알고 있을까? 혹시 자신이 국화 씨앗과 같은 잠재력을 가진 아이를 장미꽃이 되도록 길러낼 수 있다고 생각하는 건 아닐까? 이들은 아이가 가진 그대로의 모습을 사랑하는 것일까, 아니면 부모가 바라는 대로 성장한 이상적인 아이의 모습을 그리며 사랑하는 것일까?

아마도 당신은 지금까지 살펴본 부모의 여러 행동 가운데 적어도 하나는 바로 내 모습이라며 고개를 끄덕였을 것이다. 그렇다면 당신은 아이를 사랑하지만 실상 아이에게는 바람직하지 않은 방식으로 아이를 사랑하고 있는 것이다. 그런데 당신뿐만이 아니다. 우리 주변의 많은 부모들이 자신의 양육 태도를 돌아볼 여유 없이 아이를 키우고 있다.

우리가 이 책에서 말하려는 아이를 지나치게 사랑한다는 것은 '사랑이라는 이름으로 아이에게 행하는 결코 이롭지 않은 부모의 행동'을 의미한다. 그러다 보니 한 가지 안심해도 될 일은, 당신은 지극히 정상적인 부모라는 것이다. 게다가 더욱 기대해도 좋은 건, 지금 당신이 어느 때보다도 아이의 성공적인 삶을 위해 더 많은 도움을 줄 수 있으리라는 것이다.

우리가 말하려는 사회에서의 성공이란, 한 사회의 구성원으로서 공동체에 공헌하면서 행복하게 살아가는 것을 말한다. 왜냐하면 부모가 진정한 사랑을 바탕으로 아이를 키운다면 그들은 조건 없는 부모의 애정을 항상 신뢰하면서 부모의 것이 아닌 바로 자신의 꿈을 실현하기 위해 용기와 자신감과 능력을 키워갈 것이기 때문이다. 또 이렇게 자란 아이는 가정과 학교, 사회로부터 무언가를 받는 것뿐만 아니라 자신이 줄 수 있다는 것이 얼마나 중요한지를 알기 때문에 어떤 식으로든 사회에 공헌하고자 노력할 것이다.

지나친 사랑의 덫에 걸리지 않으려면

아이를 지나치게 사랑한다는 바로 그 이유 때문에 당신은 쉽게 사랑의 덫에 걸리고, 오랜 시간 동안 그 안에서 헤어나지 못할 수도 있다. 그것이 당신이 부모 교육에 관한 이 책을 읽어야 하는 이유이다. 이 책을 읽는 동안 자신의 행동을 돌아봄으로써 또다시 아이를 지나치게 사랑하는 덫에 걸리지 않고, 보다 바람직한 부모 역할을 할 수 있도록 도움을 받기 위함이다.

다시 한번 강조하지만, 우리는 당신에게 어떤 완벽한 방법을 알려주려는 것은 아니다. 다만 당신이 부모로서 어떤 양육 태도를 가져왔는지 깨닫고, 만약 어떤 실수를 했다면 그 실수를 되풀이하지 않는 방법을 알려주려는 것이다.

정신과 의사인 루돌프 드라이커스(Rudolf Dreikurs)가 자주 인용하는 말대로, 사람에겐 늘 불완전한 존재가 될 수 있는 용기가 필요하다. 이것이 당신 자신과 아이에게 줄 수 있는 가장 커다란 선물이다. 당신이 불완전한 존재라는 것을 보여줌으로써 아이는 사람이란 실수를 할 수 있으며, 오히려 실수를 통해 많은 것을 배울 수 있다는 사실을 깨닫게 된다.

<u>당신의 행동이 아이의 미래에 어떤 영향을 미치게 될지를 이해한다면 비록 그 순간만큼은 아이를 사랑하지 않는 것처럼 보일지라도 마침내 아이를 진정으로 위하는 방법을 찾을 수 있을 것이다.</u>

감정에 치우치는 부모들

둥지를 열심히 지키고 있는 어미 새의 모습을 본 적이 있는가? 어미 새는 새끼들이 알을 깨고 나오는 순간까지 어떤 어려움도 참아내며 알을 따뜻하게 보호한다. 또 그렇게 해서 태어난 새끼들을 헌신적으로 돌본다. 그런데 이 어미 새가 행여 새끼들이 잘못되지나 않을까 하는 걱정 때문에 아기 새들에게 적절한 시기에 둥지 밖으로 날아갈 수 있는 기회를 주지 않는다면 그 결과는 어떻게 될까?

<u>스스로 날아가 먹이를 물어오는 연습</u>을 게을리한 아기 새는 생존을 위해 꼭 필요한 근육을 발달시킬 기회를 갖지 못하고 말 것이다. 바로 요즘 우리의 아이들처럼 말이다.

부모들은 왜 감정에 얽매일까

감정의 메커니즘을 이해한다면 부모들이 왜 그토록 자녀를 지나치게 사랑하는지 알 수 있다. 상당수의 아이들이 유능한 성인으로 성장하는 데 실패하는 원인은, 바로 부모가 합리적인 판단이 아닌 자신의 감정에 따라 아이를 키우는 데 있다.

아이를 향한 사랑이 지나친 부모는 내 아이가 조금이라도 괴로운 감정을 갖게 될까 봐 두려워한다. 심지어 아이가 최근에 발매된 장난감이나 게임기를 갖지 못하면 괴롭고 짜증스러워할 것이라고 지레 믿는다. 이처럼 <u>아이에게 불만족스런 감정을 한순간도 느끼지 않게 하려는 부모로 인해 아이는 실망과 아쉬움을 극복하기 위한 방법을 배</u>

==울 기회를 잃고 만다.== 뿐만 아니라 진정으로 자신이 원하는 것을 갖기 위해서 어떤 노력을 해야 하는지도 모른다.

그렇다면 당신은 왜 실망과 불만족이 주는 고통을 아이가 잠시도 느끼지 못하게 하려고 허둥대는 걸까? 그건 바로 아이를 지나치게 사랑하기 때문이다.

- **성장의 아픔은 자연의 법칙**

한 소년이 온 힘을 다해 번데기 껍질을 벗고 나오려는 나비의 모습을 지켜보고 있었다. 소년은 어린 나비의 모습이 너무 안쓰러워 나비가 쉽게 나올 수 있도록 껍질을 잘라주었다. 그런데 나비는 힘겨운 날갯짓을 몇 번 해보더니 그만 힘없이 땅에 떨어져 죽고 말았다.

소년은 나비가 번데기 껍질 안에서 나오려고 애를 쓰는 동안 날개 근육이 단련돼 하늘을 힘껏 날아다닐 수 있는 힘이 생긴다는 걸 미처 몰랐던 것이다. 나비와 같은 성장의 아픔은 동물의 세계에서 볼 수 있는 자연의 법칙이다. 이것은 인간에게도 마찬가지다.

당신은 자주 이 어린 소년의 역할을 해오지 않았는가? 세상을 살아가는 데 필요한 힘을 키우기 위해 반드시 겪어야 하는 시련과 어려움 속에서 아이를 빼내는 데만 급급하지 않았는가? 그렇다면 당신은 왜 그렇게 했던 걸까? 이 질문에 대한 답은 이 책에서 앞으로 좀 더 상세히 다룰 것이다. 그러나 여기서 간단히 말하면, 자녀를 사랑한다고 말하는 많은 부모들이 지금 이 순간 자신의 행동이 향후 아이에게 어떤 영향을 주게 될지 제대로 인식하지 못하는 경우가 많다.

• 아이에게 미칠 영향을 신중히 생각하라

소년이 만약 자신의 행동이 나비를 도와준 것이 아니라 오히려 해를 준 것임을 알았다면 아마도 그처럼 감정에 치우친 행동을 하지 않았을 것이다. 부모가 아이를 지나치게 사랑하는 실수를 범하는 이유는, 아이를 진정으로 사랑하는 방법에 대한 지식이 부족하기 때문이다. 사랑이라는 이름으로 아이를 과잉보호하거나 지나치게 통제하는 부모는 자신의 행동이 아이에게 힘을 주기는커녕 오히려 해가 된다는 사실을 알지 못한다.

어찌됐든, 부모는 아이를 사랑으로 키우겠다는 좋은 동기를 갖고 있는 것만큼은 사실이다. 그 동기가 기대한 만큼 좋은 결과를 가져올 수 없는 문제에 대해서는 제대로 인식하고 있지 못하지만 말이다.

부모의 지나친 사랑으로 인해 아이는 자기 자신은 물론 다른 사람들을 진정으로 존중하는 방법을 배울 기회를 놓치고 있다. 너무도 많은 부모들이 아이를 지나치게 통제하거나 과잉보호함으로써 아이 스스로 자신이 무능한 사람이라는 비관적 신념을 갖게 한다는 사실을 깨닫지 못하고 있다.

특히 부모가 사랑이라는 이름으로 지나치게 통제할 경우, 아이는 다른 사람의 비위를 맞추고 기대에 부응해주어야만 자신이 가치 있는 존재가 될 수 있다고 믿는다. 그리고 스스로 아무것도 제대로 할 수 없다는 무력감을 갖게 된다.

앞서 살펴본 대로, 아이를 지나치게 사랑하는 방법에는 여러 가지가 있다. 때로는 지나치게 허용적이다가 또 어느 순간에는 지나치게 통제적인 태도를 취한다면 아이에게 필요한 자신감과 올바른 인성을 함양하는 데 방해가 될 수 있음을 알아야 한다.

풍요로움이란 질병에 전염된 아이들

옛날에는 아이들에게 넘치게 줄 수 있을 만큼 모든 것이 풍요롭지 않았다. 한 어머니가 어린 아들에게 「들판에 지은 작은 집」이라는 이야기 가운데 크리스마스에 관한 부분을 읽어주었다. 그러자 아이는 어이없다는 표정으로 "크리스마스 선물로 겨우 오렌지를 받았어요? 그 아이가 좋아했을까요?" 하고 말했다.

우리는 크리스마스나 생일 선물을 받은 아이가 "겨우 이거예요?" 하면서 전혀 감사할 줄 모른다고 불평을 털어놓는 부모들을 많이 만났다. 문제는 아이들의 이런 행동이 부모 자신이 불러온 결과임을 깨닫지 못하고 있다는 것이다.

넘치는 풍요로움이 아이가 살아가는 데 결코 좋지만은 않다는 사실을 조금이나마 인식하고 있는 부모는 아이에게 충분히 해줄 수 있는 것이라도 가끔은 "엄마는 그것을 해줄 수 있는 여유가 없어" 하고 이야기한다. 하지만 아이는 부모의 말이 거짓말임을 금방 알아채고는 그 때부터 부모를 설득하기 위해 모든 수단을 동원한다. 간청을 하고, 가련한 모습으로 애교를 떠는가 하면, 때로는 칭얼거리거나 골을 내고, 그도 저도 아니면 그냥 소리를 지르기도 한다. 결국 부모는 아이에게 굴복하고 만다.

이때 무조건 아이에게 굴복해버릴 것이 아니라 "엄마 아빠는 안정된 생활을 하기 위해 아주 열심히 일했고, 네가 원하는 것을 해줄 수 있을 만큼 능력도 있단다. 이처럼 많은 능력은 열심히 일을 하는 동안 기를 수 있었어. 그래서 우리는 네게도 스스로 그런 능력을 기를 수 있는 기회를 주고 싶어. 왜냐하면 우리는 너를 진심으로 사랑하기 때문이야" 하고 아이에게 분명한 어조로 얘기할 수 있어야 한다.

다시 강조하지만 아이를 사랑하는 마음 그 자체가 문제는 아니다. 다만 당신의 마음을 아이가 자신의 미래를 위해 필요한 능력을 키울 수 있게 기회를 주는 방향으로 전해주느냐가 관건이다.

아이들은 부모의 말이 정말 확고한 것인지 아닌지를 기가 막히게 알아챈다. 당신이 부드럽지만 단호한 어조로 말하면서 아이에게 절대 굴복하지 않는다면, 아이는 애교를 떨거나 칭얼거리면서 부모를 설득하려는 행동을 하지 않을 것이다. 이때 아이에게 안타까운 마음은 이해하고 있다는 태도를 어느 정도 보여주는 것은 무방하다. "그래, 네 마음이 너무 속상할 거라는 건 엄마 아빠도 알아. 하지만 넌 잘 참을 수 있을 거야. 자, 집에 있는 것들을 갖고 놀자" 하고 말해보자. 그다음에 이번에는 아이의 요구를 절대 들어줄 수 없다는 것을 다시 한번 단호하게 말해준다.

소유욕은 사랑이 아니다

아이를 자신의 소유물처럼 생각하는 부모의 경우, 자신의 행동이 아이에게 어떤 영향을 줄 것인지 잘 모르기 때문인지, 아니면 단순히 그들이 이기적이기 때문에 그러는 건지는 단정적으로 말하기 어렵다. 다만 아이에 대한 부모의 소유욕도 사랑이라는 이름으로 자행되는 잘못된 양육 태도 중 하나이다.

〈이사야의 구출(Saving Isaiah)〉이라는 영화가 바로 사랑이라는 이름으로 가장된 부모의 잘못된 소유욕이 어떻게 아이를 절망에 빠뜨릴 수 있는지를 잘 보여주고 있다. 대강의 내용은 이렇다.

마약 중독자인 한 젊은 엄마가 아기를 낳자마자 쓰레기통에 버린다. 그 아이는 극적으로 구조되었고 좋은 가정에 입양된다. 아이가 네 살이 되던 해에 친모는 마약 중독에서 헤어났고, 자신의 아이를 되찾기로 결심한다. 이때 친모가 아이를 진정으로 사랑한다면 무엇이 아이를 위해 최선인지를 생각해보았어야 했다. 결국 친모는 아이를 되찾았지만 아이에게는 불행이 시작된 것이다.

친모는 양육권 소송에서 이겨 아이를 키울 권리를 갖게 되었다. 그러나 양모의 품에서 떨어지지 않으려고 발버둥 치는 아이의 모습은 차마 보기 힘들 만큼 고통스러웠다. 아이는 지쳐 잠들 때까지 끊임없이 울었다. 몇 달 동안 아이는 심한 우울 증세를 보였다. 잠잠하다가도 갑자기 분노를 터뜨리는 행동을 보였다. 어떤 날은 식당의 의자를 마구 쓰러뜨리기까지 했다.

이런 아이를 지켜보던 친모는 자신이 아이에게 너무 큰 잘못을 했다는 사실을 깨달았고, 결국 양모에게 아이를 돌려주었다. 그제야 친모는 아이를 진정으로 사랑하는 방법이 무엇인지를 알게 되었던 것이다. 양모의 품에 안긴 아이의 얼굴에는 행복이 가득했다. 한편 양모 또한 친모에게 정기적으로 아이를 방문할 수 있는 권한을 줌으로써 아이를 진정으로 사랑하는 법을 보여주었다. 이로 인해 아이는 여러 어른을 동시에 사랑할 수 있다는 것을 알게 될 것이다.

이 영화는 사랑이라는 이름으로 아이에게 행하는 부모의 극단적인 모습을 잘 표현하고 있다. 영화보다 덜 극적이긴 해도 우리 주변에는 사랑의 권리를 주장하면서 아이를 두 쪽으로 찢어가려는 이혼 직전의 부모들이 많이 있지 않은가.

아이는 사랑을 나눠 받을 권리가 있다

부모든 조부모이든, 또는 계부모이든 아이는 많은 어른들에게서 사랑을 받을 수 있어야 한다. 어느 한 사람이 아이에 대한 사랑을 독점하려는 것은 아이에게 결코 좋지 않다. 이혼 직전의 부모는 일종의 보상 심리와 같은 감정에 빠져 아이에게 집착하는 경향을 보인다. 이런 부모들은 대부분 자신이 아이를 너무도 사랑하기 때문에 반드시 양육권을 가져야 한다고 주장한다.

아이의 안전이나 학대, 또는 유기 등의 문제가 있는 경우가 아니라면 아이에겐 부모 모두 필요하다. 나중에 또 이야기하겠지만, 이혼한 부모나 양육권 소송 중인 부모, 그리고 편부모인 경우 아이를 잘못 사랑하는 길로 빠져들기 쉽다. 그들이 흔히 말하는 온전한 가정을 이루지 못하고 있기 때문이 아니다. 자신이 아이에게 온전한 가정을 주지 못했다는 죄의식에 지나치게 허용적이거나 아이에게 집착하게 되는 유혹에 빠지기 쉽기 때문이다. 아이를 잘못 사랑하는 일은 어떤 가족 형태에서든 부모가 쉽게 걸려들 수 있는 덫과 같다.

지금까지 이 장에서는 아이를 잘 키워보려고 애쓰는 부모들이 그들을 지나치게 사랑함으로써 잘못된 길로 들어선 사례에 대해 이야기했다. 다음 장에서는 이런 부모의 행동이 아이에게 어떤 악영향을 주는지, 그리고 왜 부모들이 잘못된 사랑을 하고 있는지, 그 대안은 무엇인지에 대해 이야기하고자 한다.

　앞에서도 언급했지만 아이를 지나치게 사랑하는 것 자체가 문제는 아니다. 문제는 그 사랑을 잘못된 방법으로 표현하는 데 있다. 따라서 우리는 앞으로 부모가 아이에게 "나는 너를 너무나 사랑하기 때문에 무조건 너를 도와주려 하지 않을 것이고, 네 스스로 무엇이든 할 수 있는 능력을 키울 수 있도록 할 거야"라고 말할 수 있는 방법에 대해 이야기해나갈 것이다. 바로 건강하고, 똑똑하고, 잠재력이 풍부한 아이로 자라는 데 필요한 진정한 사랑을 주는 방법이다.

2장

사랑이란 이름으로 저지르는
부모의 잘못

아이들이 성공적으로 살아가기 위해서는 뿌리와 날개가 반드시 필요하다. 하지만 부모의 지나친 사랑 때문에 아이에게 필요한 뿌리와 날개가 제대로 갖춰지지 않을 수 있다. 이 장에서는 부모의 지나친 사랑이 초래할 결과에 대해서 성찰해보는 것이 얼마나 중요한지를 보여주고자 한다.

진지하게 생각하지 않는 부모들

부모 역할에 대해 많은 연구를 살펴보면, 애정적이고 매우 사려 깊은 부모조차도 자신의 행동이 가져올 결과에 대해서 깊이 생각하지 않을 뿐 아니라, 때로는 감정적으로 자녀를 대하는 것으로 나타났다. 특히 아이가 부모에게 반항적인 태도를 보이는 경우 더욱 감정이 앞선다.

이럴 때 부모는 흔히 타임아웃(하던 것을 멈추게 한 뒤 의자에 앉히거나 방 안에 들어가 꼼짝하지 않도록 하는 벌)을 사용한다. 이 방법은 그럴듯해 보이지만, "당장 네 방에 들어가! 그리고 네가 무엇을 잘못했는지 생각해 봐. 알았지?"라는 식의 말은 그리 도움이 되지 않는다. 부모 역시 잠시 감정을 가라앉히고 과연 이것이 옳은 방법인지 생각해본다면 어리석다는 것을 곧 깨닫게 될 것이다. 이 방법은 오히려 아이의 짜증을 더 부추기게 할 뿐, 아이가 어떤 생각을 할지 아무런 통제도 할 수 없기 때문이다.

당신은 어쩌면 속으로 아이가 "제가 어떤 잘못을 했는지 반성해보고, 앞으로 더 잘해야겠다는 생각을 할 수 있도록 기회를 주셔서 고맙습니다"라는 식의 생각을 하리라고 기대할지도 모른다. 그러나 아이는 "두고 보세요. 나를 꼼짝 못하게는 할 수 있겠지만, 내 생각까지 마음대로 하지는 못할 거예요"라는 생각을 하고 있을지도 모른다.

배우자나 친구 또는 직장 동료가 당신에게 "저리 가서 당신이 무슨 잘못을 했는지 생각해보시오"라고 한다면 과연 어떤 느낌이 들지, 어떻게 반응할 것인지 생각해보라. 그러면 대부분이 웃으면서 "날 보고 뭘 하라고요? 말도 안 돼요"라는 반응을 보인다. 아이들의 입장도 같다. 당신에게도 별로 유쾌하지 않은 일을 아이라고 흔쾌히 받아들일 수 있을까?

이와는 정반대의 부모도 있다. 그들은 아이가 갖고 싶거나 원하는 것이면 무엇이든 해주려고 한다. 아이의 욕구가 좌절될 때 받게 될 실망감이 걱정스러워 아예 그런 경험을 주고 싶지 않기 때문이다. 그러고는 내심 아이가 "저를 진정으로 사랑해주셔서 너무 감사해요. 절대로 잊지 않고 기대에 어긋나지 않는 훌륭한 아들, 딸이 될게요"라는 생각을 하고 있으리라 기대한다. 그러나 안타깝게도 이 부모에게 되돌아오는 것은 "왜 아이가 고마워할 줄 모르고 갈수록 더 많은 것을 바라기만 할까요?"라는 의문뿐이다.

그제야 곰곰이 생각해보면 그동안 아이에게 스스로 문제를 해결하고 살아가는 데 필요한 능력을 배우고 익힐 기회를 주지 않았다는 사실을 깨닫게 될 것이다.

당신은 아마 다른 부모들이 내린 어떤 결정에 대해서 도대체 왜 저렇게 어리석은 생각을 하는지 의아하게 생각해본 경험이 있을 것이다. 우리를 경악하게 만들었던 미국의 한 고등학교에서의 총기 사건만 해도 그렇다. 많은 사람들이 그 아이의 부모를 두고 어떻게 아이가 폭탄을 만들고 총을 사도록 모르고 있었는지 도무지 이해할 수 없다며 한마디씩 했다.

그런데 우리 가운데 과연 아이와 진솔한 대화를 나누고, 그들의 세계를 제대로 이해하고 있는 사람이 얼마나 될까? 바람직한 부모 역할을 하기 위해 자신이 얼마나 잘못된 양육 태도를 갖고 있는지 깨닫고, 그래서 교육을 받고 실천할 수 있는 충분한 용기를 키운 사람이 과연 얼마나 될지 생각해볼 필요가 있다.

아이의 사랑을 돈으로 사고 있나요?

매년 크리스마스가 되면 가장 최근에 발매된 장난감이 불티나게 팔려 품절까지 되는 일이 벌어지곤 한다. 그리고 다음 크리스마스가 되면 또 어김없이 어느 아이든 꼭 가져야만 하는 장난감이 등장한다. 당신도 그저 남들이 갖고 있는 것이라면 우리 아이도 가질 수 있도록 갖은 애를 쓰고 있지 않은가?

1996년에 개봉된 〈솔드 아웃(Jingle all the way)〉이라는 영화가 바로 '아이의 사랑을 돈으로 사세요'라는 메시지를 던져주었다. 이 영화에서는 우리가 잘 알고 있는 영화배우 아놀드 슈왈츠제네거가 일에 파묻혀 지내는 아버지로 나온다. 그는 아이가 원하는 모든 장난감을 어떻게 해서든 사주는 것으로 아이의 마음을 달래주었다. 결국 영화는 그 스스로가 아이의 장난감이 됨으로써 아이의 마음을 사로잡는다는 얘기로 끝을 맺는다.

이처럼 상업주의와 결탁하는 이야기가 인기 있는 가족 영화가 된다는 것은 바로 우리 사회가 부모의 역할을 어떻게 보고 있는지를 잘 드러내준다. 말하자면, 아이로부터 사랑과 존경을 받기 위해서 부모가 해야 할 일은 그저 아이가 원하는 것을 사주고 해주는 것이라는 인식이 널리 자리 잡고 있음을 보여주는 것이다.

부모의 행동에서 아이는 무엇을 배울까

아이가 요구하는 모든 것을 들어주고 만족스럽게 해준다면 과연 아이에게 무엇을 가르쳐줄 수 있을까? 아마도 이런 것이 아닐까?

1. 네가 원하는 건 무엇이든 가질 수 있다.
2. 물질 만능의 세계를 탐닉하면서 살아라.
3. 광고나 홍보 내용을 깊이 있게 따져보지 말고, 그냥 믿고 사는 것이 현명하다.
4. 너는 어떤 좌절도 극복할 수 있는 능력이 없다. 그래서 엄마가 어떤 좌절도 경험하지 않도록 해주겠다.

부모가 아이의 응석을 계속 받아줄 경우, 아이는 삶의 중요한 가치를 배울 기회를 박탈당한다. 하지만 부모가 아이의 응석에 적절히 대처한다면 아이는 다음의 것을 배울 수 있다.

1. 내가 어떤 감정을 갖는지는 자유이지만, 언제나 하고 싶은 대로 행동할 수는 없다. 나는 나의 감정을 인식하고, 나의 행동을 평가할 수 있는 능력을 키워야 한다.
2. 내가 무엇을 갖고 싶어 할 수는 있지만, 그렇다고 원하는 모든 것을 다 가질 필요는 없다.

3. 나는 실망감을 스스로 극복할 수 있다. 물론 그런 감정이 좋지는 않겠지만 나는 극복할 것이다.
4. 가치 있는 목표가 있을 때 나는 그 목표를 달성하기 위해 스스로 계획을 세우고 실행해나갈 수 있다. 예를 들어, 용돈을 아껴서 저금을 한다거나, 간단한 아르바이트를 해서 돈을 버는 것과 같은 일을 통해 목표한 것을 이룰 수 있다.
5. 부모님은 내 말에 귀를 기울이지만, 나의 응석을 무조건 받아주지는 않을 것이다.
6. 부모님은 내가 살아가면서 부딪치는 여러 가지 문제를 스스로 해결하고 기회를 얻을 것이라고 믿고 있다.
7. 나는 유능한 사람이다.

아이에게 진정한 사랑을 보여주는 법

이제 구체적으로 아이가 앞에서 언급한 여러 가지 삶의 가치와 능력을 키울 수 있도록, 부모로서 도와줄 수 있는 방법을 알아보자. 그 첫 번째 방법이 '반영적 경청하기(reflective listening)'이다.

• 아이의 말을 잘 듣고 되물어라

반영적 경청하기란 어떤 고정관념 없이 상대방의 말에 귀를 기울이는 것이다. 그리고 <u>아이가 말하는 것을 경청하고 되받아 이야기해줌으로써 부모가 자신의 마음을 이해하고 있음을 아이가 느낄 수 있게 한다</u>. 단순히 아이의 말을 앵무새처럼 반복하는 것이 아니라, 아이의 마음을 이해하고 있다는 메시지를 전달할 수 있어야 한다.

아이	포켓몬스터 사고 싶어요.
부모	(미소를 지으며) 너 정말 포켓몬스터가 갖고 싶구나. (아이가 어릴 때는 이 한마디가 아주 놀라운 효과를 발휘할 것이다. 물론 좀 큰 아이일 경우에는 좀 더 긴 대화가 필요하다.)
아이	포켓몬스터는 정말 재미있어요.
부모	너 정말 포켓몬스터를 좋아하는구나.
아이	내 친구들도 모두 살 거예요.
부모	그래? 네 친구들이 다 살 거라고 생각하는구나.

만약 이런 반영적 경청하기만으로 충분하지 않다면 '무엇'과 '어떻게'라는 유형의 질문을 해볼 수 있다. 이런 형태의 질문은 아이가 좀 더 생각해보고 문제를 해결할 수 있도록 도와준다. 이런 과정을 통해 아이는 "나는 유능한 사람이야"라는 믿음을 얻을 수 있다.

• **'무엇을, 왜, 어떻게' 유형의 질문을 던져라**

'무엇을, 왜, 어떻게' 유형의 질문이란 아이에게 '진정으로 알고 싶은 것'을 묻는 것이다. 따라서 이런 유형의 질문은 당신이 정말로 아이의 생각이 알고 싶은 경우가 아니면 묻지 말아야 한다. 예를 들어, 아이를 비난하거나 설득하려는 의도로 물어서는 안 된다는 뜻이다. <u>이 유형의 질문을 할 때는 부모의 태도와 목소리 톤을 어떻게 하느냐에 따라 아이의 반응이 달라질 것이다.</u>

아이   포켓몬스터 갖고 싶어요.

부모   왜 그게 갖고 싶어? (당신의 '왜'라는 질문을 듣고 아이가 엄마 아빠가 정말 나의 생각을 궁금해하고 있다고 느끼지 않는다면, 아이는 왜 이런 질문을 하는지 의아해할 것이다.)

아이   왜냐하면 그건 너무 재미있고, 또 친구들도 다 살 거예요.

부모   그걸 어떻게 알았어?

아이   텔레비전에서도 보았고, 친구들도 다 얘기해줘요.

부모   그렇구나. 재미있는 장난감이 너무 많은데 무엇 때문에 포켓몬스터가 그렇게 특별할까?

아이   (잠시 생각에 잠겼다가) 왜냐하면 광고에서도 그랬고, 친구들도 사람들이 다 사려고 해서 구하기도 힘들대요.

부모   장난감 회사에서는 왜 광고를 할까?

아이   사람들에게 물건을 팔려고요.

부모   그런 광고를 하는 회사가 사람들에게 이렇게 해라, 저렇게 해라 할 수 있을까? 우리를 마음대로 할 수 있을까?

아이   아니요. 그렇지는 않아요.

물론 이 대화의 결말은 아이에 따라 다를 것이다. 우리가 아는 한 아이는 "작년에는 자동차로 변신하는 로봇을 사려고 해도 찾을 수가 없었어요. 하지만 지금은 아주 싸졌어요. 그러니까 내년까지 기다려서 싸지면 사주세요"라고 결론을 내렸다고 한다.

• 브레인스토밍을 통해 아이와 함께 해결책을 찾아라

또 다른 아이는 "장난감 회사가 내게 그것을 사도록 할 수는 없지만, 어쨌든 나는 그게 갖고 싶어요"라고 말했다. 그러자 그 부모는 자신이 갖고 싶은 것을 갖기 위해서 어떻게 해야 하는지를 알려주기 위해 함께 브레인스토밍 시간을 가졌다. 브레인스토밍을 통해 나온 몇 가지 대안을 생각해본 후에 아이는 집안일을 도와주고 받은 돈으로 장난감을 사기로 결정했다.

자, 이 과정에서 아이가 자기 자신에 대해서, 그리고 삶에 대해서 무엇을 배울 수 있을까? 만약 부모가 아이에게 쉽게 장난감을 사주었다면 아이는 무엇을 배울 수 있을까?

물론 부모가 아이에게 직접 "네가 장난감을 갖고 싶으면, 집안일을 도와주는 대신 돈을 줄 테니 그걸 모아서 사면 어때?" 하고 말하는 것은 좋은 방법은 아니다. 브레인스토밍은 아이가 직접 적극적으로 문제를 해결할 아이디어를 생각해내고, 그 가운데 가장 적합한 방법을 선택하는 과정에 참여해야만 효과가 있다.

• **무엇을 해주고, 해주지 않을 것인지를 결정하라**

　많은 부모들이 여유가 없어 아이의 요구를 들어줄 수 없거나, 여유가 있는데도 불구하고 안 된다고 말할 때 일종의 죄의식을 느낀다. 그래서 결국 아이의 응석을 받아주는 실수를 범하게 된다. 만약 당신이 아이가 원하는 장난감을 사주지 않기로 결정을 내렸다면 죄의식을 갖지 말고 단호하게 밀고 나가야 한다. 다만 이때 아이에게 사과하듯이 말하기보다 당신의 결정에 대해 친절하게 설명해주는 것이 좋다.

아이의 응석, 거절하기보다 받아주기가 더 쉽다

　부모가 아이의 요구 가운데 어떤 것은 들어주고, 어떤 것은 들어주지 않을지 결정한 뒤 그에 대해 친절하면서도 단호하게 설명해주는 것이 중요하다고 말했다. 만약 이때 아이가 화를 내거나 실망한다면 아이의 마음을 수용해줄 수 있는 반영적 경청하기를 한다.

　사실 부모 입장에서는 아이가 원하는 장난감을 사주고 마는 것이 훨씬 더 쉽다. 많은 부모들이 사랑이라는 이름으로 그렇게 하고 있다. 그러나 아이의 응석을 마냥 받아주는 것은 결코 아이를 위하는 것이 아니다. 단지 부모가 편하고자 하는 행동이며, 이는 아이가 살아가는 데 익혀야 할 힘과 자기 확신을 키울 수 있는 기회를 빼앗는 것이나 마찬가지다. 장기적인 결과를 놓고 보더라도 아이뿐만 아니라 그들과 함께 살아갈 다른 사람들에게도 결코 바람직한 일이 못 된다.

응석을 받아주는 부모 밑에서 자라는 아이는 융통성이나 인내심, 다른 사람에 대한 배려, 문제해결 능력 같은 중요한 삶의 능력을 배울 기회를 도둑맞고 있는 셈이다. 또한 실수할 때마다 벌을 주거나 잔소리를 해대는 부모 밑에서 자란다면 아이는 실수로 인해 느끼는 좌절감을 스스로 극복함으로써 살아가는 데 필요한 용기와 자신감을 키울 수 있는 기회를 갖지 못한다.

실수할 때마다 벌을 받거나 혹은 부모가 항상 도와주는 아이는 실수를 통해 배우려고 애쓰기보다, 상당한 에너지와 창의성을 어른과 실랑이하는 데 소모할 것이다. 만약 부모가 아이를 늘 방어해주고 잘못된 선택을 할 때마다 도와주거나, 혹은 벌을 주고 꾸중을 한다면 아이가 어떻게 자신에 대한 믿음을 키워갈 수 있겠는가? 아이 스스로 존중받고 있다는 경험을 갖고 있지 않다면 어떻게 자신과 다른 사람을 존중할 수 있겠는가? 또 부모가 아이의 모든 응석을 받아주느라 심신이 지친 나머지 정작 필요할 때 함께하지 못하면 과연 아이는 부모와 유대감을 형성할 수 있을까?

문제는 아이를 지나치게 사랑하는 부모들이 이러한 점들에 대해서 깊이 있게 생각하지 않는다는 것이다.

그렇다면 왜 깊이 있게 생각하지 않을까? 요즘처럼 복잡하고 숨 가쁘게 돌아가는 세상에서 육아 역시 급한 불을 끄듯 많은 문제를 빨리 해결해야 하는 경우가 많다. 예를 들어, 아이의 잘못된 행동을 바로잡거나 아이를 위험에서 보호하는 일부터 시작해서 학습이나 사회생활과 관련하여 아이를 둘러싼 여러 문제가 발생할 수 있는데, 이때도 부모가 결정해야 하는 것들이 많다. 그러다 보니 아이의 응석이나 요구를 받아주는 바람직한 방법에 대해 깊이 생각해보기보다는, 그저 이 순간을 빨리 넘길 수 있는 방법을 찾아 반응해버리고 만다.

부모가 이렇게 충동적으로 반응하는 경우 십중팔구 아이를 다루는 데 실패하고 만다. <u>실패의 가장 큰 이유는 부모의 순간적인 행동이 장기적으로 아이에게 어떤 영향을 줄 것인지에 대해서 깊이 있게 생각해보지 않는 데 있다.</u> 부모의 양육 태도는 아이가 앞으로 살아갈 삶에 대해서 어떤 판단을 하고, 어떤 다짐을 갖게 하는 데 영향을 주기에 신중하게 생각해야 한다.

부모 자신부터 행동의 결과를 생각하라

부모는 늘 아이들에게 어떤 행동을 하기 전에는 그 결과가 어떨지에 대해서 깊이 생각해보라고 말한다. 하지만 정작 자신은 그렇게 하지 않는다. 가장 전형적인 양육 태도인 지나치게 통제적이거나 허용적인 부모의 예를 들어보자. 각각의 양육 태도가 가져올 수 있는 장기적인 결과는 여러 가지가 있을 수 있다. 다음은 구체적인 가능성을 나열해 본 것이다.

- **지나치게 허용적인 양육 태도의 부정적 결과**
  1. 제멋대로 하도록 내버려둔 아이는 "모든 것을 내 마음대로 할 수 있다"고 생각한다.
  2. 의존적인 아이는 "사랑이란 다른 사람이 나를 보호해주는 것이다. 내가 나 자신을 돌볼 필요가 없다"고 생각한다.
  3. 스스로 어떤 문제를 해결하거나 그 과정에서 좌절감을 맛보지 못한 아이는 자신이 무능한 사람이라고 생각한다.

- **지나치게 통제적인 양육 태도의 부정적 결과**
  1. 무엇보다 아이에게 반항적인 기질을 키워주기 쉽다. 이런 아이는 조금이라도 자기 의지대로 할 수 있는 것을 찾아 부모가 바라는 것과는 정반대로 행동하거나, 아니면 겉으로는 따르는 척하면서 몰래 자기 뜻대로 해버린다.
  2. 부모가 너무 억압하여 자존심에 상처를 입은 아이는 그 상처에 대한 일종의 복수심을 갖게 되고, 이는 자신을 학대하는 행동으로 나타난다. 극단적으로는 학업을 포기하기도 하고, 매사에 될 대로 되라는 식으로 행동한다.
  3. 사람들로부터 인정받기 위해 자기 의지나 능력을 펼쳐 보이기보다

는, 남의 눈치를 보거나 비위를 맞추는 수동적인 사람이 되기 쉽다.

앞에서 제시한 것들은 물론 몇 가지 가능성에 불과하다. 아이를 사랑한다는 이유로 지나치게 허용적이거나, 또는 통제적인 양육 태도를 보여왔던 부모라면 위의 사례를 보고 정말 정신이 번쩍 들지 않는가? 어떤 방식으로든 아이를 지나치게 사랑하는 것으로는 아이의 몸과 마음이 건강하길 바라는 당신의 기대를 만족시켜주지 못한다.

여러 번 이야기했지만, 당신은 아이를 진정으로 사랑하는 방법이 무엇인지에 대해 진지하게 생각해보아야 한다. 아이의 잘못된 행동을 고치려고 심하게 벌을 주면 그 순간은 넘어갈 수 있다. 반대로 잘못을 해도 그냥 내버려두면 그 순간 아이는 행복할지 모른다. 하지만 그 순간을 모면하기 위한 방법이 장기적으로는 결코 좋은 결과를 가져오지 않는다는 사실을 잊지 말아야 한다.

아이도 나름대로 판단하고 있다

최근에 이루어진 두뇌 성장과 유아기 발달에 관한 연구를 보면, 어린 아이들이 의사소통 능력이 부족함에도 불구하고 적극적으로 주변을 관찰하며 엄마, 아빠 그리고 어린이에 관해 학습하고 있다고 한다. 또 어떤 것이 가족으로부터 사랑받고 인정받을 수 있는 행동인지를 학습

할 수 있다고 한다. 그러다가 점차 성장하면서 자신이 놓인 상황이나 행동에 대해 판단할 수 있는 능력이 생기는 것이다. 이때 아이가 어떤 판단을 내리느냐가 아이의 인성과 성격 형성에 영향을 미친다.

아이들이 주로 판단하는 대상과 내용은 대개 다음의 유형으로 이루어진다.

나는 _____

(착한 아이인가, 능력이 있는가, 무능한가, 겁이 많은가, 자신감이 있는가 등)

이 사람들은 _____

(나에게 도움이 되는 사람인가, 해가 되는 사람인가, 나에게 애정적인가, 나를 거부하는가, 나를 격려해주는가, 비난하는가 등)

세상은 _____

(무서운 곳인가, 좋은 곳인가, 안전한가, 위험한가 등)

그러므로 나는 _____

(그럭저럭 살아가야 하는가, 아니면 멋있게 살아야 하는가)

유아기 아이들이 판단하는 것 가운데 가장 흔한 예를 한 가지 들어보자.

세 살짜리 아이가 동생이 태어나자 자신은 더 이상 부모의 관심을 받지 못한다고 느꼈다. 그동안 넘치는 사랑과 관심을 받고 있었는데, 어느 날 갑자기 자기에게 한마디 말도 없이 아기를 데리고 온 것이다.

자기도 귀여운 아기가 싫지는 않았다. 하지만 갑자기 자신이 너무나 하찮은 존재가 돼버린 것 같았다. 아니 그렇게 보였다.

엄마 아빠는 이제 아기 주변만 맴돈다. 아기를 보살피느라 정신없고, 아기 얘기로 시간 가는 줄 모른다. 아이는 입을 삐죽거려 불만을 표시해보지만 아무도 알아주지 않는다. 이 정도 상황이면 누군가 나서서 자신을 살펴주어야 하는데도 말이다.

아이는 엄마가 아기에게 쏟는 시간과 관심을 지켜보고는 "엄마는 나를 아기만큼 사랑하지 않아"라고 생각한다. <u>진실이 무엇인지는 상관없다. 아이는 자신이 진실이라고 믿는 바에 따라 행동한다.</u> 동생이 부모의 사랑을 빼앗아갔다고 생각하는 어린아이들은 대개 다시 아기가 된 것처럼 행동한다. 갑자기 스스로 소변을 보려 하지 않거나, 젖병에 우유를 담아 먹겠다고 우긴다. 엄마가 안고 등을 두드려주지 않으면 잠을 잘 수가 없다고 생떼를 쓰기도 한다. 아이는 "내가 만약 아기와 똑같이 행동하면 나도 그만큼 사랑하고 보살펴줄 거야"라고 판단했기 때문에 그런 행동을 보인다. 그런데 문제는 부모가 아이의 이런 행동을 무조건 잘못된 것으로만 본다는 것이다.

아이의 판단은 부모의 행동에서 나온다

아이들이 갖는 신념과 판단의 가능성은 무수히 많다. 예컨대, 한 아이가 키가 크고 유능해 보이는 어른을 보고 "나는 작지만 다른 사람들은 크다" 하고 판단할 수 있다. 또 다른 아이는 "나는 지금은 작지만 언젠가는 저렇게 더 커질 거야"라고 생각한다.

<u>문제는 이때 부모가 어떤 양육 태도를 보이느냐에 따라 아이들의 판단이 달라진다는 것이다.</u> 최근 연구를 보면 아이들은 친구를 선택하는 데 있어서도 가정에서 부모로부터 배운 신념과 가치관에 의해 영향을 받는다고 한다. 물론 같은 부모 밑에서 자랐다고 해도 아이에 따라 다른 판단을 할 수 있지만, 부모가 지나치게 허용적이거나, 혹은 통제적인 경우 아이들은 타인과 자신에 대해 존중받는 태도를 경험하지 못했으므로 교우관계에 어려움을 겪기 쉽다.

역할놀이로 아이의 입장이 되어 보기

우리는 부모들이 아이도 나름대로 판단을 하고 있다는 사실을 제대로 인식할 수 있도록 부모가 아이의 역할을 해보는 워크숍을 진행했다. 두 명씩 짝을 지어 한 명은 아이가 되어 무릎을 꿇고 앉아 있게 하고, 다른 한 명은 부모 역할을 맡아 의자 위에 서 있게 한다. 의자 위에 서 있는 부모는 아이를 향해 손가락질하면서 심하게 꾸짖는다. 역할 놀이가 끝난 후에 아이 역할을 하는 동안 들었던 느낌과 생각을 서로 나누었다.

부모들의 느낌과 생각은 각지각색이었다. 어떤 사람은 말할 수 없이 불쾌한 느낌이었다고 하는가 하면, 또 어떤 사람은 어른들이란 정말 바보스럽다는 생각이 들어 어른에 대한 존경심이 없어졌다고 했다. 너무 화가 나서 나중에 복수해야겠다는 생각을 한 사람도 있었고, 그저 무서웠다는 사람도 있었다. 부모 교육 워크숍에서 역할 놀이를 경험한 대부분의 부모들이 사랑이라는 이유로 보인 부모의 행동이 아이들에게 장기적으로 영향을 줄 것이라는 인식을 하게 되었다. 이전에는 한 번도 깨달은 적이 없었던 사실을 말이다.

바람직한 부모 역할의 세 가지 조건

목수든 의사든 자신의 직업적 성취를 위해서 사람들은 많은 교육과 훈련을 받지만 부모가 되기 위한 교육에는 별 관심을 갖지 않는다. 부모 교육의 효과에 관해서는 5장에서 자세히 설명하기로 하고, 여기서는 부모가 자신의 양육 태도에 대해 성찰해보는 것이 얼마나 중요한가를 강조하고자 한다. 아이가 무엇을 성취하고 어떤 사람이 될 바라는지, 또 아이가 목표를 달성하는 데 당신의 양육 태도가 적절한 것인지 이야기해보고자 한다.

• **아이에게 원하는 것이 무엇인지 생각하기**

당신은 아이가 성공적으로 살아가기 위해 어떤 능력을 키우고, 어떤 특성을 갖기를 원하는지에 대해 생각해본 적이 있는가? 우리는 부모교육 워크숍에 참석한 부모들에게 이런 질문을 던진 후 적어보도록 했는데, 대개 거의 비슷한 대답이었다. 다음은 그 예이다.

문제해결 능력, 자신과 다른 사람을 존중하는 태도,
다른 사람에 대한 동정심, 감사하는 마음, 공감과 참을성,
의사소통 능력, 용기, 자신감, 성실, 유머 감각,
삶과 배움에 대한 애정, 책임감, 명랑함, 친절,
자기 수양과 절제, 도덕성

위에 적힌 목록을 보면서 현재 당신의 양육 태도가 아이에게 장기적으로 그러한 역량을 키워줄 수 있을 것인지 한번 생각해보자. 이를 위해 여러 가지 양육 태도가 요구되겠지만, 단언컨대 아이를 지나치게 사랑하는 방식으로는 아이의 행복과 성공을 위해 당신이 바라는 그 어떤 특성과 능력도 키워주기 어렵다. 그러나 진정한 애정이라면 이런 특성과 능력을 키워줄 수 있다.

• **의도적으로 무책임해지기**

아이에게 책임감을 가르쳐줄 수 있는 가장 좋은 방법은 부모가 '의

도적으로 무책임해지는 것'이다. 일반적으로 부모는 자녀에 대한 책임을 다하기 위해 에너지와 시간을 끝도 없이 쏟아붓는다. 아침이면 아이를 깨우는 것부터 시작해서 밥 먹고, 옷 입고, 가방 챙기는 일까지 시시콜콜 참견하며 끊임없이 잔소리한다. 지각이라도 하는 날에는 학교에 데려다주기까지 한다.

이렇게 아이를 키우는 대부분의 부모는 "어쩔 수 없잖아요. 그럼 그냥 내버려둘까요?" 하고 말한다. 하지만 부모가 애를 쓸수록 아이의 행동은 나아지기는커녕 결과적으로 자기 통제력을 배우지 못하고, 무엇이든 스스로 해보려는 동기를 갖지 못한다. 부모 또한 아이가 해야 할 일을 대신 해주느라 지쳐버려 점점 신경질과 후회만 늘어갈 것이다.

아이를 너무 많이 사랑하는 것이 왜 나쁘냐고? 그건 바로 아이를 사랑하는 부모가 모든 책임을 대신 짊어짐으로써 아이가 스스로 책임질 수 있는 기회와 경험을 갖지 못하게 만들었기 때문이다. 다시 말해, 부모의 잘못된 사랑이 책임감 있고 능력 있는, 사회에 공헌하며 행복한 구성원으로 성장할 수 있는 기회를 빼앗고 있다.

• **균형적인 양육 태도로 키우기**

지나치게 허용적이거나 통제적인 양육 태도 외에도 효과적인 방법은 얼마든지 있다. 그런데도 대부분의 부모가 아이에게 심한 벌을 주거나, 아이가 하는 대로 내버려두거나, 그도 아니면 아예 무관심한 태도를 보인다는 사실은 참으로 놀랍다.

주위에서 흔히 듣는 얘기지만, 부모들은 "정말 안 해본 방법 없이 다 해보았지만 안 돼요"라는 말을 많이 한다. 하지만 여기서 모든 것을 해보았다는 건 대개 지나치게 통제적이거나 벌을 주는 방식, 아니면 지나치게 허용적이거나 무관심한 방식 중 하나이다.

<u>부모라면 아이가 실수를 통해 배울 수 있도록 격려해주고, 아이의 선택이 불러온 결과를 경험해볼 수 있도록 도와주어야 한다.</u> 아이에게 어떤 문제든 스스로 해결할 수 있다는 신뢰를 표현하고, 브레인스토밍 등을 통해 함께 방법을 찾아보는 것도 좋다.

일반적으로 부모는 어느 한 가지 방법을 일관되게 유지하기보다는 여러 가지 극단적인 방법 사이에서 갈팡질팡하는 경우가 많다. 아이의 행동이 참을 만할 때까지는 지나치게 허용적인 태도를 보이다가도 더 이상 참기 어려워지면 갑자기 돌변해 통제적인 태도를 보인다.

부모들이 왜 이런 행동을 보이는지에 대해 더 알아보고, 균형을 취할 수 있는 방법에 대해 살펴보기로 하자.

아이의 자존감을 지나치게 신경 쓰는 부모들

자녀 교육에 관한 책 대부분이 자존감에 대해 잘못된 의견을 제시하고 있다. 부모는 아이에게 자존감을 갖도록 해줄 수 있으며, 나아가 아이의 자존감을 해치지 않도록 조심해야 한다고 말하고 있기 때문이다.

사실 자존감이란 수시로 달라질 수 있는 애매한 마음 상태 중 하나이다. 당신도 자존감이 충만한 날이 있을 것이다. 그런 날에는 스스로 "나는 참 괜찮은 사람이야"라는 생각이 가득하다. 그런데 누군가 당신을 비판하거나 어떤 실수를 하고 나면 하늘을 치솟던 자존감도 어느새 바닥으로 떨어지고 만다. 다시 말해 자존감은 기분 나쁜 날 한꺼번에 손상되어 다시는 회복될 수 없는 영구적인 마음 상태가 아니다.

곰곰이 따져보면 아이의 자존감을 부모가 만들어줄 수 있다는 생각은 이치에 맞지 않는다. 아이를 지나치게 사랑하는 부모는 아이의 자존감에 너무 많은 관심을 갖는 반면, <u>아이를 진정으로 사랑하는 부모는 아이들이 살아가면서 필연적으로 겪게 될 변화를 스스로 극복하기 위해 필요한 능력을 키워주는 데 더 많은 관심을 갖는다.</u>

당신의 사랑이 아이를 진정으로 위하는 것일까

상담하러 온 부모에게 가장 먼저 던지는 질문이 있다. 당신의 아이에 대한 사랑이 지나치다고 생각하지는 않는지, 혹 당신의 사랑이 자녀에게 해가 되는지, 도움이 되는지 생각해본 적이 있는지 묻는다. 부모들은 망설이지 않고 자신의 아이를 사랑하고, 그들의 미래와 성공, 삶에서 부딪치게 될 문제에 매우 관심이 많다고 말한다. 하지만 자신의 양육 태도가 아이의 인생에 어떤 결과를 불러올지에 대해서는 미처 생각해보지 못했다며 당혹스러워한다.

우리는 이 책을 통해 당신이 아이를 어떻게 키우고 있는지, 또 그 방법이 가져올 장기적인 결과에 대해서 깊이 있게 성찰해볼 수 있는 기회를 갖기를 바란다. 그 과정을 통해 자녀를 지나치게 사랑하는 것이 어떤 문제를 갖고 있는지 인식하고, 진정으로 사랑하는 방법을 발견할 수 있기를 바란다.

앞에서 나열했던 부모들이 자녀에게 바라는 능력과 특성을 다시 한 번 떠올려보자. <u>이 책을 읽는 목적이자 부모 역할의 목표이면서 가장 어려운 과업은, 그러한 바람을 달성하기 위해 매일매일 부딪치는 난관을 헤쳐 나가는 것이다.</u>

따라서 부모는 항상 이런 생각을 해야 한다.

'내가 이렇게 하면 아이는 어떤 판단을 할까?'

'내가 이렇게 하면 아이는 무엇을 배우게 될까?'

'내가 너무나 많은 것을 주거나, 지나치게 통제하는 잘못된 방식으로 아이를 사랑할 때 그 장기적인 결과는 무엇인가?'

하지만 대부분의 부모들이 우리에게 말한다. 일과 육아, 집안일까지 해내야 하다 보니 그런 생각을 할 수 있는 시간과 에너지가 턱없이 부족하다고. 물론 잘 알고 있다. 그럼에도 불구하고 이것은 너무도 중요한 일임에 틀림없다.

다음 장에서는 아이가 능력 있고, 성공적이며, 행복한 삶을 살기 위

아이를 지나치게 사랑하는 부모	진정으로 사랑하는 부모
아이를 하나의 소유물로 본다.	아이를 하나의 선물이라고 생각한다.
자신이 원하는 대로 아이를 만들려고 한다.	아이의 개성대로 성장하도록 돕는다.
부모는 권위를 지켜야 한다고 생각한다.	부모는 아이를 존중해주고 후원하는 친구라고 생각한다.
아이에게 굴복하거나, 아이가 굴복하도록 한다.	친절하면서 엄하다.
통제적이다.	잘 안내해준다.
완벽한 것을 추구한다.	실수하는 것 자체가 하나의 기회임을 가르친다.
아이의 고집을 꺾으려 한다.	아이 스스로 자기를 통제할 수 있도록 도와준다.
아이에게 잔소리를 하거나 벌을 준다.	아이 스스로 해결 방법을 찾도록 도와준다.
아이를 하나의 물건이나 수납자와 같은 존재로 여긴다.	아이를 가치 있는 자산으로 여긴다.
과잉보호한다.	적절하게 보호한다.
아이의 감정을 무시한다.	아이의 감정을 존중하고 이해하려고 한다.
아이의 행동을 고치려 한다	살아가는 데 필요한 기술을 가르친다.
호통을 치거나 무엇이든 대신 해준다.	아이 스스로 시도하게 하고, 결과를 경험하도록 한다.
부모 스스로 아무 생각 없이 되는 대로 행동한다.	아이가 부모를 통해 배울 수 있도록 모범이 된다.
부모 자신의 만족이 중요하다.	아이의 세계를 이해하고자 한다.
불안감이 많다.	신뢰감을 갖는다.
무엇이든 아이에게 맞춘다.	아이가 직접 참여하고 경험하도록 한다.

해 무엇을 배워야 하고, 이를 위해 부모는 어떻게 교육해야 하는지에 대해 자세히 이야기하고자 한다. 당신이 활용해볼 수 있는 다양한 아이디어와 구체적인 방법을 발견할 수 있을 것이다.

그러나 무엇보다 중요한 것은, 당신의 양육에 대한 신념과 판단이 자녀에게 미칠 영향에 대해 깊이 생각해보고, 지금까지 해왔던 방식이 잘못되었다는 것을 알아차리면 고치려고 노력해야 한다는 점이다. 이제 마음을 열고 새로운 생각을 들어보자.

3장

통제하는 부모,
반항하는 아이

부모로서 자신이 극단적인 양육 태도를 갖고 있다고 생각하는 사람은 드물다. 어떤 이는 "제가 생각할 때 가장 최선이라고 여겨지는 방식대로 아이를 키우는데, 뭐가 문제란 거죠?"라고 생각하는가 하면, "제 방식이 그리 효율적이지는 않다고 생각해요. 하지만 달리 어떻게 해야 할지를 모르겠어요. 어쨌든 아이가 하는 대로 그냥 내버려둘 수는 없잖아요"라고 생각하는 이들도 있다.

　앞서 이야기했듯이, 부모의 판단과 행동이 아이에게 장기적으로 어떤 영향을 줄 것인지에 대해서 깊이 성찰해보는 부모는 많지 않다. 그래서 많은 부모들이 사랑이라는 이름으로 잘못된 양육 태도를 선택하기 쉽다. 자신이 극단적인 양육 태도를 취하고 있다는 사실조차도 인식하지 못한 채 말이다.

　1장에서는 아이를 지나치게 사랑하는 부모가 보이는 양육 태도의 몇 가지 행태에 대해 이야기했다. 그리고 2장에서는 자녀를 사랑함에도 불구하고 부모의 잘못된 양육 태도가 아이에게 어떠한 해를 주는가에 대해서 설명했다. 이번에는 아이를 더 잘 기르고 싶은 마음을 가지고 좋은 부모가 되기 위해 노력하면서도 두 가지 극단적인 양육 태도를 택한 부모에 관해 이야기해보려고 한다.

훈육과 벌은 다르다

한 어머니가 상담에서 다른 부모들도 겪었을 법한 고민을 토로했다.
"제가 참을 수 있는 정도까지는 허용적이에요. 그러다가 정말 참기 어려운 정도가 되면 그때부터 아이를 통제하죠. 하지만 이처럼 지나치게 통제하거나 허용하는 극단적인 방법이 좋은 것 같지 않아요. 더 이상 어떻게 해야 할지 모르겠어요."

대부분의 부모가 막무가내로 떼쓰는 아이에게 져 결국 아이의 요구를 들어주고는 돌아서면 후회한다. 그들에게 부모의 선택으로 아이가 앞으로 어떻게 자랄지 말해주면 소스라치게 놀란다. 단순히 재미 삼아 다른 사람의 자동차를 부수거나 심지어 훔치는 십대들의 이야기가 종종 뉴스에 나오곤 하는데, 멀리 가지 않고 우리 주위에서도 무례하고 제멋대로 행동하는 이기적인 아이들을 흔히 볼 수 있다. 많은 사람들이 이런 아이들을 보면서 우리 사회의 미래를 걱정하는 말을 한마디씩 던질 것이다.

이것은 도대체 누구의 책임인가? 많은 부모가 우리 아이들을 위해 진정한 훈육이 필요하다는 데 공감하고 있을 것이다. 그렇다면 진정한 훈육은 어떻게 해야 하는 것인가?

훈육과 벌을 혼동하는 부모들이 많다. 그러나 둘은 서로 같지 않다. 어떤 부모는 아이를 진정으로 사랑한다면 벌을 주어서라도 가르쳐야 한다고 생각한다. 이런 부모가 바라는 것은 아이가 앞에서 얘기한 불량스러운 아이가 되지 않도록 함으로써 부모로서의 책임을 모면하려는 것이다. 지나치게 통제하는 이유도 바로 여기에 있다.

또 다른 부모는 벌은 아이에게 모욕감을 준다고 생각한다. 부모가 벌을 줌으로써 폭력과 통제를 남용하는 나쁜 모델을 보여주어서는 안 된다고 생각하는 것이다. 이런 부모는 대개 지나치게 허용적이다. 그외 많은 부모들이 두 가지 극단적인 방법 사이를 배회하고 있다.

따라서 당신에게 필요한 것은 두 극단적인 양육 태도 사이에서 균형을 찾는 것이다. 한마디로 친절하면서도 동시에 엄한 양육 태도를 말한다. 이것은 진정한 훈육을 의미한다. 소리를 지르거나 야단 치는 것은 훈육이 아니다. 훈육은 아이에게 무엇이 바람직한 행동인가를 알려주고, 현명한 판단력과 책임감, 그리고 자신의 삶을 위해 최선을 다하려는 태도를 가르치는 것이다.

아이에게는 어떤 외부적인 통제보다는 스스로 자신을 통제할 수 있는 능력이 필요하다. 이를 위해 다른 사람과의 원활한 의사소통, 문제 해결 능력 같은 여러 가지 역량을 갖추어야 한다. 또한 자신뿐만 아니라 다른 사람을 존중할 줄 아는 태도도 필요하다.

결국 즉흥적으로 아이의 문제를 해결하려 하기보다는 장기적으로 아이에게 바람직한 영향을 줄 수 있는 방식으로 훈육해야 한다. 이제부터 구체적인 예를 들며 효과적인 훈육에 대해 이야기해보자. 그 전에 우선 무엇이 비효과적인 양육 태도인가 알아보자.

지나치게 허용적이거나 통제적인 양육 태도

프로이트, 융과 함께 세계 3대 심리학자로 불리며 '개인심리학'을 수립한 알프레드 아들러(Alfred Adler)는 아이가 가질 수 있는 문제의 유형을 세 가지로 보았다. 무능력과 방종, 무관심이 그것이다.

어느 현자의 말처럼 아이들은 생활 속에서 많은 것을 배운다. 만약 부모가 "너는 우리 집에서 가장 중요한 사람이야. 그러니까 너는 항상 행복하고 즐거워야 해"라고 가르친다면 이 아이는 성인이 되어서도 다른 사람들로부터 관심 받기를 원한다. 반면 부모가 자신과 자녀를 서로 존중하는 태도를 보이면, 아이는 스스로 자신을 돌보고 다른 사람의 생각과 요구도 존중할 줄 아는 건강한 사람이 될 것이다.

사실 아이가 행복하다는 느낌이 들도록 사랑을 베풀 때 부모 역시 행복하다. 바로 이것이 문제이다. 부모가 아이의 행동을 제한하고, 안 된다고 말하고, 또 아이보다는 자신을 위해 시간을 투자하면 이기적인 부모이거나 아이를 사랑하지 않는다는 느낌을 받기 때문이다. 이 때문에 많은 부모들이 지나치게 허용적인 양육 태도를 선택한다. 이런 부모 밑에서 자란 자기중심적인 사람이 결혼을 해 가정을 꾸린다 해도 그 가정 또한 그다지 희망적이지는 않을 것이다.

반면 아이를 잘 교육하려면 지나치더라도 통제가 필요하다고 생각하는 부모가 있다. 이들은 아이가 제멋대로 행동하게 내버려두거나 너무 관대한 것은 결코 좋은 양육 태도가 아니라고 생각하여 이와 정반대의 방법을 선택한다. 또 이들은 부모란 아이가 어떤 실수도 하지 않도록 미리 예방할 수 있어야 한다는 잘못된 믿음을 갖고 있다. 엄격한 통제와 체벌을 통해 부모가 원하는 대로 아이를 키울 수 있다고 믿는 것이다.

사실 지나치게 허용적이거나 통제적인 양육 태도는 우리 주위에서 가장 많이 볼 수 있는 양육 태도이다. 우리 주위의 '좋은 부모들'이 왜 이런 극단적인 방법을 사랑이라는 이름으로 행하고 있는 걸까?

심리학 분야의 대표적인 논문 10여 가지를 검토한 결과, 놀랍게도 어느 한 논문도 엄마와 자녀의 관계를 건강하게 보고 있지 않았다. 논문에 나타난 엄마의 특성은 지나치게 아이에게 간섭하거나, 아니면 아예 무관심한 걸로 나타났다. 걱정이 많은 부모는 아이가 제멋대로 하도록 내버려두거나, 아니면 아이의 일거수일투족을 간섭하는 데 많은 시간과 에너지를 쏟는다고 한다.

<u>드라이커스는 아이를 존중하고 격려해주는 바람직한 부모의 역할</u>

을 친절하면서도 동시에 엄한 태도라고 말한다. 친절함은 아이에게 존중감을 주고, 엄함은 아이에게 어떻게 행동해야 하는지에 대한 방향을 제시해준다.

그런데 바람직한 양육 태도는 왜 실천하기 어려운 것일까? 앞에서 언급했던 마리아라는 어머니는 이렇게 말했다.

"아이 때문에 화가 날 때는 도저히 친절할 수가 없어요. 그렇다고 좀 친절하게 대하다 보면 엄하게 이야기하기가 어렵고요. 친절하면서도 동시에 엄하게 대한다는 건 굉장히 어려운 것 같아요."

바로 이것이 많은 부모들이 갖고 있는 문제이다. 말하자면 이 둘을 동시에 적절히 취하려는 노력을 아예 하지 않거나, 아니면 이런 방법을 활용할 수 있는 기술이 부족하기 때문에 어려워한다. 게다가 실제 상황 속에서 이런 방식을 어떻게 활용해야 하는지 잘 알지 못한다.

이 책에서는 친절하면서도 엄하게 아이들을 양육하는 구체적인 방법에 대해서 이야기할 것이다.

통제하는 부모, 반항하는 아이

다음은 자네트와 그녀의 딸 마리안의 이야기이다. 열다섯 살인 마리안은 아주 수다스럽고 반항적인 아이다. 학교에서는 수업 시간에 집중하지도 않고, 선생님을 무시하기 일쑤이다. 마리안은 학교가 마음에 안

들고, 재미가 없으며, 선생님도 자신을 좋아하지 않는다고 불평한다. 심지어 엄마인 자네트에게도 아주 거칠게 말하곤 한다.

자네트는 마리안이 늘 걱정이었다. 나쁜 친구들과 어울리는 건 아닌지 의심하기도 했다. 하루 종일 스마트폰을 붙잡고 있거나, 아니면 텔레비전에 빠져 있는 딸과 말다툼을 할 때면 거친 말을 거리낌 없이 해대는 딸의 모습에 소름이 끼칠 정도였다.

자네트는 딸을 교육시키려고 텔레비전을 치우고, 휴대전화를 압수하기도 했다. 그것도 안 되면 집 안의 불을 다 꺼버렸다. 심지어 마리안 방의 전구를 모두 빼버려서 마리안은 한동안 어둠 속에 지낼 때도 있었다. 하지만 자네트가 마리안을 엄하게 대할수록 마리안은 점점 더 반항적이고 자기 멋대로 행동했다.

또 다른 예로 딸 아멘다를 키우고 있는 고든이라는 아버지의 이야기를 들어보자. 고든과 아멘다는 서로 말다툼하지 않는 날이 없었다. 말다툼의 주된 이유는 샤워 때문이었다. 고든은 아멘다가 샤워하기를 싫어하는 데다, 샤워를 하더라도 비누와 물을 너무 많이 낭비한다는 이유로 화를 냈다.

결국 고든은 딸과의 관계를 개선하는 데 도움을 받기 위해 부모 교육 워크숍에 참여하게 되었다. 그곳에서 다른 사람들과 토론한 결과, 고든이 딸에게 요구한 '샤워할 때 지켜야 할 규칙'이 아멘다가 아기였을 때와 똑같다는 것을 알게 되었다. 예컨대, 고든은 아멘다가 울면서 샤워를 하는 동안 변기에 앉아 계속 지켜보면서 잔소리를 했고, 아멘다는 끝까지 반항을 한 것이다. 어느덧 아멘다는 사춘기에 접어들었고, 이런 방법이 더 이상 그녀에게 통하지 않았던 것이다.

누가 문제인가? 부모 아니면 아이?

마리안이나 아멘다의 경우 최근 들어 점점 늘고 있는 일종의 '의도적인 반항증'으로 보여진다. 의도적인 반항증을 보이는 아이들은 대개 말대꾸를 하며, 어른의 말을 잘 따르지 않고, 자기가 잘못하고도 남을 탓하고, 성미가 아주 급하고 자기 통제력을 잃는 특성을 보인다. 물론 무례하고 반항적인 마리안과 아멘다의 행동이 정당하다고 볼 수는 없지만, 아이들의 이런 행동은 사실 지나치게 통제적인 부모의 양육 태도에 영향을 받은 것이다. 그렇다면 부모가 친절하면서도 엄한 양육 태도를 보인다면 아이들은 달라질 수 있을까?

부모 교육 워크숍을 통해 고든은 좀 다른 방법을 사용하기로 했다. 아멘다에게 일주일에 세 번만 샤워를 해도 좋다고 했고, 각자의 샤워 일정을 세우기 위해 세 자녀를 모두 불러 가족회의를 했다. 아멘다는 물을 낭비하지 않을 것이며, 다만 음악을 틀어놓고 책을 읽으며 여유 있게 목욕을 하고 싶어 했다. 고든은 여러 사람이 목욕탕을 써야 하는 시간만 아니면 그렇게 해도 좋다고 했다.

고든은 아멘다에게 명령을 하는 대신 협조를 요청하는 태도를 보이려고 최선을 다했고, 자신의 양육 태도를 아이가 어떻게 느낄지에 대해서도 생각해보았다. 당연히 새로운 방식을 익히는 데 오랜 시간이 걸렸고, 때로는 제대로 되지 않을 때도 있었다. 그러나 점차 아멘다와 말다툼하는 일이 줄어들었고, 모든 가족이 훨씬 더 화목하게 지낼 수 있게 되었다.

자네트와 마리안은 함께 심리치료를 받았다. 자네트는 마침내 자신이 마리안에게 비합리적인 규칙을 지키도록 강요했으며, 스스로 통제력을 잃어버림으로써 마리안이 점점 악화되는 데 영향을 주었다는 사실을 인정하기에 이르렀다. 하지만 자네트는 마리안을 통제하고 싶은 욕구를 완전히 포기할 수 없었고, 두 사람 사이의 말다툼은 한동안 계속되었다. 결국 6개월 뒤, 자네트는 마리안에게 집에도 들어오지 말라는 엄포를 놓았고, 마리안은 현재 마약치료 센터에 다니면서 할아버지와 함께 살고 있다. 몇 달간 엄마와는 한 번도 만나지 않았다.

고든이나 마리안 모두 아이를 사랑하고, 최선의 방식으로 아이를 교육시킨다고 믿는 부모들이다. 그런데 왜 이렇게 나쁜 결과를 가져온 것일까? 아이들은 지나치게 통제적인 부모, 늘 자신에게 명령만 하는 부모에게 나름대로 자신의 의지를 보여주기 위해서는 반항하는 것만이 유일한 방법이라고 생각하기 때문이다.

따라서 아무리 심하게 혼을 내고 벌을 주더라도 아이들의 반항은 계속된다. <u>결국 부모가 양육 태도를 바꿔야만 아이들의 행동이 달라질 수 있다.</u> 물론 이것이 쉬운 일은 아니다.

부모 중심의 판단이 악순환을 부른다

많은 부모가 아이들이 자신의 말에 순종하지 않으면 부모로서의 권위가 실추될지도 모른다는 불안감 때문에 지나치게 통제적인 양육 태도를 고집하는 경우가 많다. 한편으로는 자신이 했던 실수를 아이가 되풀이하지 않기를 바라는 마음에서 통제적인 양육 태도를 취하기도 한다. 다음 스텔라의 이야기는 '실수에 대한 불안감'에 사로잡힌 부모의 예를 잘 보여준다.

스텔라는 십대였을 때 상당히 반항적인 아이였다. 학교도 제대로 다니지 않았고, 마약에 빠져 있었으며, 심지어 임신을 한 적도 있었다. 그러나 현재 스텔라는 성공한 주식 중개인이다. 비록 편모이긴 하지만 열네 살 된 딸을 위해 좋은 환경의 아름다운 집에서 살고 있다. 그럼에도 스텔라는 딸 제니가 자신과 같은 실수를 하지 않을까 하는 걱정 때문에 아이를 지나치게 통제해왔다.

제니는 나름대로 학교생활을 잘하고 있었지만 스텔라는 항상 더 잘 하라고 부추겼다. 스텔라는 제니가 스스로 잘하는 아이라고 생각하지 않았다. 결국 제니는 엄마가 잔소리를 할 때까지 숙제는 손도 대지 않게 되었다. 둘 사이에는 "엄마가 잔소리할 때까지는 아무것도 안 할 거예요"라는 식의 게임이 시작된 것이다. 이후 좋지 않은 상황이 자주 벌어졌다.

스텔라가 자신이 잔소리를 하지 않으면 제니가 숙제를 하지 않을 것이라고 믿는 이유는, 자신의 실수를 제니가 반복할 것이라는 불안감 때문이었다. 결국 스텔라는 제니와 함께 부모 교육 전문가를 찾아갔다.

부모 교육 전문가가 제니에게 "학교에서 좋은 성적을 받으면 어떤 생각이 드니?" 하고 물었다. 그러자 제니는 "전 좋아요" 하고 말했다. 부모 교육 전문가는 다시 "엄마가 네게 잔소리를 할 때는 어떠니?" 하고 묻자, 제니는 "그건 정말 싫어요. 사실 가끔은 엄마를 괴롭히려고 일부러 숙제를 안 하고 있기도 해요" 하고 대답했다. 그러자 스텔라가 끼어들었다. "넌 내가 잔소리하지 않으면 아무것도 스스로 하질 않잖아! 그냥 놔두면 마지막까지 버티다가 겨우 급하게 하면서 무슨 소리야?" 순간 제니는 우울한 표정을 지어 보이며 어깨를 늘어뜨렸다.

만약 스텔라가 더 이상 잔소리를 하지 않는다면 어떻게 될까? 아마도 얼마간은 제니의 성적이 떨어질지도 모른다. 부모의 양육 태도가 새로운 형태로 바뀌면 부모나 아이 모두 잠시 혼란스러울 수 있다. 그런데 아이들은 대개 자기 부모에 대해 불평을 하면서도 부모가 좋아하는 행동을 하려는 마음을 갖고 있다.

스텔라가 제니를 신뢰하고 자신의 판단에 따른 행동 결과를 탐색해 볼 수 있는 기회를 준다면, 제니는 자신의 문제를 적극적으로 해결하려고 노력하는 아이가 될 수 있을 것이다. 제니 자신도 사실은 좋은 성적을 얻고 싶다고 했다. "아이가 책임감 있는 사람이 되길 원한다면 부모는 의식적으로 무책임한 사람이 되어야 한다"는 말이 비논리적으로 들리지만, 사실은 꽤 의미 있는 말이다.

의식적으로 무책임해지라는 말은 아이를 완전히 포기해버리라는 뜻이 아니다. 이 말의 진정한 의미는 아이의 책임을 부모가 대신 짊어지지 말고, 아이에게 책임감을 가르치라는 것이다. 아이가 스스로 판단해서 행동하도록 이끌고, 그 결과를 탐색할 수 있는 기회를 주는 것이야말로 좋은 양육 태도 중 한 가지가 될 수 있다.

행동의 결과를 강요하지 말고 탐색하게 하라

어떤 결과를 강요하는 것(imposing)과 결과를 탐색하는 것(exploring)은 아주 다르다. 어떤 결과를 부과하고 강요하는 것은 "숙제를 다 할 때까지는 친구와 통화할 수 없어. 알았지?" 하는 식이다. 결과를 탐색하도록 하는 것은 말하기 좋은 적당한 순간을 기다렸다가 아이에게 스스로 자신의 행동에 대한 판단을 해보도록 하는 것이다. "왜 네 학교 성적이 좋지 않을까? 너는 어느 만큼 공부를 잘했으면 좋겠니? 그러기 위해서는 어떻게 해야 할까?" 단, 이런 대화를 할 때는 부드러운 목소리로 해야 한다. 만약 아이를 꾸짖는 투로 이야기한다면 "몰라요"라는 식의 대답만 듣게 될 것이다. 아이들은 부모가 진정으로 자신의 생각을 알고 싶어 한다고 느낄 때 진심을 이야기한다.

부모 교육 전문가는 스텔라와 제니에게 이런 방법에 대해 설명한 후 앞으로는 예전처럼 싸우지 말고 다음과 같은 단계로 서로에 대해 조금씩 다르게 대해보라고 충고했다.

첫째, 스텔라는 제니에게 숙제하라고 잔소리하지 않는다.

둘째, 제니는 자신의 행동에 대해 책임을 진다.

셋째, 스텔라는 제니가 자신이 판단한 대로 행동한 결과를 탐색할 수 있도록 도와준다. 다만 서로가 애정을 갖고 존중하는 태도로 대화해야 하며, 제니가 스스로 어떻게 살길 원하고, 그것을 성취하려면 어떻게 해야 할지 고민할 때만 도와줄 수 있다. 제니에게 어떤 결과를 강요하기 위해서 개입하는 것은 절대 금물이다.

제니는 부모 교육 전문가의 제안을 선뜻 받아들였고, 조금 망설이던 스텔라도 결국 동의했다. 흐뭇한 표정으로 두 사람을 지켜보던 부모 교육 전문가는 "이 방법을 시도해보면서 누군가의 도움이 필요할 때가 있을 겁니다. 그때 언제든지 제가 도와드리겠습니다"라고 말해주었다.

먼저 부모의 사고와 행동 방식을 바꿔라

사실 아이가 숙제를 하지 않는 등의 일은 그리 심각한 문젯거리가 아니다. 사춘기에 접어들면서 불량한 아이들과 어울리고, 성 문제를 일으키는 것 등에 비하면 말이다. 스텔라는 제니가 열네 살이 되자 점점 더 심하게 통제하려고 했다. 물론 그럴수록 제니는 더 심하게 반항했다.

부모 교육 전문가는 이 문제를 다루기 전에 스텔라와 개인 상담을 진행했다. 부모 교육 전문가는 스텔라 자신이 왜 그런 불안감을 갖게 되었는지 깨닫고, 그런 태도가 제니에게 결코 도움이 되지 않는다는 사실을 인식할 필요가 있다고 생각했다.

부모 교육 전문가 당신 역시 사춘기 시절 패나 반항적이었는데, 어떻게 그 시기를 잘 넘겼지요?

스텔라 쉽진 않았지만 나름대로 열심히 노력했죠.

부모 교육 전문가 과거의 경험이 지금의 당신에게 어떤 영향을 주었다고 생각하죠?

스텔라 여러 가지로 영향을 주었어요. 저도 좋지 않은 행동을 많이 했지만, 결국에는 그런 자신에 대해 혐오감을 느끼게 되었고, 그래서 더 이상 인생을 낭비하지 않기 위해 열심히 공부하고 일하기로 결심했죠. 사랑이나 용서, 현재 등에 대해 선입견을 갖고 판단하지 않는다는 태도 등 몇 가지 삶의 원칙을 세워놓고 열심히 살았어요. 그런데 제니한테만은 그렇게 되지 않았어요. 지금 제니의 모습을 보면 그 아이의 미래가 늘 불안하기만 해요.

스텔라 (잠시 한숨을 쉬며) 좋아요. 한번 해보죠. 제니의 인생은 그 아이의 것이고, 아이 스스로 실수하면서 배울 수 있는 권리가 있다는 것을 인정하고 아이를 믿어 보지요. 제니를 정말 사랑하기 때문에 아이의 행동을 통제했던 것인데, 제니는 나를 미워해요. 서로를 위해서도 그건 좋은 방법이 아니었어요. 하지만 제니가 불량스러운 친구들을 만나면 지금 당장이라도 달려가서 말릴 거예요.

스텔라는 부모 교육 전문가와 자신의 경험에 대해 솔직한 대화를 나누면서 제니는 하나의 독립된 존재이며, 제니의 삶에 자신이 너무 깊이 개입하려는 것은 좋지 않다는 것을 깨달았다. <u>부모의 역할이란 아이가 스스로의 행동에 대해 판단할 때 좀 더 바람직한 것을 선택할 수 있도록 도와주는 것이지, 무엇이든 부모의 생각대로 따라줄 것을 강요해서는 안 된다</u>는 것을 느낀 것이다. 스텔라는 제니를 신뢰하고, 친구 관계나 학업에 관한 제니의 생각을 경청한 뒤 필요한 도움을 주려고 노력했다. 결과는 아주 성공적이었다.

스텔라와 제니의 사례는 <u>부모에게 반항하려는 마음을 품게 하기보다 자기 자신에 대해 생각해보는 시간을 더 많이 갖도록 도와주는 것이 매우 중요하다</u>는 사실을 잘 보여주고 있다. 이 이야기가 주는 몇 가지 제안을 살펴보자.

1. 부모의 불안감 때문에 아이를 지나치게 통제하는 것은 비합리적이다.
2. 사랑이라는 이름으로 아이를 통제한다면 부모 자녀 간에 힘겨루기 같은 갈등을 빚는다.
3. 지나친 통제는 오히려 목표하는 것과는 정반대의 결과를 낳는다. 말하자면 아이가 부모의 의도대로 따라주지 않고 더욱 반항하게 된다.
4. 아이에 대한 앞선 불안감보다 아이가 안고 있는 실제 문제가 무엇인지를 제대로 이해하는 것이야말로 진정으로 아이를 사랑하는 것이다.
5. 조건 없는 사랑만이 친절하면서도 엄하게 아이를 키울 수 있는 지혜를 실천할 수 있게 해준다.

스텔라의 새로운 양육 태도는 제니에게 모든 것을 허용한 것은 아니었다. 그녀는 아이에게 어떤 한계를 제시한 뒤 지켜보았다. 하지만 무조건 통제하려는 태도를 바꾸고 아이를 신뢰하면서 문제해결의 방법과 보다 좋은 판단을 할 수 있도록 도와주려고 했다.

  많은 부모들이 아이를 통제하는 것이 좋지 않다면 그 대안은 멋대로 하도록 허용하는 길뿐이라고 생각한다. 결국 무엇이든 허용해주는 것이 지나치게 통제하는 것보다 더 좋은 방법이 아니라고 생각하기 때문에 통제적인 태도를 바꾸려 하지 않는 것이다.

  자, 그럼 지나치게 허용적인 양육 태도의 원인과 그 대안에 대해 다음 장에서 알아보기로 하자.

4장

합리적인 규율을 세우는
훈육이 필요하다

왜 어떤 부모는 아이가 제멋대로 행동하도록 내버려둘까? 아이가 거절당하는 경험 없이 항상 행복하게 보냈으면 하는 바람 때문에? 여러 가지 이유가 있겠지만 대개는 아주 간단하다. 아이는 늘 무언가를 해달라고 부모에게 요구한다. 부모는 처음에는 안 된다고 말하지만, 아이는 아랑곳하지 않고 계속 칭얼대며 부모를 들볶는다. 결국 아이에게 진 부모는 아이의 요구대로 해주고 만다.

　마트나 식당 같은 곳은 물론, 잠자기 전이나 아침 시간에도 아이와의 실랑이로 힘들어 하는 부모가 많다. 이때 지나치게 통제하면 반항하기 쉽고, 무조건적으로 허용하면 이기적인 아이가 되기 쉽다. 아이에게 '세상은 다 내 멋대로 할 수 있어. 조르면 결국 내가 원하는 대로 해주지'라는 생각을 갖게 만들기 때문이다. 아이가 계속 칭얼댄다고 원하는 대로 다 해줘버리면 아이는 부모의 "안 돼"라는 말을 정말 '안 된다'는 뜻으로 받아들이지 않게 된다. 그것은 오히려 "그래, 우리가 해주고 말 때까지 계속 칭얼대라"라는 의미를 전달하는 것과 같다.

부모가 아이에게 지나치게 허용적인 양육 태도를 보이는 이유는 순간의 위기를 모면하는 데 그만큼 잘 통하는 게 없기 때문이다. 아이는 자신이 원하는 것을 얻게 되면 곧바로 울음을 그치고 행복해하니까 말이다. 그러면서 가끔은 아이를 혼내기도 한다. 이 방법 또한 그 순간만큼은 잘 통하기 때문이다.

너무도 중요하기에 다시 한번 말하면, 아이가 이런 상황에서 어떤 생각을 갖게 되고, 이후에 어떤 행동을 하게 될지에 대해서 전혀 고려하지 않는 양육 태도는 옳지 않다.

나는 결코 그렇지 않다는 부모의 착각

많은 부모들이 지나치게 허용적인 양육 태도는 자신에게는 해당되지 않는 다른 부모의 이야기이며, 아이 양육에 있어서 결코 좋지 않은 방법이라고 생각한다.

한번은 두 아이를 데리고 마트에 간 어느 부모의 이야기가 텔레비전에서 방영된 적이 있다. 이야기는 대강 이렇다.

아이는 장난감을 갖고 싶어 했다. 부모는 아이에게 부드러운 목소리로 합리적인 이유를 대며 안 된다고 말했다. 하지만 아이는 떼를 쓰고 울며 장난감을 집어 들었다. 엄마는 아이의 손에서 장난감을 빼앗아 다시 선반에 놓으며 엄한 목소리로 꾸짖었다. 그러나 아이는 점점 더 심하게 떼를 썼고, 그럴수록 엄마는 힘이 빠지기 시작했다. 결국 엄마는 아이에게 장난감을 사주고 말았다.

이 이야기를 놓고 출연자들은 논쟁을 벌였다. 어떤 이들은 아이가 그렇게 떼를 쓰면 엉덩이라도 때려서 혼쭐을 내줘야 한다고 주장하는가 하면, 또 어떤 이들은 도대체 부모가 왜 아이에게 지는지 알 수 없다며 나라면 절대로 장난감을 사주지 않을 거라고 흥분하기도 했다.

이처럼 아이에게 좌지우지되는 부모를 아주 냉정하게 비판하다가도 막상 자신에게는 관대해지고 만다. 사랑이라는 이름으로 때로는 아이가 바라는 것을 해주는 게 큰 문제인가 싶기 때문이다.

그렇다면 아이가 원하는 대로 해주는 대신 아이에게 벌을 주어 버릇을 고치려고 하는 것만이 유일한 대안일까? 물론 그건 아니다. 두 가지 방법 모두 아이의 미래를 위해 결코 바람직하지 않다. 왜냐하면 아이들도 그런 극단적인 부모에 대해서 나름대로 판단을 하기 때문이다.

지나치게 허용적인 부모는 아이가 떼쓰는 걸 절대로 두고 볼 수 없다는 생각이거나, 주위 사람들에게 창피하다는 생각이 앞설 수도 있다. 아니면 그와 같은 상황에서 어떻게 해야 할지 몰라 그냥 아이의 요구를 들어주어야겠다고 생각하는지도 모른다. 여러 가지 생각이 그 순간 머릿속에서 한꺼번에 뒤섞여 떠올랐겠지만, 장난감 정도는 그냥 사주고 말자는 생각이 가장 강하게 들었을지도 모른다. 아이를 지나치게 사랑하는 부모는 무조건 아이 뜻대로 해주거나, 아니면 벌을 주는 방법 외에 다른 대안을 갖고 있지 않다. 그래서 벌을 주는 것 외에는 '아이가 행복하니까' 하는 마음을 변명 삼아 아이가 원하는 대로 해주는 것만이 유일한 대안이라고 생각한다.

그러나 대안은 분명히 있다. 이미 강조했듯이 그 대안이란 바로 친절하면서 동시에 엄하게 아이를 양육하는 태도이다. 부모의 친절함은 아이에 대한 존중감을 보여주고, 엄한 태도는 살아가면서 지켜야 할 규율이나 예절이 무엇인지 올바르게 보여주는 것이다. 만약 친절하면서도 엄한 부모라면 마트에서 장난감을 사달라고 막무가내로 떼를 쓰는 아이를 어떻게 다루었을까? 다음에 적용해볼 수 있는 몇 가지 대안을 제시한다.

방법 1 아이가 장난감을 사달라고 하면 부모는 딱 한 번 안 된다고 말한다. 그러고는 입을 꼭 다문 채 아무런 대꾸도 하지 않는다. 만약 아이가 계속 떼를 쓰면서 울기 시작하면 엄한 태도를 하고는 사람이 없는 한적한 곳으로 아이를 데리고 간다. 그곳에서 아이 스스로 자기 감정에서 빠져나올 수 있도록 기다려준다. 이때 아이가 장난감을 포기하고 차분해질 때까지는 아이와 어떤 이야기도 나누지 않는 것이 중요하다.

방법 2 아이가 장난감을 사달라고 하면 "너에게 용돈 준 것 아직 많이 남아 있니?" 하고 묻는다. 아이가 아니라고 하면 "그럼, 네가 그걸 살 수 있을 만큼 돈을 모으면 그때 사라"고 말한다.

부모가 장난감 값의 반을 보태주겠다고 말할 수도 있다. 대개 부모가 이렇게 말하면 아이들은 정말 용돈을 모아 사려고 하기보다는 순간적으로 사고 싶었던 장난감을 포기할 것이다.

방법 3 마트에 가기 전 미리 아이에게 만약 거기서 무엇을 사달라고 떼를 쓰거나 돌아다니면 그 즉시 거기서 나올 거라고 말해준다. 이때 아이에게 좋지 않은 행동이 어떤 것인지에 대해 구체적으로 알려주는 것이 좋다. 부모가 기대하는 바람직한 행동을 직접 보여주는 것도 좋고, 잘못된 행동을 했을 때 어떻게 될지에 대해서도 상세히 말해준다. 반드시 말한 대로 꼭 지켜야만 한다.

신기하게도 아이들은 부모가 하는 말이 정말인지 아닌지를 쉽게 알아챈다. 앞에서 말한 텔레비전 속의 아이는 자기 부모가 안 된다고 말하는 것이 정말 안 된다는 뜻이 아님을 알아챈 것이다. 아이에게 부모는 일종의 슬롯머신과도 같다. 말하자면, 항상 돈을 쏟아내 주지는 않지만 어느 순간 가능성이 있다고 보여질 때 핸들을 당기면 돈을 쏟아내 준다. 즉, 아이는 당신의 말이 진정으로 안 된다는 뜻이라고 판단되면 더 이상 떼를 쓰지 않을 것이다. 하지만 사줄 가능성이 있다고 판단되면 울음을 그치지 않는다.

자, 그럼 텔레비전에 나온 이야기와 우리가 제시한 친절하면서도 엄한 태도로 아이를 다루는 세 가지 방법이 가져올 장기적인 결과에 대해 생각해보자. 부모가 할 수 없이 아이에게 장난감을 사주었을 때 아이는 어떤 생각을 하고, 무엇을 배울 수 있을까? 한편 세 가지 다른 대안을 사용했을 경우에는 어떠할까?

다시 한번 강조하지만 부모는 항상 자신의 양육 태도가 불러올 장기적인 결과를 반드시 생각해보아야 한다. 그런데 안타깝게도 많은 부모들이 이를 간과한다. 그 이유는 아이를 지나치게 사랑하기 때문이다. 그리고 부모가 아이를 지나치게 사랑하는 이유는 간단히 설명할 수 없을 정도로 매우 복잡하게 얽혀 있다.

일상생활 속에서 당신은 아이에게 얼마나 많은 것을 쉽게 허용하고 있을까? 패스트푸드를 먹도록 내버려두는 일, 아이가 원하는 브랜드의 신발이나 옷을 사주는 일, 몇 시간씩 컴퓨터 앞에 앉아 있거나 스마트폰을 쥐고 있어도 내버려두는 일 등이 떠오를 것이다. 하지만 이게 전부일까?

맞벌이가정이 갈수록 늘어나고 있는 요즘, 힘들여 요리를 하는 것보다는 패스트푸드나 배달 음식을 주는 것이 더 편하다. 각종 광고에서 유혹하는 유행 상품을 따라가는 것은 사회적 흐름일 뿐 잘못된 일은 아닌 것 같다. 아이를 따라다니며 돌봐주기보다는 텔레비전 앞에 앉혀놓거나 스마트폰을 주는 것이 덜 힘들다. 이 모든 양육 태도는 아이를 사랑하지 않거나 게으른 부모에게만 해당되는 것인가? "안 돼"라고 말하지 못하고 지나치게 허용적인 태도는 모든 부모의 모습이다.

패스트푸드가 자녀 교육에 미치는 영향

많은 부모가 아이들이 햄버거를 사달라고 졸라대면 별 생각 없이 사주고 만다. 사실 당신은 '큰돈이 드는 것도 아니고, 햄버거 하나 사주는 게 뭐 문제가 되겠어?'라고 생각할 수도 있겠지만, 패스트푸드가 미치는 부정적인 영향을 생각한다면 왜 직접 식사를 준비해주어야 하는지 알게 될 것이다.

2000년 6월에 그레그 크라이처(Greg Critser)는 「패스트푸드에 관대한 부모가 비만 아동을 기른다」는 글을 썼다. 그의 분석에 따르면, 패스트푸드점에서 파는 햄버거는 1,660칼로리의 지방과 많은 당분을 포함하고 있는 데 반해 정작 아이들의 성장에 필요한 비타민과 섬유소, 철분 등은 거의 없다. 반면 집에서 만든 비슷한 음식은 1,300칼로리였다. 따라서 패스트푸드 음식을 많이 먹는 미국의 경우 비만 아동이 11~15퍼센트에 달하고 있으며, 또 다른 25퍼센트의 아이들도 가능성을 갖고 있다고 한다. 비만은 그 자체만의 문제가 아니다. 패스트푸드로 인해 생길 수 있는 문제는 수년 안에 나타나지 않을 수도 있다. 어릴 때 먹은 패스트푸드의 당분이 25년 이상이 지난 사람의 간에 문제를 만들 수도 있다.

8천 명 이상의 미국 아동의 데이터를 분석한 또 다른 연구에서는 아동 간 학습 성적 차이를 분석했는데, 일주일 내내 패스트푸드를 먹는 아이들의 과학 평균 점수는 79점, 먹지 않는 아이들은 84점이었다. 수학과 읽기 과목의 성적도 차이가 났다. 과학자들은 패스트푸드가 두뇌에 영향을 미치는 주요 원인으로 철분의 결핍을 꼽았다. 따라서 외식으로 피자, 치킨, 햄버거 등을 쉽게 사 먹는 것에 대해 심각하게 고민해 볼 필요가 있다. 패스트푸드 중심으로 외식을 자주 하는 것은 오직 건강상의 문제뿐만 아니라, 아이들의 교육에도 좋지 않은 영향을 줄 수 있기 때문이다. 여기 한 가족의 이야기를 들어보자.

두 아들과 딸 하나를 둔 졸슨 씨네는 모든 가족이 돌아가며 매일 저녁 식사를 준비했다. 가족이 다섯 명이라 남는 이틀은 부모가 한 번씩 더 하기로 했다. 또 가족 모두가 집안일을 한 가지씩 맡았고, 일주일에 한 번 한 시간 동안 함께 집 안 청소를 했다.

그런데 열여섯 살의 사촌 한나가 5개월 동안 졸슨 씨 집에 머무르게 되었다. 졸슨 부인은 한나가 오기 전에 그녀에게 편지를 썼다. "우리 가족은 집안일을 나눠서 한단다"라는 내용이었다. 졸슨 부인은 같이 지내는 동안에는 한나도 가족의 한 사람으로서 집안일을 맡아서 해야 한다는 것을 말하고 싶었던 것이다.

드디어 졸슨 씨의 집에 한나가 도착했다. 아이들은 한 주 동안은 한나를 손님으로 대접하며 아무 일도 시키지 말자고 약속했다. 그래야 한나가 무엇을 어떻게 해야 할지 스스로 알게 되고 적응할 수 있을 거라고 생각했다.

둘째 주가 되자 가족회의를 열었고, 한나를 포함해서 어떻게 집안일을 분담할 것인지 의논했다. 한나는 자신이 저녁 식사를 준비할 요일이 정해지자 몹시 걱정스러워했다. 스스로 할 수 있는 음식이 하나도 없었기 때문이다. 한나의 부모 역시 아이를 너무나 사랑한 나머지 그때까지 한나에게 가족의 한 사람으로서 집안일을 도와야 한다는 어떤 의무도 부여하지 않았던 것이다.

한나는 식사 준비나 집안일에 관해서는 아무런 능력도 자신감도 없었다. 그러나 졸슨 씨는 한나에게 "처음부터 잘하는 사람은 없어. 열심히 해보자" 하면서 계속 격려해주었다.

한나는 도무지 즐겁지 않았다. 자신의 집에서는 한 번도 식사를 준비해본 적이 없었기 때문에 이런 상황이 불만스럽기만 했다. 하지만 자기가 맡은 일을 면제해줄 분위기가 아니라는 것을 깨닫고는 간단한 스파게티를 하기로 결정했다. 졸슨 부인이 한나의 옆에서 오븐을 켜는 방법과 음식 재료들이 어디에 있는지를 알려주었다. 졸슨 부인은 연습 과정이라고 생각하라며 한나를 격려하고 도와주었다.

셋째 주가 되어 다시 한나의 차례가 되자, 한나는 아이들 중 한 사람이 자기를 도와주었으면 좋겠다고 말했다. 하지만 졸슨 부인은 그 요청을 거절했다. 졸슨 부인은 자신의 경험을 돌이켜보건대, 학교에서 어려운 과제물을 받고 고민하다가도 결국 스스로 해냈을 때 느꼈던 성취감이 상당히 중요하다고 생각했던 것이다.

한나는 졸슨 부인에게 오븐 켜는 법을 다시 물었고, 요리 방법에 대해 몇 가지 질문을 했다. 한나가 저녁 식사 준비를 거의 마칠 무렵 졸슨 부인은 상 차리는 것을 도와주었다. 그리고 그 이후로는 아무도 한나가 요리할 때 도와주지 않았다.

몇 주가 지났건만 한나는 그때까지도 메뉴를 정하는 일도 쉽지 않았다. 그동안 경험이 전혀 없었기 때문에 가족을 위해 저녁 식사를 준비하려면 무엇을 어떻게 해야 하는지 모르는 것 투성이었다(이것만 봐도 지나치게 허용적인 양육 태도가 아이들의 자신감과 능력을 키우는 데 어떤 악영향을 주는가를 알 수 있을 것이다).

그런데 매일 졸슨 씨 가족과 저녁 식사를 함께하면서 한나는 자연스럽게 다양한 메뉴를 알게 되었다. 전에는 관심도 주지 않았던 식재료나 요리법도 찾아보기 시작했다. 7주가 지나자 한나는 드디어 혼자 메뉴를 정하고, 자신 있게 저녁 식사를 준비할 수 있었다. 한나는 자신이 해냈다는 사실에 무척 기뻐했다. 그러고는 이제 집에 돌아가면 자기 가족에게도 음식을 해줄 거라고 말했다. 자신의 집에서는 항상 엄마 혼자 음식을 준비하는데, 그러다 보니 인스턴트 식품을 먹는 일이 많았다고 했다. "하지만 이제는 제가 도울 수 있게 되었잖아요. 저희 가족에게도 행복한 저녁 식사를 선물하고 싶어요" 하고 말했다.

한나의 말을 듣고 졸슨 부인은 기분이 좋았다. 한나가 가족 구성원 중 한 사람으로서 가족을 위해 무언가를 한다는 것이 즐거운 일임을 알게 되었기 때문이다. 무엇보다 스스로 문제를 해결하며 성취감과 자신감을 얻게 된 것이 가장 기뻤다.

장시간의 컴퓨터 및 스마트폰 사용으로 생기는 문제점

아이들의 컴퓨터나 스마트폰 사용에 관한 문제 역시 단순히 부모의 허용적인 양육 태도라고만 볼 수 없다. 어떤 집은 아이들이 싸우는 일을 막으려고 아이 방마다 컴퓨터를 놓아주기도 한다. 아이에게 좀 더 잘해주고 싶은 마음의 표현이라고 생각할지도 모르지만, 아이들은 아직 통제력과 절제력이 약하기에 쉽게 중독에 빠질 수도 있다. 어른들조차 딱히 용건이 없으면서도 스마트폰을 손에서 놓지 못하는 사람들이 있지 않은가. 가정에서조차 슈과처럼 되어버리면 가족 간의 관계나 삶의 질은 어떻게 되겠는가.

• 가족 간의 결속력을 약화시킨다

현대사회의 가정이 갖고 있는 가장 큰 문제는 가족 간에 결속력이 갈수록 줄어들고 있다는 점이다. 부모와 아이들은 각자 너무 바빠서 다 함께 시간을 보내는 것도 쉽지 않다. 이러한 상황에서 아이 방에 컴퓨터를 따로 놓아주는 것이 장기적으로 어떤 영향을 줄지 부모들은 신중하게 고민해야 한다.

대다수의 부모가 자신에게 가장 중요한 문제는 자녀의 미래라고 말하지만, 실제 행동은 그렇지 않아 보인다. 개인 컴퓨터나 스마트폰을 갖는 아이들이 늘어나는 것만 보아도 그러하지 않은가.

• 학업과 대인관계에 문제를 일으킨다

청소년기로 접어든 자녀를 둔 부모라면 인터넷과 게임 중독에 관해 한 번쯤 고민해본 경험이 있을 것이다. 맞벌이가정이 증가함에 따라 어려서부터 스마트폰과 인터넷을 접하는 탓에 게임 중독은 부모의 큰 고민 거리 중 하나가 되었다. 스마트폰이나 게임 중독에 빠진 아이들은 일상에 지장을 주며, 심한 경우 학업과 대인관계뿐만 아니라 정신적 문제까지 겪을 수 있다.

어린아이들의 경우에는 텔레비전 시청이 수면에도 심각한 영향을 미친다. 1999년 로드 아일랜드의 아동병원에서 발표한 아이들의 수면 장애에 관한 연구를 보면, 잠자기 전에 텔레비전을 보는 경우, 특히 자극적이거나 폭력적인 프로그램일 경우에는 잠자는 시간과 잠의 패턴에 있어 장애를 일으킬 수 있다고 한다.

신체적 발달이 덜 된 아이들에게 과도한 게임이나 장시간의 스마트폰 사용은 뇌의 불균형을 일으킬 수 있으며, ADHD, 틱장애, 사회성 문제가 발생할 수 있다. 최근 청소년의 공격적·충동적인 성향이 사회문제화되고 있는데, 이 역시 게임 및 스마트폰 중독이 그 원인 중 하나로 꼽힌다. 가족 간의 유대감과 친밀감이 줄어들면서 안정감을 찾기 힘들어지고, 그로 인해 게임에 더욱 집착하는 경향이 나타나는 악순환이 반복되고 있는 것이다.

합리적인 규율을 제시하는 법

지금까지 여러 번 언급했지만, 당신의 아이를 진정으로 사랑하는 방법이란 아이가 살아가는 데 필요한 능력과 태도를 기르기 위한 규율을 제시해주는 것이다. 따라서 진정한 애정으로 아이를 훈육하기 위해 가장 기본적으로 해야 할 일은 합리적인 선에서 지켜야 할 규율을 세우고, 이를 실천해나가도록 가르치는 것이다.

사실 아이들도 어디까지 허용되는 것인지를 알고 싶어 한다. 부모와 불화를 겪는 사춘기 아이들을 만나면 교사나 부모가 자신에게 무엇을 기대하는지 제대로 말해주지 않는다고 불평한다. 어떤 때는 괜찮다가도, 어떤 때는 불같이 화를 내기 때문이다. 심리치료사나 아동발달 전문가에 의하면, 일탈 행위를 하는 아이들 대부분이 사실은 부모나 교사가 자신의 행동을 어디까지 허용할 수 있을지 실험해보기 위한 것이라고 말하기도 한다. 말하자면, 부모나 교사가 아이들에게 원하는 한계가 어디까지인지 분명하게 말해주지 않기 때문에 아이들은 계속 잘못된 행동을 하고, 어른들의 반응에 따라 앞으로 어떻게 행동할지 나름대로 판단한다는 것이다.

사회의 구성원으로서 살아가는 데 필요한 올바른 행동이 무엇인지를 알고 지키는 것은 문명사회를 살아가는 기본적인 자질이다. 그러나 지나치게 허용적인 부모는 아이에게 지켜야 할 규율을 가르쳐주지 않는다. 반면 지나치게 통제적인 부모는 너무 많은 규율을 세워놓는다. 그렇다면 과연 어떻게 하는 것이 합리적일까? 다음의 두 가지를 생각해보자.

첫째, 어떤 규율을 세우는 장기적인 목적과 목표를 생각해보자. 그 규율은 아이와 부모 모두의 삶을 한층 풍요롭게 할 수 있는 것이어야 한다. 아이에게 자기 통제력과 책임감, 협동, 사회적 관심과 문제해결 능력과 같은 중요한 기술을 가르칠 수 있는 규율이어야 한다.

둘째, 어떤 규율을 세우느냐보다, 그것을 아이에게 전달할 때 어떤 태도를 보이느냐가 더 중요하다. <u>권위적이거나 통제적인 태도 대신, 위엄 있으면서도 아이를 존중하는 태도로 규율을 가르치는 것이 효과적이다.</u> 또 규율을 만들 때 아이가 함께 참여토록 하는 것도 중요하다.

규율을 만들 때는 아이의 발달 수준을 고려해야 한다. 아이가 네 살 이하인 경우는 부모가 규율을 만드는 것이 좋다. 예를 들어, 간식을 먹는 횟수라든지, 만져도 되는 것과 안 되는 것, 들어가도 되는 곳과 안 되는 곳을 아이에게 알려주어야 한다. 이 시기의 아이들에게는 아주 제한된 선택권, 예컨대 오늘은 노란 웃옷을 입을까, 아니면 하늘색을 입을까 정도만 선택하게 하고, 규칙적인 일과를 통해 규율을 배우도록 해야 한다.

아이가 좀 더 크면 규율을 만드는 데 함께 참여할 수 있게 한다. 정기적으로 가족회의를 갖고 어떤 규율이 왜 필요한지 등에 대해 토의하는 것도 좋은 방법이다. 좀 더 어린 아이들에게는 매일 해야 할 일과 지켜야 할 것에 대해 함께 이야기하는 것이 좋다.

아이들이 가정의 규율을 만드는 데 직접 참여하면 그것을 중요하게 생각하고 지키려 노력한다. 가족이 함께 만든 규율을 아이가 직접 큰 종이에 써서 벽에 붙여놓으면, 이제 이 규율이 감독자가 되는 것이다. 아이가 약속한 규율을 지키지 않는 경우, 부모는 설교를 늘어놓거나 잔소리를 하지 말고 간단히 벽에 붙은 규율을 가리키면서 "우리가 어떻게 하기로 약속했지? 한번 보자. 이제 다음에 또 새로운 규율을 하나 더 만들어야겠는걸" 하고 말하면 된다.

규율을 만드는 데 있어 가장 중요한 것은 일관되게 실행하는 것이다. 앞에서 이야기한 것처럼 규율을 적은 종이를 가리키며 되새겨주는 것도 좋은 방법이지만, 단 한마디로 아이가 어떻게 해야 하는지를 알려주는 것도 매우 효과적이다. 예컨대, '장난감' '잠바' '책들' '잠자는 시간' 식으로 친절하면서도 엄한 태도로 아이가 무엇이 잘못되었는지를 깨달을 때까지 그 한마디만 반복한다. 그러면 더 이상 아이와 실랑이를 벌이지 않아도 된다. 여기서 기억해야 할 것은 이런 방법은 아이와 함께 규율을 만들었을 때만 효과적이라는 점이다.

때로는 엄한 태도로 무엇이 잘못되었는지, 어떻게 행동해야 하는지를 알려줄 필요가 있다. 간혹 부모가 어떻게 행동할 것인지를 결정하는 것도 좋다. 예를 들면, 엄마가 운전할 때는 형제와 싸우지 말라고 소리 지르기보다는 아예 차를 멈추고 아이들의 싸움이 끝나면 다시 운전을 하는 것이다. 부엌이 깨끗이 치워져 있지 않으면 아예 요리를 해주지 않는 것도 한 예가 될 수 있다. 이런 방법이 효과를 거두기 위해서는 아이가 어떤 잘못을 했을 경우 부모가 어떻게 행동할 것인지에 대해 미리 아이에게 안내하고, 일관성 있게 지켜나가야 한다.

정해진 규율이 잘 지켜지지 않을 때는 다시 가족회의를 열어 아이와 함께 해결 방법을 찾도록 한다. 브레인스토밍 등의 문제해결 과정을 자주 경험하게 하면 이후 자신의 문제도 적극적으로 해결할 수 있게 된다.

아이에게 도덕적 가치나 신념 등을 가르치는 것도 행동의 틀과 방향을 제시해주는 좋은 방법이다. 어떤 가치가 중요한지는 가족에 따라 다르겠지만, 많은 연구 결과를 통해 밝혀졌듯이 아이에게 자신만의 신념을 키워주고 도덕적 가치를 가르치는 것은 아이를 진정으로 사랑하는 방법일 뿐 아니라 건강한 가치관을 키워주는 것이기도 하다. 합리적인 규율을 만들어 틀을 제시해고, 아이들이 문제해결 과정에 참여할 수 있도록 도와주는 것이야말로 가장 중요한 부모의 역할이다.

모든 사람들이 합리적인 규율을 만들어 존중하고, 정부는 처벌보다는 문제해결 방안을 찾고자 노력한다면 과연 이 세상이 어떻게 될까?

물론 이렇게 범세계적으로까지야 기대하기는 어렵겠지만, 당신이 지나치게 허용적이거나 통제적인 방식을 버리고 친절하면서도 엄한 태도로 아이를 교육한다면 최소한 당신의 가정만큼은 평온하고 행복해질 수 있을 것이다.

5장

내 아이에게 맞는
양육법은 따로 있다

잠시 당신의 모습을 살펴보라. 혹 부모로서 사랑이라는 미명 아래 아주 비효과적이며 아이에게 해를 줄 수도 있는 양육 태도를 보이고 있지는 않은가? 그렇다면 이유는 무엇인가? 아이의 행동을 바로잡기 위해서는 어쩔 수가 없어서? 아니면 그것 역시 오늘날 사랑을 표현하는 또 다른 방법이기 때문에?

좋은 부모에 대한 잘못된 상식과 믿음

인류의 역사를 살펴볼 때 자녀 교육에 대한 개념은 시대와 사회의 변화에 따라 함께 변화되어 왔다. 전통사회에서는 자녀를 교육하는 데 있어 말로 가르치기보다 부모가 직접 행동으로 모범을 보여주는 것이 대부분이었다. 산업화가 이루어기 전 농업이나 가내수공업이 주 생계 수단이던 시기에 자녀는 함께 농사를 짓거나 가업을 잇는 자산과도 같은 존재였다. 그러니 자녀 교육에 있어 아이의 행복을 우선순위에 놓지 않았다. 그보다는 얼마나 숙련된 인력으로 성장하는가가 중요했다. 물론 부모 역시 생존의 문제가 중요했기에 자신의 행복보다는 가족의 생계를 유지하는 데 더 주력했다.

어린아이들이 무엇보다 자신의 욕망을 우선하고, 말을 배우기 시작하면서 가르쳐주지 않아도 자연스럽게 거짓말을 학습하는 모습을 보면서 아주 최근까지도 아이들은 '본성적으로 악한 성향을 지닌 작은 존재'라고 보는 학자들이 있었다. 그들은 나쁜 본성을 바로잡기 위해 아이들은 엄격하게 다루어야 한다고 생각했다. 아이들의 자존감을 키워주어야 한다는 생각은 할 수가 없었다.

하지만 아이러니하게도 더 풍요롭고 삶의 질이 훨씬 좋아진 현대사회에 비해 그때의 아이들은 부모로부터 살아가는 데 필요한 여러 가지 능력을 직접 경험하며 배울 수 있었고, 이러한 경험이 바로 자신감과 자존감의 기초가 되었다.

이에 반해 요즘의 부모는 아이가 앞으로 살아가는 데 필요한 기술과 능력을 배울 수 있는 기회와 환경은 마련해주지도 않은 채, 아이의 자존감을 어떻게 키워주어야 하는지에 대해서만 지나치게 관심을 쏟고 있다.

시대가 변화하면서 아이를 양육하는 데 갖추어야 할 기본적인 신념과 방식도 크게 변화되어 왔다. 그런데 현대사회의 부모들이 갖고 있는 양육관, 즉 아이가 행복해야 정서적으로 건강하고 자존감이 높아지므로 권위와 위엄보다 아이의 행복이 우선해야 한다는 사고방식은 바람직한 부모 역할에 대한 혼란과 잘못된 믿음을 만들었다. 아이들이 세상의 중심이 되어야 하고, 언제나 아이의 행복을 최우선에 두며, 부모는 매순간 아이를 위해 열심히 헌신해야 한다는 믿음이다. 이제 이 잘못된 믿음과 신념에 대해서 다시 생각해볼 필요가 있다.

도대체 무엇 때문에 우리는 '아이에게 지나치게 애착을 갖는 부모 역할'을 강조하게 되었을까? 왜 아이가 가게에서 달콤한 과자를 사달라고 칭얼댈 때 재빨리 사주지 않으면 아이에게 치명적인 정서 장애가 생길 거라는 걱정을 하고 있는 걸까? 왜 유명 가수의 콘서트 티켓을 사주기 위해 새벽부터 줄을 서는 부모들이 있는 것일까?

이런 질문에 간단히 대답하기란 매우 어렵다. 경제적인 풍요로움, 아이와 많은 시간을 함께하지 못하는 맞벌이가정 부모의 죄의식, 확대가족의 소멸, 다양한 매체에서 쏟아지는 자녀 교육에 대한 정보 등 여러 가지 이유가 있겠지만, 사실상 부모의 지나친 통제나 허용적인 양육 태도가 미치는 결과에 비해 그리 중요한 것은 아니다.

양육 태도와 관련해서 어떤 이들은 자신의 부모가 보여준 양육 태도를 그대로 따르려고 한다. 부모님의 양육 태도가 좋다고 느꼈기 때문인데, 안타깝게도 내 아이에게는 통하지 않을 때가 있다. 또 어떤 부모는 아예 자신의 부모와는 정반대의 방식으로 자녀를 키우려고 한다. 이들은 평소 자기 부모의 양육 태도에 불만을 품고 잘못을 되풀이하고 싶지 않기 때문이다. 이런 부모 역시 "분명히 우리 부모님의 잘못된 방식을 따르지 않았는데, 왜 아이는 내 마음처럼 행동하지 않을까?" 하는 의문을 가질 때가 많다.

어느 시대이든 부모가 자라던 시대와 자녀가 자라는 시대는 다르기 때문에 부모님의 양육 태도를 그대로 따르는 것이나, 혹은 정반대의 방식을 취하는 것은 그리 효과적인 방법이 아니다. 그럼에도 현대사회의 부모들이 특히 더 양육의 어려움을 호소하는데, 그 이유를 몇 가지 나열해보자.

- 맞벌이가정의 증가로 인한 자녀 양육에 대한 스트레스와 죄책감 발생
- 이혼율의 급증, 편부모 또는 계부모 가정의 증가, 확대가족의 감소와 같은 가족 구조의 변화
- 공동체적 활동보다는 개인적 활동을 중시하는 사회·문화의 변화
- 어른보다는 아이가 중심이 되는 가족생활
- 올바른 부모 역할을 배우고자 노력하지도 않는, 즉 '아이는 너무나 사랑하지만 어떻게 해야 할지도 모르고 심각하게 고민하지도 않는' 부모들

급격한 사회 변화와 맞벌이가정의 증가

역사학자나 사회학자 대부분이 제2차 세계대전 이후 미국 사회가 급격한 변화를 겪었다고 말하고 있다. 1940년대 이전까지는 대부분의 사람들이 농업에 종사했고, 남자들이 일하러 간 사이 여자들은 집에서 아이들을 돌보았다. 그러나 제2차 세계대전 당시 남자들이 전쟁에 참전하게 되면서 전쟁에 필요한 무기와 생필품을 생산하기 위해 공장에서 일하고 마을을 관리할 인력이 필요해졌다. 결국 여자들이 그 일을 하게 되었고, 전쟁이 끝난 뒤에도 여자들은 다시 부엌으로 돌아가고 싶어 하지 않았다.

이후 좋은 직장을 찾아 사람들이 도시로 몰려들었다. 조부모와 함께 사는 가정이 줄어들었고, 심지어 같은 도시나 지역에 사는 가족도 많지 않았다. 이런 변화로 인해 젊은 부모들은 자신의 부모로부터 아이를 키우는 데 도움이 될 귀중한 격려와 충고를 얻을 수 없게 되었다.

또한 새로운 기술이 발달하면서 라디오, 자동차, 텔레비전 같은 놀라운 제품이 발명되고 사람들의 관심을 끌었다. 새로운 발명품으로 인해 사람들의 생활은 훨씬 더 재미있고 편리해졌다. 그러자 더 많은 것을 갖는 일이 우리 삶에서 매우 중요하게 여겨졌다. 시간이 지날수록 사람들은 이제 남자만 일을 해서는 바라는 삶을 살 수 없다는 생각을 하게 되었다.

• **맞벌이가정 워킹맘의 육아 스트레스**

결혼한 여자들이 직장을 갖는 이유는 다양하다. 1950년대에는 여섯 살 이하의 자녀를 둔 엄마의 12퍼센트가 일을 했지만, 최근에는 세 살 이하의 자녀를 둔 50퍼센트의 엄마가, 그리고 놀랍게도 학령기 자녀를 둔 75퍼센트의 엄마가 직업을 갖고 있는 것으로 나타났다. 엄마가 직장에서 일을 하는 동안 누군가 아이를 돌보아야 하는 것은 당연한 일이다. 그래서 맞벌이가정의 증가는 새로운 산업을 등장시켰다. 바로 보육 산업의 등장이 그것이다.

워킹맘이 자녀 양육에 미치는 영향이나 어린아이들에게 보육 시설 경험이 어떤 영향을 미치는지에 대해서는 아직은 뭐라 결론을 내리기 어렵다. 그러나 결론과 상관없이 맞벌이가정이라면 누구나 퇴근 후의 시간을 어떻게 효율적으로 보내야 할지, 맞벌이 부부에게 오는 육아 스트레스를 어떻게 극복할지, 그리고 아이들을 어떻게 교육해야 할지 등에 대해서 판단하고 선택해야 하는 어려움을 느끼고 있을 것이다. 여기 한 예가 있다.

서른여섯 살의 로잘리는 뉴욕의 유망한 광고 회사에서 일하고 있다. 그녀의 남편은 시카고의 법률 회사에서 일하고 있는 변호사이다. 로잘리는 시카고 집에서 뉴욕까지 통근을 한다. 집에는 유럽계의 보모를 두어 네 살과 일곱 살 된 두 아이를 돌보게 하고 있다. 남편은 되도록 아이들과 많은 시간을 보내려고 노력하지만 늦게까지 일해야 하는 경우가 많았다.

로잘리는 어릴 적에 학교에서 돌아오면 엄마가 항상 집에 있었던 것을 기억하고 있다. 그래서 아이들에게 많은 것을 해주지 못해 늘 미안했고, 남편에게는 시카고에서 뉴욕까지 통근해야 하는 자신의 어려움을 불평하곤 했다. 하지만 그녀는 계속 일을 해야 가족과 아이들을 위해 자신이 꿈꾸는 생활을 할 수 있다고 생각했다. 비록 자신이 함께하는 시간이 적을지라도 자기 아이들은 모든 면에서 항상 최고의 것을 누리고 있다는 자부심도 있었다. 그래서 언제나 가장 훌륭한 보모를 구하기 위해 애를 썼다.

아이들에게 최선을 다하고 싶은 마음과는 달리 로잘리는 집에 돌아오면 녹초가 되어 아이들의 학교 행사나 주변 가족들과의 모임에도 가지 못했다. 그런데도 어느 누가 로잘리의 선택이 아이들에게 해를 주고 있다는 말이라도 할라치면 몹시 화를 내곤 했다. "나는 집으로 오는 길에 항상 아이들을 위해 무언가를 들고 와요. 나중에 아이들과 좀 더 좋은 시간을 보낼 수 있을 거니까 걱정하지 않아도 돼요." 그럼에도 그녀는 아이들에게 풍요로운 생활을 제공하고, 훌륭한 보모를 구해주는 것만이 진정한 사랑일지 혼란스러울 때가 많았다.

한편 로잘리와는 반대로 가정주부의 경우에도 일을 하지 않는 것에 대해 죄의식을 갖는 이들이 나타났다. 그들은 엄마가 일을 하지 않음으로써 아이들에게 풍요로운 환경과 많은 기회를 주지 못하는 건 아닐까 고민했다.

이처럼 많은 부모들이 육아에 대한 스트레스와 죄의식 때문에 아이를 지나치게 통제하거나 허용하는 양육 태도를 취하게 된다. 그것만이 힘든 여건 속에서 아이를 잘 기르는 방법이라고 생각하기 때문이다. 또 다른 사례를 들어보자. 세실리아의 경우는 다른 모습을 보여준다.

세실리아는 치과에서 사무를 보며 혼자 세 살, 여섯 살, 여덟 살 된 세 딸을 기르고 있다. 세실리아는 자신처럼 혼자 아이를 키우고 있는 사론이라는 엄마에게 아이들을 맡기고 있다. 모든 엄마들처럼 세실리아는 아이들이 자신의 삶에서 가장 중요한 존재라고 믿고 있다. 그녀는 피곤하다고 아이들과 시간을 함께 보내는 것을 게을리하지 않았다. 대신 아이들에게 엄마를 도울 수 있는 일을 몇 가지 부탁했다. 시간이 지난 후에는 이것을 하나의 규율로 만들어서 다 함께 집안일을 분담했고, 그만큼 남는 시간을 즐겁게 보냈다.

사실 세실리아의 형편은 넉넉하지 않았다. 세실리아는 여섯 살과 여덟 살 된 두 아이와 가족회의를 통해 우리에게 무엇이 더 필요하고, 그것을 사기 위해 어떻게 돈을 관리해야 하는지에 대해서도 이야기를 나누었다. 패스트푸드는 한 달에 두 번만 먹는 대신, 그 돈을 절약해서 여름에 해변으로 캠핑을 가기로 했다.

세실리아는 자신이 아이들을 얼마나 사랑하고 있는지, 아이들의 존재가 자신에게 얼마나 중요한지를 느끼게 해주었고, 아이들을 지나치게 통제하지 않으려고 노력했다. 아이들은 스스로 자신의 능력을 체험할 수 있는 기회를 많이 가졌다. 가족회의를 통해 식사 계획을 세웠고, 물론 엄마가 많이 도와주긴 했지만 일주일에 두 번씩 저녁 식사 당번을 맡았다.

우리 주변에는 워킹맘이나 편부모에 대해서 편견을 갖고 있는 사람들이 있다. 그들은 우리 사회에는 나쁜 사람보다는 좋은 사람이 더 많고, 그들 중에는 편부모나 워킹맘 밑에서 성장한 이들도 많다는 사실을 잘 모르고 있는 듯하다.

여러 연구 결과를 통해 자녀 교육에 있어 문제가 발생하는 원인은 편부모나 경제생활의 변화와 같은 외부적인 데 있는 것이 아니라, 부모의 양육 태도와 관계가 있다는 것이 조금씩 밝혀지고 있다. 나아가 우리 사회가 안고 있는 다양한 사회문제들이 과연 어디에서 기인한 것인지 고민할 때, 우리가 사회의 근간이 되는 아이들을 진정으로 사랑하는 방식으로 키우고 있는지부터 물어야 하지 않을까?

급증하는 이혼율과 가족 구조의 변화

맞벌이가정의 증가만이 우리 사회가 겪고 있는 변화의 전부는 아니다. 지난 20여 년간 가족의 본질도 변해왔다. 개인주의화와 급격한 고령화 및 저출산 현상, 만혼화 및 이혼율 증가 등의 복합적 영향으로 가족 구조가 급변하고 있다. 세대 구성별 가구도 최근 20년간 확대가족에서 핵가족으로 단순화하는 양상을 보였다. 또한 편부모나 계부모 가정, 부모 없이 손주를 기르는 조부모 가정이 등장하거나 증가하는 추세이다. 2000년에 미국에서 조사된 통계 자료에 의하면 재혼 가정도 급격히 늘고 있으며, 첫 번째 결혼보다 두 번째, 세 번째 결혼에 실패하는 경우도 많이 생기고 있다.

시카고대학교에서 실시한 연구 결과를 보면 이런 변화가 얼마나 급격히 이루어지고 있는지를 알 수 있다.

1. 1972년 당시 성인 가운데 결혼한 사람이 75퍼센트였던 데 반해, 1998년에는 56퍼센트로 줄었다.
2. 1972년에 73퍼센트의 아이들이 양쪽 부모와 함께 산 반면, 1992년에는 51퍼센트에 불과했다.
3. 가치관도 많이 변했다. 1972년이나 지금이나 부모는 아이가 길러야 할 특성 중 '독립적인 사고 능력'을 가장 중요하게 생각했다. 그 다음 중요한 가치로 1972년에는 '복종', '열심히 공부하는 것' 순이었다. 그런데 1992년에는 '복종'이라는 가치 대신 '자기 통제력'을 갖기를 바랐다. 또 아이들에게 보다 많은 자율을 주어야 한다고 생각하는 것으로 나타났다.

가정 환경의 변화는 성장하는 아이들에게 예기치 못한 영향을 줄 수 있다. 그동안 가정은 자녀 양육을 위해 건전하고 바람직한 안식처가 되어야 한다는 믿음이 존재했다. 그런데 가족 구조가 변화하면서 다양한 환경에 맞는 양육 태도가 요구되고 있다. 하지만 각 가정의 상황이나 부모의 성향이 모두 다르기에 어떤 정답은 존재하지 않았다. 이러한 때일수록 그 어떤 상황에서도 적용될 수 있는 원칙이 무엇보다 중요해진다.

결혼 생활에 실패한 부모일수록 자녀 교육에 있어 더 많은 어려움을 토로한다. 혼자서 아이를 키우거나, 재혼 생활에 적응해야 하거나, 엄마가 직장을 가져야 하는 상황은 부모도 처음 접하는 것이기에 역시 혼란스럽다. 이런 환경에서는 아이를 통제하지 않고 내버려두거나 원하는 것을 모두 해주고 싶은 유혹이 생길 수 있다. 아니면 아이가 혹시 잘못될까 두려워 지나치게 억압하고 통제하려 들 수 있다. 그럼 이혼하거나 편부모 가정의 아이들이 비행을 저지를 가능성이 더 높을까? 단연코 그렇지 않다.

첨단기술의 발전

기술의 발전은 경제와 사회의 변화를 불러오며 인류 역사에 언제나 중요한 영향을 미쳤다. 새로운 기술의 확산은 가족 구조, 일, 가치관 등의 변화를 가져왔다. 텔레비전, 컴퓨터, 인터넷 등의 등장은 풍부한 대화 소재나 교육을 위해서 아주 좋은 매체인 것은 분명하다. 그런데 본래 의도는 아니었지만 광고라는 새로운 산업을 번성시켰다. 매년 수백억 이상의 돈이 아이들의 옷이며 장난감 등을 홍보하는 데 쓰이고 있다. 수많은 텔레비전 프로그램도 아이들 용품을 교묘하게 광고하는 역할을 해왔다.

그러다 보니 아이들은 최근에 나온 장난감이나 최신 브랜드의 옷을 지금 당장 갖지 않으면 안 된다는 광고 메시지에 현혹되었고, 이미 어떤 죄의식을 갖고 있거나 무엇이든 해줄 태세가 되어 있는 부모의 마음을 움직이는 데 매우 능숙해졌다.

최근 우리 생활의 일부가 되어버린 인터넷 역시 가족생활에 부정적인 영향을 미치는 측면이 있다. 요즘은 방마다 텔레비전이나 컴퓨터가 있는 집도 흔하다. 흔히 '가족 시간'에 온 가족이 모여서 제일 좋아하는 프로그램을 함께 보던 시절은 옛날 이야기가 되어버린 듯하다. 아이들은 스마트폰이나 컴퓨터에 빠져서 자신의 방에서 나오지 않는다. 아이들이 자기 가족보다 좋아하는 연예인에 대해 더 많은 것을 알고 있고, 가까이 하고 있다는 사실은 참으로 슬픈 일이다.

그런데 한편으로는 학교 및 학원 등의 교육이나 학습에 스마트폰과 컴퓨터, 인터넷 등이 필수이다 보니 부모들의 감시도 느슨한 편이다. 인터넷에는 아이들에게 적절하지 않은 광고가 넘쳐나는데도 말이다.

최근 청소년의 게임 중독이나 스마트폰 중독을 걱정하는 목소리가 높아지고 있다. 많은 전문가들이 이 숫자는 앞으로 더 늘어날 것이라고 경고한다. 우리 아이들을 자기 방에서 컴퓨터와 스마트폰에 몰두하도록 내버려두었을 때 훗날 어떤 결과를 불러올지 이제는 심각하게 고민해야 한다. 첨단기술의 세계에서 아이들이 건강한 사회의 구성원으로 자라는 데 필요한 기술과 신념을 익히고, 새로운 기술을 적절하게 활용할 수 있도록 부모가 현명하게 도와주는 것도 아이를 올바로 양육하기 위해 매우 중요한 일이다.

쏟아지는 자녀 교육 정보 속에서 갈팡질팡하는 부모들

현대사회에서 부모의 역할은 갈수록 어렵고 복잡해지고 있다. 아이가 세 살이 되기 전까지 육아서 한 권 사보지 않았거나, 부모 교육 강연에 참석해보지 않은 부모는 거의 없을 것이다. 요즘 웬만한 가정에는 부모 교육에 관한 적잖은 책들이 책꽂이에 꽂혀 있다. 부모 교육서 중에 몇 백만 부가 판매된 베스트셀러도 다수인 현실을 볼 때, 부모들의 자녀 교육에 대한 욕구는 갈수록 높아지고 있다.

그런데 부모 교육은 새로운 것은 아니다. 1800년대에도 부모 교육 전문가가 있었다. 그중 한 사람인 컬럼비아대학교의 루터 홀트(Luther Holt) 박사는 너무 푹신한 아기 침대를 쓴다거나, 아기가 울 때마다 침대에서 꺼내주거나, 너무 많이 안고 다니지 말라고 조언했다.

이밖에 가장 널리 알려진 부모 교육 전문가로는 벤저민 스포크

(Benjamin Spock)가 있다. 그러나 많은 전문가들이 그와 다른 의견을 제시해서 혼란을 야기시키기도 했다. 윌리엄 시어즈(William Sears)는 아이를 부모와 같은 방에서 자게 하는 것이 좋으며, 아이와 되도록 신체 접촉을 많이 하라고 주장했다. 존 로즈먼드(John Rosemond)는 아이들에게 일장 연설을 하거나 설득하려 들지 말고 "엄마 말 들어. 내 말대로 해"라고 말하는 것이 가장 효과적이라고 했다. 또 성경 구절을 인용해 아이들을 체벌하는 것이 필요하다고 말하는 사람이 있는가 하면, 이를 강력히 반대하는 사람도 있었다. 주디 리치 해리스(Judith Rich Harris)는 부모가 어떻게 양육하느냐보다는 교우관계나 유전적 요인이 아이에게 더 많은 영향을 미친다고 주장했다.

나아가 각종 매체에서도 여러 전문가의 연구 결과 등이 쏟아지지만 부모들은 오히려 더욱 혼란을 느끼고 낙담하기 일쑤이다. 처음에는 열성적으로 자녀 교육서나 연구 결과에서 본 방법을 하나씩 시도해보면서 아이와의 관계가 잘되길 원하지만 훈육이 부모 뜻대로 되지 않아 좌절감을 느끼고 양육 효능감이 떨어지는 것도 사실이다.

한때 일정 시간 동안 한 장소에 앉아 있거나 서 있게 하는 '타임아웃'이라든지 '논리적 결과'를 사용하는 방법(아이가 부모의 말을 듣지 않을 때 어떤 결과가 오는지 직접 경험해서 깨닫도록 하는 방법이다. 예컨대, 밥을 먹기 싫다고 할 때 밥을 치우고 다음 식사 때까지 절대로 주지 않음으로써 아이가 식사 때 밥을 먹어야겠다고 스스로 느끼도록 하는 방법이다)이 유행한 적이 있다. 하지만 그 방법으로 훈육이 성공적으로 잘되었다는 이야기는 많이 들리지 않았다. 이런 방법은 아이가 스스로 생각하고 느끼고 판단할 수 있는 기회를 주지 못하기 때문이다.

사실 많은 자녀 교육 솔루션 중에는 아이들에게 미치는 장기적인 영향을 제대로 고려하지 않은 것이 많다. 이러한 방법은 지금 당장 어떤 행동을 하지 못하게 할 수는 있지만, 아이들이 제대로 배워야 하는 것을 가르치지 못한다. 교육과 지식은 정말 중요하다. 그래서 우리는 부모가 아이들의 발달, 기질, 한계점 그리고 무엇이 아이들의 장래를 위해 중요한지를 잘 알고 있어야 한다고 강조한다.

내 아이에게 맞는 훈육법은 따로 있다

교육을 받는 그 자체로 모든 것이 해결되는 것은 아니다. 책을 통해서든, 부모 교육 워크숍이나 강연을 통해서든 다양한 양육 정보를 알게 되었지만, 그럼에도 부모들이 실패하는 건 내 것이 없기 때문이다. 수많은 자녀 교육 방식 가운데 부모 자신과 아이에게 맞는 것을 선택할 수 있어야 한다. 그 바탕에는 내 아이가 지금 어떤 감정으로 문제행동을 일으켰는지 개별적 특성을 이해하는 것이 필요하다.

<u>자신의 아이에 대해서만큼은 부모가 전문가가 되어야 한다.</u> 그러기 위해서는 아이의 발달 과정을 알고, 그들의 감정과 세계를 이해하고, 장기적인 결과에 대해 신중히 생각해야 한다. 이러한 것들이 선행되지

않고는 지혜보다는 감정에 휩쓸려서 아이를 대하게 될 것이다.

다른 사람들의 시선을 의식하는 부모들

어떤 부모는 자신의 생각과 판단보다는, 오히려 다른 사람들이 어떻게 생각하는지에 대해서 더 신경을 쓴다. 다음의 이야기를 들어보자.

집단 치료 기법 중에 '마술 상점 기법(magic shop)'이라는 것이 있다. 이 기법은 상담자 안의 긍정적인 자원을 탐색하고, 바라는 목표와 가치를 뚜렷이 하는 데 도움이 된다. 마술 상점은 원하는 어떤 것도 살 수 있는 곳으로, 그곳에서 상담자는 바라는 것을 자신의 것과 물물교환할 수 있다.

자녀와의 관계에서 어려움을 겪고 있는 민디라는 엄마가 손님 역할을 자청했다. 상점의 점원(상담사가 이 역할을 맡게 된다)이 "바라는 것은 무엇인가요?" 하고 묻자, 그녀는 좋은 엄마가 되는 것이라고 대답했다. 상점 점원은 다시 왜 그것을 원하는지, 언제부터 바라고 있었는지, 그걸 갖게 되면 정말 만족할 수 있는지 등을 물었다. 그리고 마지막으로 그 값으로 버리고 싶은 것은 무엇인지 물었다. 민디는 그 과정에서 자신이 아이보다는 다른 사람들의 생각에 더 신경을 쓰고 관심을 가졌다는 것을 깨닫고 몹시 놀랐다.

지금껏 민디는 자신이 중요하다고 생각하는 것이 무엇인지, 그리고 앞으로 아이에게 바라는 것이 무엇인지에 대해 생각하고 찾기보다는, 다른 사람들이 엄마로서의 자신에게 기대하는 것이 무엇인지에 더 많은 관심을 가졌던 것이다.

민디는 부모 교육 집중 코스를 신청했다. 많은 책을 읽었고, 여러 부모 교육 강연도 들었다. 이 과정에서 가장 중요한 변화는 민디가 책이나 강연에서 배운 것을 무조건적으로 따르지 않고, 내적으로 검토하고 숙고해보기 시작했다는 점이다. 그녀는 점차 다른 사람들이 자신을 어떻게 바라보느냐보다는, 진심으로 아이의 미래에 대해 관심을 갖게 되었다. 그 결과 마침내 민디 자신과 아이의 행동이 달라졌고, 서로의 관계 역시 좋아졌다.

남에게 좋게 보이는 부모보다 아이에게 좋은 부모가 되라

다른 사람이 기대하는 바가 무엇인지, 또 무엇을 인정해주는지 등의 사회적 압력에 개의치 않고 자신의 판단과 결정에 따라 행동하기란 쉬운 일이 아니다. 아마도 "내 아들은 네 아이들처럼 그렇게 칭얼대고 떼쓴 적이 한 번도 없다"고 신경질적으로 말하는 시어머니의 비난을 아무렇지도 않게 넘길 수 있는 사람은 없을 것이다. 부모들이 교사나 이웃, 친구나 친인척의 생각에 민감하게 반응하는 것을 전혀 이해할 수 없는 것은 아니다. 하지만 무엇이 당신의 아이와 가족에게 더 중요한지를 판단하고 실천하는 용기를 가져야 한다. 여기 좋은 예가 있다.

존슨 씨 가족은 어느 여름에 몇몇 친구들과 등산을 갔다. 존슨 씨의 열 살 된 아들 제이슨은 평소 운동을 잘했고, 산을 올라가는 내내 배낭을 졌다. 그런데 제이슨은 내려오는 길에 배낭이 너무 무겁다고 짜증을 내더니 이내 배낭을 땅에 떨어뜨렸다. 깜짝 놀란 엄마는 얼른 제이슨에게로 가 "다치지 않았니? 왜 그랬어?" 하고 걱정스럽게 물었다. 그러자 제이슨은 "몰라요. 배낭이 그냥 떨어져서 그렇게 됐어요" 하고 말하고는 그대로 내려가 버렸다.

함께 갔던 사람들은 이 광경을 계속 지켜보았고, 제이슨의 엄마는 아들의 행동에 대해 어떻게 반응해야 할지 몰라 몹시 당황했다.

자, 이 광경을 지켜본 다른 사람들이 제이슨의 엄마를 두고 아이를 제대로 가르치지 못하는 능력 없는 부모라고 생각했을까?

잠시 긴 숨을 내쉬면서 감정을 조절한 후 제이슨의 엄마는 지금 가장 중요한 것이 무엇인지 생각했다. 제이슨을 격려하면서 스스로 책임감을 느끼게 하는 방법을 찾아야 했다. 그래서 다른 사람들에게 제이슨과 이야기를 좀 할 테니 개의치 말고 먼저 내려가라고 했다. 그녀는 우선 제이슨의 상황과 마음을 이해하는 것이 중요하다고 판단했다. 그래서 제이슨을 따라가며 "네가 내려올 때 배낭이 무겁다고 말했는데도 우리가 모른 척해서 기분이 상했을 거야" 하고 말했다. 그러자 제이슨은 걸음을 멈추고 "그래요. 하지만 난 그 배낭 더 이상 안 멜 거예요" 하고 말했다.

엄마는 "알아, 널 혼내려는 게 아냐. 내가 너라도 그랬을 거야" 하고 말했다. 그때 존슨 씨 역시 옆에서 두 사람의 대화를 듣고 있다가 "네 불평을 그저 농담처럼 받아 넘겨서 미안하구나. 그럼 우리 어떻게 하는 게 좋을지 같이 생각해볼까?" 하고 말했다.

그제야 제이슨은 화난 마음이 누그러지면서 부모님에게 협조적인 태도를 취했다. 제이슨과 아버지는 배낭 밑부분에 잠바를 넣고 메는 것이 좋겠다는 결론을 내렸고, 그 후 산을 다 내려올 때까지 몇 번 가볍게 불평은 했지만 별 문제는 없었다.

물론 존슨 씨 가족은 함께 갔던 사람들의 시선을 의식하지 않았겠지만, 만약 그때 다른 사람들의 시선을 의식했다면 어떻게 했을까? 아마도 제이슨에게 일장 훈계를 하면서 크게 화를 냈을 것이다. 그렇게 해야 다른 사람들이 제이슨을 버릇없이 기르고 있다는 생각을 안 할 것이기 때문이다.

다시 말해 존슨 씨 부부가 다른 사람들의 시선을 신경 썼다면 아이를 사랑하는 부모가 되기보다는 '아이를 잘 가르치는 것처럼 보이는 부모'가 되려고 했을 것이고, 제이슨에게 의사소통과 문제해결 능력을 가르치기보다는 주변 사람들의 기대에 부응하는 데만 관심을 가졌을 것이다.

순간의 편안함을 경계하라

우리는 이 책에서 어느 한 순간 가장 편안한 방법이 무엇인가보다는 장기적으로 아이에게 가장 좋은 양육 태도가 무엇인지를 고민할 줄 아는 부모 역할이 중요하다는 것을 거듭해서 강조하고 있다. 언제나 아이가 우선이고, 순간의 편안함에 신경 쓰는 것은 결코 아이를 진정으로 사랑하는 것이 아니다.

부모가 육아에 대한 스트레스나 죄의식을 많이 가질수록 아이가 우선이고, 아이의 순간적인 행복을 더 중요하게 여긴다. 우리가 주위에서 흔히 볼 수 있듯이 대부분 가정에서 황제와 여왕은 단연 아이들이다. 그들이 원하는 것은 무엇이든 들어주고, 그들의 자존감을 키워주기 위해 부모는 동분서주한다.

이렇게 자기 마음대로 자란 아이는 사회의 구성원이 되기 위해 필요한 기술과 소양을 배우지 못한다. 아이의 행복을 지상 최대의 과업으로 여기고, 이를 위해 애쓰는 부모들은 정작 진정한 목표에 다다르지 못하는 것이다. 그들이 장기적인 비전보다는 단기적인 안목으로 판단하고, 행동하고, 순간의 편리와 즐거움 그리고 감정에 치우쳐서 아이를 양육하는 한 결코 원하는 결과를 얻을 수 없다.

나는 어떤 죄의식을 갖고 있을까

아이를 지나치게 사랑하는 잘못된 양육 태도를 수정해가는 첫 번째 과정 중 하나는 부모의 죄의식이 양육 태도에 어떤 영향을 주는지에 대해 이해하는 것이다. 사실 부모의 죄의식은 아주 중요한 요인 중 하나이다. 왜냐하면 너무나 많은 부모들이 이 감정 때문에 합리적인 판단과 행동을 하지 못하고 있기 때문이다. 그래서 다음 장에서는 부모의 죄의식에 관해 구체적으로 살펴보고자 한다.

6장

왜 부모는 아이에게
늘 미안할까

부모가 극단적인 양육 태도에 의존하게 되는 주요 요인 중 하나가 바로 죄의식이다. 여러 가지 잘못된 양육 태도의 뿌리에는 공통적으로 부모의 죄의식이 자리 잡고 있다. 직장을 다니는 엄마나 너무 바쁜 아빠, 혼자 아이를 키우거나 형편이 어려운 부모의 경우 외에도 상황이 어떻든 아이와 많은 시간을 보내지 못하는 부모들 모두 죄의식을 갖기 쉽다. 오늘날처럼 복잡한 사회에서 부모가 아이에게 죄의식을 갖는 이유는 아마도 수백 가지가 될 테지만, 크게 두 가지로 정리해볼 수 있다.

　첫째는 맞벌이가정이나 편부모처럼 자신의 상황을 변화시킬 수 없는 경우 그에 대한 변명으로 죄의식을 표현하는 것이고, 다른 하나는 부모의 상황이나 행동을 충분히 변화시킬 수 있음에도 죄의식을 가장해서 변화를 회피하는 경우이다.

　아이가 원하는 대로 해주는 부모는 자신의 행동을 다음과 같은 말로 정당화한다. "평상시에 잘해주지도 못했는데 이 정도도 들어주지 않으면 난 정말 나쁜 부모가 될지 몰라." 그러나 <u>바람직한 부모 역할은 아이에 대한 죄의식을 버리고, 부모 스스로 확신을 갖고 행동하는 것임을 알아야 한다.</u>

그럼, 이제부터 평범한 부모들이 왜 죄의식을 갖게 되는지에 대해 살펴보고, 어떻게 극복할 수 있을지에 대해서도 알아보자.

편부모의 죄의식

우리 사회에서 이혼율이 증가하고 있다는 사실은 누구나 알고 있을 것이다. 이러한 현상은 곧 편부모 가정에서 자라는 아이들이 증가한다는 것을 의미한다. 대부분의 편부모는 자신의 아이가 양 부모 밑에서 정상적으로 성장하지 못하고 있다는 점 때문에 깊은 상처를 입을 것이라는 불안감을 갖고 있다.

하지만 실제로는 편부모 밑에서 자랐다고 해도 아주 훌륭하게 성장한 사람들이 더 많다는 사실을 기억하자. 그럼에도 불구하고 많은 편부모가 자신 때문에 아이가 기본적인 애착관계의 한 축을 잃었다는 죄의식을 버리지 못한다. 이러한 죄의식이 어떤 양육 태도로 나타나는지에 대해 몇 가지 유형을 살펴보자.

첫째, 나의 불쌍한 아이를 위해 부족함이 전혀 없도록 해야 한다는 생각이다.

편부모는 대개 자신의 아이를 동정이 필요한 희생물처럼 대한다. 그래서 아이에게 부모의 역할을 모두 채워주기 위해 안간힘을 쓴다. 이런 부모의 태도는 아이에게도 곧바로 전염되어 아이 스스로 자신을 불쌍한 희생자라고 생각하거나, 자신은 편부모와 살고 있기 때문에 특별한 도움이 필요한 사람이라고 생각하게 된다. 따라서 이와 같은 부모의 양육 태도는 아이의 미래나 부모 자신을 위해서도 바람직하지 않다.

둘째, 여유가 없어도 아이를 위해 무엇이든 사주려고 한다.

많은 편부모들이 아이에게 "우린 그것을 살 수 있는 여유가 없어"라고 명확하게 말하지 못한다는 것은 너무 슬픈 일이다. 어찌 보면 아이가 원하는 것을 다 사줄 수 있는 능력이 없다는 건 하나의 축복일 수 있는데도 말이다. 왜냐하면 그 대신 아이에게 진정으로 필요한 삶의 가치와 기술을 가르칠 수 있기 때문이다.

셋째, 어떻게든 아이의 감정을 달래주려고 애쓴다.

어느 부모든 이혼으로 인해 헤어져 사는 형제자매 또는 한쪽 부모를 그리워하며 우는 아이의 모습을 지켜볼 때의 심정은 이루 말할 수 없이 고통스러울 것이다. 그럴 때 많은 부모들은 무기력을 느낀다. 어떻게든 아이의 마음을 달래주고 싶을 것이다. 때로는 아이나 헤어진 배우자에게 울컥 화가 치밀어 오르기도 할 것이다. 이런 경우, 편부모 자신도 자주 우울한 감정에 빠지고 지쳐버려서 아이의 감정을 다스릴 만한 여유와 능력을 갖지 못하게 된다.

따라서 부모가 먼저 슬픔과 실망감 그리고 분노를 다스릴 수 있는 방법을 배워야 한다. 아이에 대한 자신의 사랑을 잘못된 방식으로 표현하는 부모는 아이가 슬픈 감정을 느끼지 않도록 보호하려고 애쓴다. 이런 부모 때문에 아이는 스스로 어려움을 극복할 수 있는 기회를 얻지 못하게 되는 것이다.

넷째, 피할 수 없는 숙명으로부터 아이를 구제한다는 명분으로 아이를 지나치게 통제한다.

편부모는 그들 가정에서 자라는 아이들이 대개 불량해지거나 공부를 못하고, 심지어 범죄자가 되기 쉽다는 얘기를 자주 듣게 된다. 그래서 행여 아이가 잘못될까 두려워 엄격한 규율을 만들어 꼼짝 못하게 하고, 항상 아이를 감독하거나 작은 잘못에도 심한 벌을 주기도 한다. 앞에서도 말했지만, 부모는 여러 가지 이유를 들어 아이를 지나치게 통제하는데, 이런 방법은 결과적으로 아이에게 이롭지 않다. 편부모로서 아이를 키운다는 것은 정말 어려운 일이다. 하지만 편부모 역시 친절하면서도 엄한 양육 태도를 통해 다양한 경험과 좋은 영향을 주려고 노력하면 아이를 건강하게 키울 수 있다.

재혼에 대한 죄의식

편부모가 재혼을 하게 되면 아이는 이제 재혼 가정이라는 좀 더 복잡한 가정환경에서 자라게 된다. 이때 아이는 소속감이 흔들리고, 달라진 환경과 기대 때문에 혼란을 겪는다. 그리고 아이의 혼란을 지켜보는 부모는 죄의식을 갖게 된다.

만약 아이가 새아빠나 새엄마를 좋아하지 않으면 어떡하나? 만약 아이가 자신의 엄마나 아빠를 그리워하고, 의붓형제와 자신의 부모를 나눠 가져야 하는 상황을 힘들어하면 어떡하나? 만약 재혼한 아빠가 직장 때문에 떨어져 살아야 하기 때문에 아이가 새엄마하고만 살아야 한다면 어떻게 될까? 이처럼 재혼 가정은 부모가 아이에게 죄의식을 갖게 하는 여러 가지 상황을 갖고 있다.

하지만 재혼 가정의 상황이 어떻든 간에 <u>부모는 우선 자신의 감정을 다스리기 위해 노력하고, 아이 역시 정서적인 어려움을 잘 극복할 수 있도록 도와주어야 한다.</u> 이때 아이의 말을 반영적으로 들어주는 것이 효과적이다. 예를 들어, "그래, 네가 지금 친엄마가 얼마나 보고 싶은지 나도 알아" 하고 말해준다. 그러고 나서 아이를 따뜻하게 안아주며 해결 방법에 대해 함께 이야기를 나눈다. 부모가 정서적인 안정감을 가지고 편안한 마음으로 친절하면서도 엄한 양육 태도로 아이를 대한다면 더 이상 문제가 되지 않을 것이다.

맞벌이가정 부모의 죄의식

경제적인 이유로 어쩔 수 없이 맞벌이를 하는 부모가 있는가 하면, 일에 대한 욕구 때문에 맞벌이를 하는 부모도 있다. 어떤 경우든 맞벌이가정의 부모는 맞벌이라는 현실에 대해 긍정적으로 인식하고, 아이로 하여금 부모의 일을 자랑스럽게 여기도록 해야 한다. 자신의 일을 사랑하고 열심히 생활하는 부모의 모습을 보면서 아이는 차츰 부모를 이해하고 건전한 자아를 형성해갈 수 있게 된다.

그러나 아이와 함께 지내는 시간이 적다는 것 때문에 죄의식이나 자책감을 갖고 미안해하는 모습을 자주 보이면 아이도 함께 불안감을 느끼고 엄마가 없는 상황을 받아들이기 어렵게 된다.

죄의식의 쳇바퀴를 멈추게 하는 일곱 가지 방법

"엄마, 책 한 권만 더 읽어줘요" 하고 네 살 먹은 안젤라가 칭얼거린다. 엄마 크리스는 내일 있을 발표를 위해 보고서를 쓰느라 매우 피곤했던 터라 슬슬 화가 나기 시작했다. 이미 오늘 저녁에만 세 권의 책을 읽어주었고, 이제 더 이상은 읽어주고 싶지 않았다.

사실 크리스는 아이를 오랜 시간 어린이집에 맡겨놓는 것에 대해 죄의식을 갖고 있었다. 그래서 최근에는 자신이 학교에서 돌아올 때까지 안젤라의 외할머니가 집으로 와서 아이를 돌봐주기로 했다. 크리스는 학교에서 돌아온 이후에도 공부할 시간이 필요했기 때문에 항상 초조해했지만 안젤라의 요구를 거절할 수가 없었다.

하지만 안젤라가 계속해서 한 권만 더 읽어달라고 칭얼대자 크리스는 인내심의 한계를 느껴 결국 아이에게 소리를 지르고 말았다.

"안젤라, 넌 항상 만족을 못하는구나. 이제 다시는 책 안 읽어줄 거야. 넌 매일 더, 더, 더 하고 요구하잖아. 도대체 엄마가 힘들게 읽어준 것에 대해서는 고마운 줄도 모르고 왜 그래?"

엄마의 야단에 안젤라는 울음을 터뜨렸고, 크리스 또한 얼른 목욕탕으로 뛰어 들어가 문을 잠근 채 엉엉 울어버렸다. 한바탕 울고 나자, 크리스는 후회가 밀려들었고 자신을 질책하기 시작했다.

'아이는 단지 나와 좀 더 놀고 싶었던 것뿐인데……. 하루 종일 혼자 지낸 아이에게 해줄 수 있는 건 아이가 원하는 대로 책 몇 권 읽어주는 게 고작인데, 내가 왜 그랬을까?'

그다음은 죄의식이 밀려온다.

'그래, 내가 피곤한 건 아이의 잘못이 아니지. 일하는 엄마를 둔 이유로 아이가 이런 괴로움을 겪게 해서는 안 돼. 이제 어떻게 해야 할까?'

이 이야기에서 안젤라의 행동 중에 무엇이 사실이고, 무엇이 허구일까? 안젤라가 엄마와 놀고 싶어 하는 것은 사실이다. 그러나 네 권의 책을 읽고 싶어 한다는 것은 허구이다. 크리스가 아이에게 엄마의 '죄의식 버튼'을 누르도록 틈을 보였기 때문에 아이는 부모를 자기 뜻대로 움직일 수 있는 기교를 배운 것이다.

이후 크리스는 잠자기 전 안젤라와 함께 책을 읽거나 대화하는 시간을 정했고, 이를 지켜나가면서 아이에게 화를 내지 않게 되었다. 즉, 한두 권의 책을 즐겁게 읽어준 후 친절하면서도 엄하게 "자, 약속한 두 권을 다 읽었네. 이제 꼭 껴안고 뽀뽀하는 시간이야"라고 말한다.

이처럼 크리스가 자신의 죄의식 버튼을 없애는 방법을 연습하는 동안 안젤라는 예전처럼 한 번씩 엄마의 죄의식 버튼을 누르려고 시도할 것이다. "한 권만 더 읽어줘요" 하고 칭얼거리면서. 이때 크리스는 다시 한번 "아니, 엄마랑 껴안고 뽀뽀도 안 하고 그냥 잘래?" 하고 친절하면서도 엄하게 이야기한다. 그래야만 안젤라가 엄마와 부질없는 실랑이를 벌이지 않고 바람직한 선택을 할 수 있도록 도와줄 수 있다. 만약 안젤라가 계속 칭얼대거나 소리치면 크리스는 "엄마는 네가 껴안고 뽀뽀할 준비가 될 때까지 이 자리에 5분 동안만 앉아 있을 거야" 하고 말한다. 이런 방법을 통해 크리스는 안젤라가 <u>엄마를 마음대로 조종하려는 마음을 바꿔 서로의 입장을 존중하는 방법을 배울 수 있도록 기회를 주는 것이다.</u>

그래도 끝까지 안젤라가 칭얼대고 엄마를 조종하려 든다면 "그래, 오늘은 엄마랑 껴안고 뽀뽀할 준비가 안 되었구나. 그럼, 내일 하기로 하자" 하면서 방을 나온다. 물론 안젤라는 계속 울겠지만, 아이가 좀 운다고 해서 어떻게 되는 일은 거의 없으니 걱정하지 말길 바란다.

그럼 '죄의식 → 화 → 양심의 가책'과 같은 순서로 돌아가는 죄의식의 쳇바퀴를 멈출 수 있는 몇 가지 방법을 더 알아보자.

첫째, 죄의식 버튼을 버려라.

일과 가정의 양립은 이제 선택이 아닌 필수가 되어버린 상황에서 일하는 엄마도 아이들에게 긍정적인 모델이 되고, 사회화 과정에 도움이 될 수 있음을 잊지 말자. 아이는 신기하게도 언제 부모의 죄의식 버튼을 눌러야 하는지 금방 알아챈다. 부모가 갖고 있는 죄의식 버튼은 말보다 더 강력한 메시지를 뿜어내기 때문이다.

어린아이 곁에는 엄마가 있어주어야 한다고 강조하는 전문가의 말에 귀를 기울이는 것은 전혀 도움이 되지 않는다. 대신 스스로 자신감을 갖고 마치 주문을 외듯 다음 말을 수없이 반복해보자. "나는 우리 아이가 맨 처음 만나는 여성상의 모델이다." 또 내가 죄의식을 버리더라도 나와 우리 아이에게는 아무런 문제가 없다는 확신을 갖는다. 그다음은 일하는 엄마로서 친절하면서도 엄한 부모 역할을 어떻게 할 수 있을지를 숙고해본다.

『아이들에게 묻다(Ask the Children)』의 저자 엘렌 간린스키(Ellen Ganlinsky)는 초3~고3까지의 학생 1천 명을 대상으로 자신의 건강한 성장과 발달에 영향을 주는 부모의 행동이나 특성과 관련해 12가지 범주에서 점수를 매겨보도록 했다. 조사 결과, 아이들이 부모에 대해 평가한 내용 중에 엄마가 일을 하는 것과 연관된 반응은 전혀 없었다.

오히려 많은 아이들이 부모가 열심히 일하는 모습에 자부심을 느끼고 있었고, 부모님 모두 일함으로써 경제적으로 보다 안정감을 느낀다고 했다. 반면 일하지 않는 아빠에 대해서는 존경심이 떨어진다고 했다. 아이들이 정작 부모가 싫어질 때는 자신과 함께 있는 시간이 적기 때문이 아니라, 친밀감을 느끼기 어렵거나 무심한 태도를 보일 때라고 했다. 모든 부모에게 요구되는 것과 마찬가지로 맞벌이가정의 부모에게도 중요한 것은 아이의 마음을 이해하려는 양육 태도이다.

둘째, 죄의식이든 다른 어떤 이유에서든 아이를 제멋대로 행동하게 해서는 안 된다.

죄의식을 갖고 있는 맞벌이가정의 부모는 흔히 아이가 원하는 것이라면 무엇이든 들어주려 한다. 그러나 이는 아이의 장래를 위해 결코 바람직하지 않다.

그 첫 번째 이유로 아이는 부모의 말보다는 행동을 통해 더 많은 것을 배우기 때문이다. 아이는 부모가 왜 무엇이든 들어주는지 감쪽같이 알아챈다. 부모의 속마음을 아이도 빤히 들여다보고 있는 것이다.

두 번째 이유는 아이가 죄의식에 사로잡힌 부모 밑에서 성장하는 가운데 자칫 "나는 떼를 쓰고 칭얼대야만 사랑을 받을 수 있어"라든지, "나는 언제나 특별한 대우를 받을 수 있는 사람이야"라는 믿음을 가질 수 있기 때문이다.

마지막으로 세 번째 이유는 아이가 정말 중요한 삶의 역량을 배우는 대신 사람의 마음을 조종하려는 잔재주만을 배울 수 있기 때문이다. 친절하면서도 엄한 양육 태도만이 아이를 자기 절제력과 책임감이 있고, 협동심과 문제해결 능력이 있는 사람으로 키울 수 있다.

셋째, 당신의 의도가 무엇인지를 명확히 정하고, 그에 대해 구체적으로 이야기해준다.

앞에서 말한 크리스의 경우, 안젤라에게 "오늘은 엄마가 책 두 권을 읽어줄 거야" 하고 말한 뒤 실제로 그 말대로 행동해야 한다. 아이에게 해줄 수 있는 것을 현실적으로 가능한 수준에서 결정하고, 그 결정대로 행동하는 것이 중요하다. 물론 "오늘은 엄마가 책 두 권을 읽어줄 거야" 하고 말할 때, 아이를 위협하듯이 또는 아이가 귀찮다는 듯이 말해서는 안 된다. 아이를 존중하는 눈빛으로 부드러우면서도 명확하게 의사를 전달해야 한다.

넷째, 아이에게 잔소리를 늘어놓거나 꾸짖지 않는다.

당신이 죄의식을 갖지 않는다면 아이도 어떤 죄의식을 느끼지 않도록 해야 한다. 아이에게 잔소리를 늘어놓거나 꾸짖는 건 아이로 하여금 죄의식을 갖게 한다. 물론 야단을 치면 당장은 말을 듣겠지만, 이런 방법은 아이의 자존감을 해치는 결과를 낳는다. 이때는 열 마디 이하의 간단한 말로 아이에게 바라는 바를 전달하는 것이 좋다. 단 한마디로 하는 것이 사실은 가장 효과적일 수 있다. 예컨대, "숙제!", "밥 먹은 그릇!",

"목욕!" 등의 한마디로 아이가 해야 할 일을 알려주는 것이다.

이 방식이 잘 통하려면 사전에 아이와 함께 가정에서의 규율에 대해 이야기를 나누고 협의하는 과정을 거쳐야 한다. 크리스와 안젤라의 예처럼 아이가 책을 더 읽어달라고 할 때 방을 나가면서 미소 띤 얼굴로 "잠잘 시간이네" 하고 말해보자.

다섯째, 당신의 의사를 명료하게 전하고, 그 말대로 행동한다.

때로는 구차한 설명이나 해명 없이 처음 말한 대로 끝까지 밀고 나가야 한다. 아이에게 오늘은 두 권의 책을 읽어줄 것이라고 말했다면 그대로 지켜야 한다. 아이가 아무리 떼를 써도 일관성 없이 행동하지 말아야 한다. 두 권의 책을 읽어주었다면 아이를 꼭 껴안고 뽀뽀해주고는 방을 나오면 된다.

여섯째, 당신의 생각을 아이에게 미리 알려준다.

아이와 실랑이를 벌이지 않는 또 다른 방법은 당신의 계획을 아이에게 미리 알려주는 것이다. 아이와 함께 계획을 세우는 것도 좋다. 때로는 당신의 계획을 바꿔야 할 때도 아이에게 미리 알려주는 것이 아이를 존중해주는 방법이다.

크리스는 이 방법을 시도해보았다. 어느 날 어린이집에서 아이를 데리고 집으로 가는 동안 안젤라에게 자신의 생각을 이야기했다. "안젤라, 엄마는 너와 정말 재미있게 놀고 싶어. 그래서 앞으로 자기 전에 우리가 무엇을 하며 즐거운 시간을 보낼지 같이 계획을 세웠으면 좋겠어. 어때?"

안젤라는 엄마의 새로운 태도를 몹시 기쁘게 받아들였다. 크리스는 다시 "엄마는 자기 전에 매일 두 권의 책을 읽어주고 싶어. 하지만 네가 자꾸만 더 읽어달라고 떼를 쓰면 엄마도 정말 괴롭단다. 이제 책 읽고 나서 서로 화내지 않으려면 어떻게 하면 좋을까?"라고 말하자, 안젤라는 "그럼 엄마가 안아주고 뽀뽀해주세요"라고 말했다.

이제는 책을 읽어준 뒤 서로 안아주고 뽀뽀해주는 일이 그들의 일과가 되었지만, 안젤라가 자신의 생각을 얘기한 그 순간부터 아주 남다른 의미가 생긴 것이다. 엄마와 함께 계획을 세우면서 안젤라는 그 계획의 적극적인 참여자가 되었기 때문이다.

크리스가 대답했다. "그래, 좋아. 그러면 우리 이제부터 화가 나려고 할 때 서로에게 알려줄 수 있는 어떤 표시를 정하면 어떨까? 예를 들어, 만약 엄마가 막 화가 나려고 하면 윙크를 하거나 귀를 잡아서 너에게 알려주는 거야. 어때? 다른 좋은 생각 있니?" 그러자 안젤라는 무릎을 치는 게 좋겠다고 제안했고, 크리스는 그것을 받아들였다. 그날 밤 두 사람의 계획은 잘 실행되었다. 그것은 두 사람이 협의해서 만든 계획이었기 때문이다.

이 사례를 통해 우리는 아이와 일관된 일과 계획을 세우고 지키는 것이 왜 중요한가를 알 수 있다. <mark>부모와 아이가 잠자는 시간, 기상 시간, 식사할 때의 규칙 등 일과 계획을 함께 세우면 그 일과 자체가 갑</mark>

독자가 되어야 한다.

아이에게 이렇게 말해보자. "우리가 잠자기 전에 해야 하는 다음 일은 뭐지?" 이렇게 물을 때 아이는 자신을 항상 부모의 지시에 따라야 하는 수동적인 사람이 아니라, 부모와 함께 만든 일과 계획을 검토해 볼 수 있는 능동적인 존재로 인식하게 된다.

일곱째, 당신의 새로운 방식에 아이가 적응할 수 있는 여유를 준다.
당신은 아이와 함께 일과 계획을 세웠다. 그런데 실질적인 변화란 늘 시간을 필요로 한다. 말하자면 아이에게 당신의 죄의식 버튼이 더 이상 작용하지 않을 것이라는 확신을 주기 위해서는 얼마간의 시간이 필요하다.

다시 한번 강조하지만 문제는 당신의 태도이다. 만약 당신이 죄의식을 갖고 아이가 나로 인해 고통받고 있다고 생각한다면, 아이는 그런 생각을 알아채고는 당신을 마음대로 조종하려고 할 것이다. 하지만 당신 스스로 아이를 행복하게 키우고 성공적인 가정을 꾸려나갈 수 있다는 자신감을 갖게 되면, 아이는 부모의 그런 태도를 인지하고 협력하려고 할 것이다.

아이를 남에게 맡기는 것에 대한 죄의식

맞벌이가정 부모의 죄의식은 대개 아이를 남에게 맡기는 것에 대한 미안함과 불안감에서 시작한다. 세레나와 로제는 집 근처에 있는 회사에 함께 다니면서 친구 사이가 되었다. 세레나는 옆집에 홀로 사는 할머니에게 아이를 맡겼는데, 그 할머니는 아이를 잘 돌봐주었다. 한편 로제는 매우 좋다고 소문난 한 유치원에 아이를 보냈다.

  그런데 저녁때 아이들을 데리러 가면 두 아이 모두 엄마에게는 오려 하지 않고 할머니나 선생님과 더 있고 싶어 했다. 세레나는 이런 아이의 모습에 무척 마음이 아팠지만, 로제는 오히려 다행스럽다고 생각했다. 세레나는 심지어 질투를 느끼기도 했다. 아이가 자기보다 할머니를 더 좋아하는 게 아닌가 해서 불안했다. 반면 로제는 선생님들이 아이를 사랑으로 잘 돌봐주고 있기 때문이라고 생각하고 몹시 만족스럽게 생각했다. 그래서 아이를 남에게 맡기고 일하는 것에 대한 죄의식을 갖지 않았다.

  세레나는 로제와 자신이 느끼는 질투와 죄의식에 대해 이야기를 나누면서 많은 도움을 받았다. 그리고 아이가 이웃집 할머니에게서 사랑을 듬뿍 받고 있는 것에 대해 섭섭하거나 죄의식을 가질 필요가 없다는 것을 깨달았다.

  아이를 위해 부모 중 한 사람은 가정을 지켜야 하는 것은 아닌지, 그리고 부모가 맞벌이를 하더라도 아이가 좋은 어린이집에서 보육을 받으면 아무런 문제가 없는지에 관한 부모들의 고민은 여전히 계속되고 있다.

다행스럽게도 최근에 이루어진 몇몇 연구 결과를 보면, 좋은 어린이집에서 보육받는 아이들의 성장과 발달이 잘 이루어지고 있음을 알 수 있다. 이 연구에서 눈여겨볼 점은 아이의 성장과 발달에 영향을 주는 보다 중요한 요인은 부모와 자녀의 관계라는 것이다. 즉, 자녀에 대한 부모의 애정적인 양육 태도가 무엇보다 중요하다는 얘기다. 물론 아이가 질 낮은 어린이집에 다닐 경우는 예외이다.

편부모가정이나 맞벌이가정에서 비행 청소년 문제가 야기되고 있다는 일부 목소리가 있지만, 이는 아이의 성장과 발달에 영향을 줄 수 있는 모든 요인을 고려하고 검토한 결과라고는 보지 않는다. 아이들의 문제행동은 엄마가 전업주부인 가정에서도 일어나기 때문이다. 기질적 특성이나 가족, 친구, 학교생활, 대인관계 등 이유는 다양하다.

사실 아이를 위해 엄마가 집에 있는 것이 좋은지, 일을 하는 것이 좋은지는 각 가정의 환경에 따라 다르다. 그러나 <u>어떤 상황에서든 부모가 기억해야 할 것은 아이에게 좌절과 고통을 극복하는 법을 배우게 하고, 자신의 행동에 책임을 지고 인정하는 법을 가르치는 것이다.</u>

이제 좀 더 현실적으로 생각해보자. 맞벌이가정의 부모든 아니든 아이를 양육하면서 언제나 즐겁고 좋은 경험만 할 수는 없다. 아이들은 상황에 상관없이 언제나 좋은 행동을 하지도, 또 언제나 나쁜 행동을 하지도 않는다. 모든 결정과 판단에는 그것으로부터 얻을 수 있는 이익이 있는 반면 책임도 따른다. 어떤 경우든 아이가 잘 성장할 수 있도록 도와주는 일이란 계속적인 도전을 요구하며 동시에 즐거움을 준다.

가장 좋은 해결책은 어떤 상황에서든 진심으로 최선을 다하는 것이다. 아이가 실수를 하는 경우조차도 실망하지 않고 아이에게 어떤 가르침을 줄 수 있는 좋은 기회라고 생각하는 것이다.

물론 어떤 부모들은 직장을 가질 것인가 아닌가에 대해 선택의 여지가 없을지도 모른다. 앞에서도 말한 것처럼 <u>죄의식은 상황이 변하지 않는 한 아무런 쓸모가 없다. 그러므로 당신의 불안한 마음에 피어나는 죄의식은 지워버리고, 당신이 처한 상황에서 최선의 방법을 찾는 것이 중요하다.</u>

다음 이야기는 혼자서 아이를 키우는 워킹맘이 어떻게 죄의식에서 벗어났는지를 보여주는 좋은 사례가 될 것이다.

샌디는 자신의 집에서 놀이방을 운영하며, 혼자서 네 살과 여섯 살 된 두 아이를 키우고 있다. 샌디는 어느 날 부모 교육 워크숍에 참석해서 자신의 아이가 놀이방 운영을 방해하고 있다고 울음 섞인 목소리로 하소연했다.

"조이는 자기보다 어린 아이들을 괴롭히고, 장난감을 빼앗고, 이상한 말을 해요. 자기보다 큰 아이들과도 곧잘 싸워요. 그런데 아이는 학교나 다른 친구네 집에서는 이런 행동을 하지 않는데, 이상하게 저하고만 있으면 그래요. 조이에게는 엄마 말고는 없잖아요. 그러다 보니 놀이방에 있는 다른 아이들과 엄마를 나누어야 한다는 사실이 너무 싫은 모양이에요. 아이는 늘 자기가 불공평한 대우를 받고 있다는 이야기를 하거든요."

결국 샌디는 조이에게 6월이 되면 놀이방을 그만둘 것이라고 말했다. 마음 같아선 당장 그만두고 싶었지만 놀이방에 아이를 보내는 부모들과의 관계도 있고, 경제적인 여건도 고려하지 않을 수 없었다. 사실 놀이방을 그만두게 될 경우 어떻게 집안 살림을 꾸려갈지 아무런 대책이 없었다. 하지만 지금으로서는 조이가 더 중요했다.

부모 교육 워크숍의 강사는 샌디에게 진심으로 놀이방을 그만두고 싶은지 물었다. 그 말에 샌디는 약간 고조된 어조로 말했다.

"아뇨, 난 그 일을 좋아해요. 하지만 지금으로서는 조이가 더 중요해요. 나는 아이들과 평화롭고 조화로운 관계를 갖고 싶어요. 아이들의 마음을 다치게 하고 싶지 않아요."

강사는 또다시 물었다. "그렇다면 놀이방을 운영하면서 아이의 마음도 잘 보살펴줄 수 있길 바라는 건가요?"

샌디는 그렇다고 대답했다.

"자, 그럼 가장 기본이 되는 것에 대해 좀 생각해봅시다. 그 후 다른 문제를 제시해보죠. 당신은 아무런 후회 없이 놀이방을 그만둘 수 있나요?"

샌디는 잠깐 생각에 잠긴 후 말했다. "아닐 거예요. 이 일은 집에 있으면서 돈을 벌 수 있는 것이죠. 아이들을 위해 이 방법을 택한 건데, 조이는 그걸 이해하지도 고마워하지도 않아요."

"당신이 원하지도 않는데 놀이방을 그만둔다면, 그건 결국 누구 때문인가요?" 하고 강사가 물었다.

"그건 두말할 것도 없이 조이 때문이지요" 하고 샌디가 말했다. 그러고는 "나도 알아요. 이 방법이 결코 좋지 않다는 것을. 하지만 다른 대안이 없어요. 조이는 나의 관심을 필요로 해요"라고 말했다.

강사는 계속해서 질문을 던졌다. "그렇다면 당신은 조이에게 엄마를 좌지우지하도록 어떤 메시지를 주고 있는 건 아닐까요?"

이 말에 샌디는 피곤한 표정을 지으며 말했다.

"아마도 조이는 자신이 우리 집의 독재자가 된 것처럼 생각하겠죠. 그렇지만 저는 조이를 사랑해요. 좋은 엄마가 되고 싶어요. 하지만 한편으로는 조이가 원하는 대로 하면 나중에 후회할 것 같아요. 놀이방은 아이들 곁을 떠나지 않으면서도 돈을 벌 수 있는 아주 좋은 직업이거든요."

부모 교육 강사는 함께 모인 다른 부모들에게 말했다.

"자, 지금부터 브레인스토밍을 해봅시다. 샌디와 조이를 도울 수 있는 방법을 다 같이 한번 생각해봅시다."

브레인스토밍을 한 결과 상당히 많은 아이디어가 나왔다. 강사는 샌디에게 그중에서 해볼 만한 방법을 선택하도록 했다. 샌디가 선택한 것을 보면 다음과 같다.

1. 조이와 조용한 시간을 갖고 '함께 이기기 위한 4단계'(144쪽 참조)를 활용해본다.
2. 조이가 다른 친구들과 나누고 싶지 않은 장난감이 있으면 그렇게 하도록 한다.
3. 조이를 위해 별도의 시간을 할애해서 함께 보낸다.
4. 조이에게 집안일을 몇 가지 맡기고, 그 대가로 약간의 용돈을 주면 아이가 자신도 엄마를 돕고 있다는 자신감을 얻을 수 있다.
5. 문제를 해결하는 과정에 조이를 참여시켜 자신도 중요한 사람이라는 느낌을 가질 수 있도록 한다.
6. 자신과 비슷한 상황에 처해 있는 친구들을 만나 이야기를 나눌 수 있는 기회를 갖는다.

샌디는 제일 마지막에 제시한 방법부터 시도해보기로 했다. 그래서 놀이방을 운영하고 있는 베티에게 전화를 걸어 자신의 문제에 대해 이야기했다. 베티는 웃으면서 이렇게 말했다.
"나도 그런 문제가 있었는데, 이제는 다 해결되었어요. 아이들이 어렸을 때 종종 그런 문제가 있었는데, 그건 보통 있을 수 있는 일이에요. 아이들로서는 엄마를 다른 친구들과 나눠 갖는다는 게 싫은 거죠. 그럴 땐 두 가지 방법이 효과적이었어요. 우선 저는 아이들에게 '공정하지 않은 게임'은 하지 않으려고 노력했죠. 예를 들어, 아이의 장난감은 본인만 갖고 놀 수 있도록 하고, 원하지 않는데 억지로 자기 장난감을 다른 친구에게 양보하라고 강요하지 않았어요. 두 번째로는 제가 아이들과 집에 있으면서 얼마나 좋은 일을 하고 있고, 또 그것을 얼마나 좋아하는지를 아이들이 느낄 수 있도록 했어요. 말하자면 아이들에게 엄마가 놀이방을 하는 것이 자신들에게 나쁜 점도 있지만 좋은 점도 있다는 것을 느낄 수 있게 해준 거죠."

일단 샌디는 조이에게 문제가 있는 것이 아니고, 많은 사람들이 자신과 비슷한 문제로 고민하고 있다는 사실이 위안이 되었다. 다만 그들이 편부모 가정이기에 좀 더 어려울 뿐이라고 생각했다. 또한 그동안 조이에게 아빠의 부재를 보상해주어야 한다는 죄의식에 자신이 조이에게 잘못된 방법으로 관심을 주었다는 것도 깨달았다. 그 순간 샌디는 마음이 편해졌다.

자신과 비슷한 어려움을 극복한 베티는 이제 아이들을 대학에 보낼 만큼 충분한 돈을 모았다고 했다. 베티는 이어서 "물론 앞으로도 여러 가지 어려움과 힘든 점이 있을 거예요. 하지만 아무 문제 없는 일이 어디 있겠어요? 다만 그 일이 주는 장점을 더 많이 생각하는 거죠"라는 말을 덧붙였다.

샌디는 문제를 근본적으로 해결하기 위해 우선 마음의 중심을 잡고, 그동안의 육아 태도를 되짚어보았다. 그리고 잘못된 죄의식에서 벗어나 보다 긍정적인 해결 방안을 세워 조이와의 문제를 풀어나가기로 결심했다. 샌디는 본격적인 문제해결을 위해 조이와 함께 '함께 이기기 위한 4단계'를 시도해보기로 했다.

함께 이기기 위한 4단계

1. 아이의 입장이 되어 아이가 어떻게 느낄지를 예상해본다. 만약 당신이 틀렸다면 다시 한번 시도한다.
2. 아이를 이해하고 있다는 것을 보여준다. 때로는 당신도 아이와 같은 느낌을 가진 적이 있었다고 이야기해주는 것도 도움이 된다.
3. 아이에게 당신은 어떤 마음을 갖고 있는지 들어주겠냐고 묻는다. 아이가 자신이 첫 번째로 들어주는 사람이라고 느끼면 부모의 말에 좀 더 귀를 기울일 것이다.
4. 이제 함께 해결 방법을 알아본다. 아이는 부모가 자신을 잘 이해하고 자신의 말을 경청해준다고 느끼면 문제를 해결하는 데 보다 협조적일 것이다.

샌디는 잠들기 전의 시간이 조이와 '함께 이기기 위한 4단계'를 시도해볼 수 있는 좋은 순간이라고 생각했다. 샌디는 조이에게 "잠자기 전에 엄마하고 특별한 이야기 좀 나눌 수 있을까?"라고 물었고, 조이도 좋다고 했다.

샌디는 "엄마가 놀이방을 하는 동안 너를 소중하게 생각하지도 않고, 돌보지 않는다고 느꼈니?" 하고 조이에게 묻는 순간 긴장이 되었다. 조이가 좀 화가 난 말투로 "왜 내 장난감을 다른 아이들과 같이 써야 해요?"라고 되물었기 때문이다.

샌디는 조이의 감정을 받아주며 이해하려고 애썼다. 그러고는 자신의 경험담을 들려주었다.

"그래, 네가 그렇게 생각할 수 있어. 엄마도 어렸을 때 외할머니가 뭐든지 동생하고 나눠 가지라고 했어. 심지어 엄마가 너무나 좋아하는 것들까지도. 난 그게 정말 싫었단다. 그런데 지금은 엄마가 너희들에게 뭐든지 다른 아이들과 나눠 가지고 놀라고 해버렸네. 그게 너한테는 공평한 일이 아닌데 말이야. 어떤 때는 네 식탁 의자도 다른 친구에게 양보하라고 했지. 엄마가 네 마음은 생각하지도 않고 그렇게 해서 정말 미안하구나. 이제부터는 그렇게 하지 않을게."

조이는 이제야 엄마가 자신의 마음을 이해하고 있다는 느낌을 받았다. 또 진심으로 사과하고 있다는 것도 알 수 있었다. 그래서 조이 역시 "엄마, 나도 잘못했어요" 하고 말했다.

샌디는 "아니야, 넌 나쁜 아이가 아니야. 너나 엄마 둘 다 실수를 좀 한 거지. 하지만 우리가 서로 노력한다면 나아질 수 있을 거야. 먼저 엄마 생각을 좀 들어줄 수 있을까?" 하고 말했다.

조이가 흔쾌히 승낙하자 샌디는 아이 가까이 다가앉으며 말했다.

"엄마에게 너는 엄마의 일보다 더 중요한 존재야. 그런데 엄마는 놀이방을 계속하고 싶어. 너희들을 잘 키우려면 엄마는 돈을 벌어야 해. 놀이방은 엄마가 밖으로 나가지 않고 너희들과 함께 있으면서 돈을 벌 수 있는 일이야. 그래서 엄마는 이 일이 좋아. 어떻게 하면 너희들 마음을 상하게 하지 않으면서 엄마가 놀이방을 계속할 수 있을까? 엄마는 네 생각을 듣고 싶어. 엄마 생각도 이야기할게. 우리 각자 종이에 한번 적어볼까?"

조이는 행복한 얼굴로 좋다고 대답했다. 샌디와 조이가 만든 계획은 다음과 같다.

1. 엄마와 조이는 매일 15분 동안 동생도 다른 친구들도 없이 둘이서만 시간을 보낸다. (조이는 자신처럼 동생도 엄마와 같은 시간을 보낼 수 있도록 하자는 데 동의했다. 그리고 가족회의를 열어 한 사람이 엄마와 특별한 시간을 보내는 동안 다른 사람은 무엇을 할지에 대해서 함께 계획을 세우기로 했다.)
2. 조이가 엄마의 일을 도와주면 약간의 용돈을 받을 수 있다. (조이는 이 아이디어를 무척 좋아했다. 그래서 매일 놀이방 아이들의 점심 준비를 도와주고 2달러를 받기로 했다. 그러고는 장난감을 정리하는 등의 몇 가지 일을 자원해서 도와주기로 했다.)
3. 놀이방에 다니는 어떤 아이라도 조이의 식탁 의자에는 앉지 못하도록 한다.

이런 계획을 세우고 나서 앞으로 두 사람 중 누구라도 문제를 느끼거나 불편한 마음이 들면 언제든 다시 이야기를 나누기로 했다.

그 후 샌디는 부모 교육 워크숍에 아주 즐거운 얼굴로 참석했다.

"조이는 저를 아주 잘 도와주고 있어요. 또 엄마를 도와주고 있다는 점에서 스스로 자부심을 느끼는 것 같아요. 가족회의를 하면 조이는 동생에게 엄마가 집에서 일할 수 있다는 것이 얼마나 다행인지 모른다고 얘기해주곤 해요. 제가 조이에게 문제를 해결할 수 있는 아이디어를 말해달라고 했을 때, 조이는 기대 밖으로 많은 아이디어를 갖고 있었어요. 저는 요즘 아이들에게 아주 많이 사랑한다고 말하는 것이 즐겁기만 해요. 아이들도 제 말이 진심인 걸 알아요."

샌디와 조이는 이제 상대방의 말에 귀를 기울이고, 또 마음을 이해하면서 협력하며 문제를 해결하는 방법을 배운 것이다. 만약 샌디가 한 사람은 이기고 상대방은 지는 갈등 상황에서 벗어나는 방법을 깨닫지 못했다면 이런 해피엔딩은 이루어질 수 없었을 것이다. 샌디가 조이의 희생으로 이기거나, 또는 그 반대가 되는 것 모두 누구에게도 결코 바람직하지 않기 때문이다.

당신의 마음이 움직이는 대로 행동하라

부모의 죄의식은 아무리 최선을 다하고 있다 해도 자녀와 부모 모두에게 도움이 되지 않는다. 하지만 당신의 감정을 살피고, 당신의 판단과 양육 태도가 옳은 것인지를 평가하는 데 있어 좋은 계기가 되고,

중요한 단서가 될 수 있다.

가정에 머물 것인지, 직장을 가질 것인지 결정해야 하는가? 만약 가정에 머물길 원한다면 당신의 마음이 움직이는 대로 결정하고, 이것이 가능하도록 모든 조건을 만들면 된다. 예를 들어, 이제부터 가정 경제 계획을 다시 세우고, 집에서도 할 수 있는 일을 찾고, 물질적인 풍요 대신 아이들에게 더 관심을 갖는 것이다. 이 과정에 가족이 함께 생각을 모으는 것은 꼭 필요하다.

만약 당신이 직장을 구해야 하는 상황이라면, 역시나 당신의 결정을 존중한다. 우선 당신이 아이들 곁에 없다고 해서 아이들에게 그 어떤 해가 간다는 생각은 하지 말자. 그런 일은 없다. 이제 아이들을 정성으로 돌봐줄 좋은 어린이집을 찾아라. 그리고 문제가 생겼을 때는 진심으로 아이의 마음을 읽어주고, 함께 해결책을 찾아나가면 된다.

우리가 지금까지 '죄의식'이라고 명명한 것이 때로는 '후회'를 의미하기도 한다. 죄의식은 현재 상황에서 갖고 있는 개인의 책임과 관련된 것이지만, 후회는 단지 그 상황을 바꿔봐야겠다는 감정적 동기가 없는 그저 슬픈 감정에 불과하다고 여겨질 수 있다. 물론 후회의 감정 속에는 당신이 처해 있는 상황이 조금은 바뀌기를 원하는 바람이 담겨 있을지도 모르지만.

후회는 결코 즐거운 것이 아니지만, 만약 이를 통해 당신이 문제가 되고 있는 상황에 대해 면밀히 검토해보고, 잘못이 있다면 해결 방법

<u>을 배우려는 계기를 불러온다면 목적을 가진 감정이 된다.</u> 그래서 당신이 지금 당장은 후회의 감정에만 빠져 있더라도 괜찮다. 그것이 시작이 될 수 있다. 죄의식을 갖든, 후회를 하든 당신은 사랑하는 아이가 성공한 사회인으로서 성장할 수 있도록 건강한 삶의 자세를 가르칠 수 있다.

7장

독이 되는 사랑을 고집하면서
약이 되길 바라는 부모

이 장의 제목은 같은 일을 계속 반복하면서도 각기 다른 결과를 기대하는 부모의 이상 심리를 냉정하게 들여다본 것이다. 또 여러 가지 양육 태도 가운데 하나의 경향을 제시한 것이기도 하다. 평소 자신의 양육 태도가 아이의 미래에 어떤 영향을 줄지에 대해 깊이 생각해보지 않는 부모들의 모순된 양육 태도를 보여준다. 예를 들어, 아이에게 바라는 것을 이루는 데 필요한 방법과는 정반대로 아이를 교육하는 것이 바로 그런 경우이다.

  앞서 수차례 언급한 대로 아이를 지나치게 사랑하는 양육 태도는 결코 바람직하지 않다. 그런데 왜 많은 부모들이 아이를 지나치게 사랑하는 양육 태도를 계속 고집하는 것일까?

  많은 학자들이 부모의 벌, 보상, 무조건적인 허용 등이 아이에게 미치는 장기적인 결과에 관해 수백 가지가 넘는 연구 결과를 내놓았다. 이 연구 결과들은 하나같이 세 가지 방식 중 그 어느 것도 장기적으로 긍정적인 결과를 낳지 못했다고 보고하고 있다.

좋은 의도를 가지고 아이를 사랑하는 부모들이 왜 잘못된 방법, 제대로 통하지도 않는 방법을 계속 고집하는지 구체적으로 알아보자.

수많은 연구 보고서가 전문 학술지에만 묻혀 있다

아이의 잘못된 행동에 벌을 주거나, 혹은 보상을 주는 부모들은 이 방법이 아이에게 올바른 행동에 대한 동기를 부여한다고 믿는다. 그러나 벌이나 보상이 아이의 미래를 위해 전혀 긍정적이지 않다는 연구 결과들을 다 읽으려면 아마 몇 년은 걸릴 것이다.

칭찬 역시 장기적인 결과를 생각하지 못하는 많은 부모들이 숭배하는 방법 중 하나이다. 당신의 상식적 판단이 다음의 중요한 질문에 대한 답을 알려줄 것이다.

"과연 칭찬이 아이의 자존감을 높여줄 수 있는가?"

"칭찬을 많이 받은 아이는 '칭찬의 굴레' 속에 빠져 자기 판단 없이 다른 사람들의 평가에만 의존하게 되지 않을까?"

칭찬을 남발하는 것만큼, 아이의 행동을 바로잡기 위해 벌을 주는 것 또한 문제가 있다. 아이에게 벌을 주는 부모는 대개 아이를 진정으로 사랑하기 때문이라고 말한다. 그들은 아이가 올바른 행동을 하게 만들려면 벌을 주어 가르쳐야 한다고 믿고 있다.

벌과 보상에 관련된 연구를 분석하여 종합한 『보상이 미치는 벌의 효과(Punished by Rewards)』의 저자인 알피 콘(Alfie Kohn)은 지금껏 우리가 진실이라고 알고 있던 것들에 대해 날카롭게 지적했다.

"보상과 벌은 아무런 가치를 발휘하지 못한다. 오히려 아이들에게 삶의 가치와 살아가는 데 필요한 역량을 가르치는 데 방해만 될 뿐이다. 보상과 벌이 낳는 결과란 일시적인 순종일 뿐이다. 만약 부모들이 벌과 보상을 사용해서 얻고자 한 결과가 일시적인 순종이나 복종이라면 상관없지만, 우리가 아이에게 궁극적으로 바라는 것이 책임감 있고 스스로를 돌볼 수 있는 독립적인 사람으로 성장하는 것이라면 결코 제대로 된 효과를 발휘했다고 볼 수 없다."

벌을 주는 방식이 가져올 장기적인 결과는 무엇인가? 많은 연구에 따르면 신체적인 벌을 받은 아이들은 그렇지 않은 아이들에 비해 좀 더 공격적인 성향을 갖고 있다고 한다. 뉴햄프셔대학교 가족 연구소의 공동 연구 책임자인 머레이 스트라우스(Murray Straus)는 아이를 훈육하기 위해 체벌을 사용한 가정을 오랫동안 연구해왔다. 이 연구를 통해 신체적인 벌을 받은 아이들은 시간이 지날수록 잘못된 행동을 더욱 많이 할 뿐 아니라, 부모를 존경하지 않는 것으로 나타났다. 이 아이들은 나중에 배우자를 고를 때도 폭력적인 성향의 사람을 선택하는 비율이 높은 것으로 나타났다. 신체에 가하는 벌은 아이들에게 폭력이란 자신보다 힘이 없는 사람에게 화나 불만을 표현하기 위한 정당한 방법이라는 인식을 갖게 만들 뿐이다.

아동 발달에 무지한 부모가 많다

우리는 부모들에게 어떤 교육이나 훈련 없이 직장을 얻을 수 있느냐는 질문을 자주 한다. 물론 대부분의 사람들이 그럴 수 없다고 대답한다. 미장일이든 외과 의사든 교육과 훈련은 필수적이라는 데 다들 동의한다. 한편 "우리 부모님은 어떤 교육도 훈련도 받지 않았지만 잘 해내셨어요"라는 말에 대해서는 어떤 반론도 들어본 적이 없다.

우리는 이어서 묻는다. "세상에서 가장 중요한 일은 무엇일까요?" 많은 사람들이 부모 노릇하기라고 대답한다. 그렇다면 이렇게 중요한 일을 해내는 데 아무런 교육이나 훈련이 필요하지 않다는 것이 논리적으로 합당한 것일까?

아동 발달에 관한 개론적인 강의만 접하더라도 극단적인 양육 태도를 취함으로써 저지를 수 있는 부모의 전형적인 실수는 어느 정도 막을 수 있다. 예를 들어, 어느 부모가 두 살 된 아이에게 "지금부터 네가 어떤 잘못을 했는지 잘 생각해 봐" 하며 타임아웃을 사용했다. 이 부모는 아이를 사랑하기 때문에 이런 조치를 취했다고 생각할 것이다. 부모의 바람은 아이가 자신의 잘못에 대해 합리적으로 생각해보고 다시는 그런 잘못된 행동을 하지 않도록 하는 것이다.

하지만 이 부모가 아동 발달에 관한 기초적인 지식을 알고 있었다면 두 살 된 아이에게 이런 기대는 비현실적이라는 것을 알았을 것이다. 세 살 이하의 아이들은 대부분 원인과 결과를 연관 짓거나, 자신의 행동이 가져올 결과에 대해 합리적으로 예측하지 못한다. 그러나 아이들의 발달 특성을 제대로 이해하고 있는 부모가 과연 얼마나 될까? 우리가 "당신은 아이의 생각을 마음대로 통제할 수 있다고 생각하십니까?" 하고 물으면 난감한 표정을 지을 뿐이다. 연령이 어떻든 다른 사람의 생각을 통제한다는 것은 불가능하다.

좋은 부모 교육 강의는 부모로 하여금 두 살 된 아이의 세계에 들어가 아이의 사고 특성을 이해할 수 있도록 도와준다. 물론 같은 연령이라도 아이마다 다른 특성을 갖고 있기 때문에 상황에 따라 아이들이 느끼고 생각하는 것이 다를 수 있다. 다만 아이의 발달 특성을 조금이라도 이해하고 있다면 아이가 지금 어떤 혼란을 느끼는지, 왜 반항적인 마음을 갖는지, 또는 자존감이 상했는지를 쉽게 파악할 수 있다. 다음은 아동 발달에 대한 이해가 부족했던 한 아버지에 관한 이야기이다.

두 살 된 아이와 함께 야구장에 간 샘은 자신이 아이를 위해 아주 특별한 경험을 주고 있다고 생각했다. 그러나 그는 두 살 된 아이가 야구처럼 오랫동안 진행되는 경기에 흥미를 느끼기 어렵다는 사실은 알지 못했다. 그래서 그는 야구 경기에는 관심도 없고 오로지 복도를 왔다 갔다 하며 돌아다니는 아이를 이해할 수 없었다.

아이가 계속 칭얼대자 샘은 조용히 앉아 있으라고 명령했다. 그러고는 아이의 손을 잡아끌고는 계단을 빠르게 내려갔다. 어린 아들의 얼굴은 순식간에 두려움으로 일그러졌고, 아버지의 손에 대롱대롱 매달려 마치 날아가듯 끌려갔다.

아이는 자신이 무엇을 잘못했는지 알 수가 없었다. 아이의 잘못이라면 야구 경기보다 팝콘과 음료수에 더 관심을 보인 것뿐이다. 이건 이 시기의 아이에겐 전혀 잘못된 것이 아니다. 샘은 아이를 사랑했지만 아이의 한계가 무엇인지 이해하지 못했고, 이성을 잃고 결국 아이를 공포에 질리게 하고 말았다. 아마도 이 아이가 아버지와 다른 스포츠 경기를 보러 가고 싶어 하려면 꽤나 오랜 시간이 지나야 할 것이다.

또 다른 아버지 마이클은 두 살 된 아이를 데리고 자동차 안에서 영화를 볼 수 있는 자동차 극장에 갔다. 그 후 일주일이 지나 우연히 차를 타고 가는데 그 자동차 극장을 지나가게 되었다. 아이가 그곳을 기억하고는 "우리 어제 거기 갔었어요"라고 말했다. 마이클은 "그건 어제가 아니고 지난주야" 하고 말하고는 차를 멈추더니 아이의 엉덩이를 때렸다. 마이클은 아이를 너무 사랑했기 때문에 거짓말쟁이로 자라는 것을 용납할 수 없었다고 한다.

부모들이 발달 과정상 지극히 정상인 아이들의 행동을 오해해서 많은 실수를 하고, 때로는 그들을 벌주고 있다는 생각을 하면 정말 가슴이 아프다. 그래서 우리는 부모라면 반드시 아동 발달에 관한 강의를 듣거나 관련한 책을 읽는 노력이 필요하다고 강조하고 싶다.

부모는 아이의 행동 그 자체에만 관심을 둔다

인간의 행동은 어떤 진공 상태에서 일어나는 것이 아니다. 한 사람의 특정 행동은 반드시 어떤 동기나 이유를 갖고 있다. 하지만 대부분의 부모는 아이의 행동에 내재된 의도를 고려하기보다는, 행동 자체에만 관심을 두고 그 행동을 변화시키거나 통제하는 데만 급급해한다. 아이의 잘못된 행동을 바로잡기 위해서는 행동의 원인이 되는 인식이나 신념을 변화시키는 것이 훨씬 쉬운데도 말이다.

부모가 제멋대로 하도록 내버려둔 아이나 벌을 받으며 자란 아이가 자신과 다른 사람에 대해 어떤 판단을 하며, 스스로 가치 있는 존재로 인식하기 위해 무엇이 필요한지 부모는 모르고 있다. 아이들의 판단은 어떤 사회적 관심이나 다른 사람에게 도움을 주고자 하는 의지를 담고 있지 않다. 아이들은 자신의 판단이 가져올 결과에 대해 고려할 수 있는 능력이 없다. 하지만 부모는 반드시 고려해야 한다.

아이들의 행동은 자신과 다른 사람에 대해 믿고 있는 바를 나타내는 일종의 '코드'와 같다. 아이들은 자신의 요구나 신념을 행동으로 표현한다. 만약 아이가 과도한 관심을 요구하거나 잘못된 표현 방식으로 드러낼 경우, 현명한 부모라면 아이의 긍정적 자아를 손상시키지 않는 방법을 통해 아이가 다른 판단을 할 수 있게 도울 것이다. 과도한 관심을 요구하는 아이에게 동생 기저귀를 갈아주게 한다거나, 식사 준비를 돕도록 하는 식(세 살 된 아이라면 어른의 도움을 받아 숟가락 놓기라도 할 수 있다)으로 다른 가족에게 도움이 될 만한 일을 해보도록 환경을 만들어 가족의 관심과 애정을 충분히 받을 수 있는 기회를 주는 것도 좋은 방법이다.

중요한 것은 아이들이 어떤 판단을 하고 있는지를 부모가 잘 인식해야 한다는 것이다. 아이들이 자신과 다른 사람에 대해 어떤 판단을 하는지가 인성 형성에 아주 중요한 영향을 미치기 때문이다.

아들러는 『문제아를 어떻게 이끌 것인가(The Problem Child)』라는 저서에서 많은 교육 이론에서 말하는 인성 발달의 기초가 대여섯 살에 이루어진다는 것에는 동의하나, 인성 형성의 방식은 개별적인 차이가 있다고 주장했다. 아들러는 "유전과 환경은 한 개인이 자신의 인성을 쌓기 위해 사용하는 블록에 불과하고, 그 블록을 쌓는 방식은 개인마다 다르다"고 했다. 그가 말하는 '문제 있는 아이들'의 한 유형이 바로 부모에 의해 방임적으로 키워진 아이들을 말하는데, 그는 적어도 50~60퍼센트의 아이들이 잘못된 교육을 받고 있다고 했다.

네 살 아이들이 대부분 "내가 우리 집의 왕이야" 하는 인식을 갖고 있다는 것은 정말 심각한 일이다. 아들러학파의 심리학자들은 '목표를 숨김 없이 드러내기' 전략을 통해 이런 현상을 계속해서 밝혀냈다. 한 아이가 잘못된 방식으로 자신의 힘을 행사함으로써 부모와 갈등 상황에 빠져 있을 때, 아들러학파의 심리학자라면 이런 질문을 던진다. "네가 이런 행동을 하는 건 부모의 관심을 끌기 위해서 그런 거니?" 이때 아이의 잘못된 행동의 목표가 과도한 관심을 얻고자 하는 것이라면, 아이는 슬쩍 미소를 지으며 아니라고 할 것이다. 이것을 바로 '인정에 대한 반사 작용'이라고 부르는데, 아이는 자신의 잠재의식 속에 있는 목표를 미소를 지음으로써 드러낸 것이다. 만약 아이의 목표가 과도한 관심을 얻고자 하는 것이 아니라면, 그 아이는 웃음을 보이지 않은 채 그저 아니라고 대답했을 것이다.

아들러학파의 심리학자는 또 다른 질문을 던진다. "네 행동으로 엄마 아빠에게 네가 집안의 왕이고, 누구든 너에게 지시할 수 없다는 것을 말하고 싶은 거니?" 또다시 아이는 반사적으로 픽 웃으며 아니라고 할지 모른다. 최근에 겪은 사례로 네 살 된 한 아이가 이 질문에 아무 거리낌 없이 아니라고 대답했다. 그러고는 크게 웃으며 "내가 우리 집에서는 왕이에요" 하고 말했다.

우리는 그 아이의 부모에게 앞으로 딸아이를 가족회의에 참여시켜 어떻게 하면 서로에게 좋은 방법으로 문제를 해결할 수 있을지에 대해서 그 똑똑한 머리를 사용할 수 있는 기회를 주라고 충고했다. 진지한 부모라면 전문가의 조언을 받아들여, 앞으로 아이가 마음속으로 어떤 판단을 하고 있는지에 대해서 좀 더 주의 깊게 살펴볼 것이다.

부모 교육 전문가들의 그릇된 신념

자녀 교육 관련 잡지와 책 등 여러 매체에서는 벌과 보상을 지나치게 맹신하는 부모 교육 전문가들의 조언을 자주 볼 수 있다. 이들은 아이의 행동을 바로잡는 데는 벌을 주는 것이 가장 최선의 방법이라고 믿는다. 물론 그 의도만큼은 인정할 만하다. 하지만 그들의 주장을 들어보면 체벌의 부정적 영향에 관한 연구는 읽지도 않고, 아니 읽었더라도 믿지 않고 있는 듯하다.

우리가 부모에게 아동과 가족에 관한 다양한 연구를 접해볼 것을 권하는 이유는 그를 통해 양육 태도뿐만 아니라, 아동 발달에 관한 정보를 습득하고, 아이들의 세계를 이해하고, 부모의 행동이 가져올 장기적인 결과에 대해 숙고할 기회를 가질 수 있기 때문이다. 누가 뭐라 해도 당신의 자녀이다. 어느 누구도 당신만큼 아이에 대해 잘 알지 못한다. 따라서 당신은 아이에게 적합한 방법이 무엇인지에 대해서 기본적으로 판단할 수 있어야 한다.

미국의 정신분석학자인 에릭 에릭슨(Erik Erikson)은 『아동기와 사회(Childhood and Society)』라는 저서에서 아동기의 사회심리학적 발달에 관한 이론을 제시했다. 그의 이론에 따르면 생애 첫해에 아이는 세상에 대한 신뢰 또는 불신의 틀을 형성하게 된다고 한다. 그런데 에릭슨의 이론을 잘못 해석한 신봉자들에 의해 자녀 교육에 관한 그릇된 신념을 낳게 되었다. 생애 첫해에 아이가 세상에 대한 신뢰를 형성하기 위해서는 부모가 아이에게 무조건적인 애정을 베풀어야 한다는 양육 원리가 바로 그것이다.

에릭슨은 갓 태어난 어린아이들의 기본 욕구를 잘 채워주면 불신 대신 신뢰를 형성하게 된다고 했다. 그런데 부모 교육 전문가들은 아이의 기본적인 욕구를 채워주는 차원을 넘어 아이가 원하는 것은 무엇이든 들어주어야 한다는 것으로 잘못 해석해버린 것이다.

자기 목소리만 높이는 부모 교육 전문가

애정적인 부모 역할을 강조하는 전문가들은 아이와 한 침대에서 자고, 아이의 응석을 모두 받아주고, 언제나 아이를 안아주고, 심지어 아이를 위해 엄마는 반드시 가정에 머물려야 한다고 주장한다. 그들의 주장에 귀를 기울인 부모들은 아이가 조금이라도 불편해하면 당장 달려가 아이를 달래고 보살핀다.

흔히 누군가를 사랑한다면 상대가 원하는 것은 무엇이든 들어주려고 한다. 하지만 정말로 상대가 원하는 모든 것을 다 해결해줄 수 있을까? 이런 식이라면 아이가 어떻게 스스로 능력을 키우고 자신감을 발달시킬 수 있을까? 우리는 만약 아이들이 원하는 모든 것을 갖게 된다면 어떠한 신뢰감도 키울 수 없을 것이라고 생각한다. 오히려 그런 아이들은 자신에 대해 불신감만 깊어져 다른 사람에게 전적으로 의존하려고 할 것이다.

부모와 같은 방에서 자는 아이들의 문제에 대해 생각해보자. 이런 가족의 경우 아이를 부모 방에서 자도록 허용하지 않는 사람들과는 다른 가족 분위기를 갖게 될 것이고, 이를 허용하기 전까지 많은 갈등을 겪었을 것이다. 그러나 아이를 같은 방에 재우는 것에 대한 확고한 신념이 있는 부모의 자녀와 어쩔 수 없이 허용해준 부모의 자녀가 갖게 될 판단은 아마도 다를 것이다. 에릭슨은 자녀 양육에 대한 부모의 신념과 확신이 아이들의 자신감에 중요한 영향을 미친다고 했다.

부모 교육 전문가들이 허용적인 양육 태도를 옹호하든, 통제적인 양육 태도를 옹호하든 그들 대부분은 다른 사람의 의견을 존중하고 숙고해보지 않은 것으로 보여진다. 애정적인 부모 역할을 강조하는 시어스는 다른 양육 태도에 대해서 아주 신랄하게 비판한다. 또 애정적인 양육 태도를 신뢰하지 않는 전문가들은 이를 신봉하는 사람들을 거세게 비판한다. 어느 쪽이든 자신이 옹호하는 방식만이 최선이라고 주장하고, 다른 방식은 무조건 비효율적이며 심지어 아이들에게 해를 끼칠 뿐이라고 목소리를 높인다.

이런 사람들의 주장은 극단적인 두 가지 양상으로 나눠질 수 있다. 지나치게 허용적이거나 통제적인 양육 태도를 옹호하는 두 그룹의 사람들이 어떤 주장을 하고 있는지에 대해 알아보자.

허용적인 양육 태도 옹호자의 주장

지나치게 허용적인 양육 태도를 옹호하는 사람들은 이외의 모든 방식은 비애정적이며 부모와 자녀 사이에 거리가 생기고, 서로를 적대시하게 만든다고 주장한다. 이들은 그 증거로 자녀를 많이 낳고 접촉이 많은 문화를 가진 나라의 부모들이 인간의 본성을 잘 반영하는 애정적인 양육 태도(대표적인 예로 아이와 부모가 함께 자는 것)를 취하고 있는데, 이것이야말로 우리가 모델로 삼아야 하는 것이라고 주장한다.

통제적인 양육 태도 옹호자의 주장

부모의 통제와 권위를 중요하게 생각하는 이들은 부모가 아이의 요구를 다 들어주는 것이야말로 아이를 망치는 길이라고 주장한다. 응석받이로 자란 아이들은 "세상은 나를 위해 존재하는 거야. 난 무엇이든 하고 싶은 것을 할 수 있어"라는 생각을 하게 된다는 것이다. 결국 이런 아이들은 자신이 부모를 좌지우지할 수 있다고 생각한다.

통제적인 양육 태도를 옹호하는 에소(Esso)와 부시먼(Bushman)은 어린아이들에게 일과에 관한 엄격한 훈련을 강조했다. 말하자면 아이가 원하는 대로 무작정 우유를 주지 말고 정해진 시간에 따라 준다거나, 심지어 심한 고통을 주지 않을 만큼 아이를 때리는 것도 그리 잘못된 것이 아니라고 주장한다.

과연 어느 것이 옳은 것일까? 우리가 상식적으로 생각해보아도 바람직한 방법은 두 양육 태도가 적절하게 조화를 이룬 지점임을 알 수 있지 않을까? 굳이 아이와 함께 자거나 늘 안아주지 않아도 아이가 원할 때 사랑하고 안아주며 적절히 보살펴줄 수 있다.

갓난아이의 유일한 의사소통 방법은 울음뿐이다. 아이는 배가 고프거나, 기저귀가 젖었거나, 안아달라고 요구할 때 울기도 하고, 때로는 스스로 고통을 달래보려고 울기도 한다. 이때 부모가 재빠르게 달려와 문제를 해결해주면 아이는 점차 부모를 마음대로 다루는 방법을 익히게 된다.

아이의 울음에 두 가지 의미가 있다는 것을 아는 부모라면 아이가 정말로 다급한 욕구를 갖고 있는지, 아니면 부모를 마음대로 조종하려는 것인지를 알아챌 수 있다. 이때 부모는 아동 발달에 관해 알게 된 지식이나 부모 교육을 통해 갖게 된 신념을 바탕으로 아이를 대한다. 또 아이의 마음속에서 일어나는 의지와 판단에 대해서도 잘 알아낼 수 있다.

진정 현명한 부모라면 "내가 이렇게 행동하면 우리 아이는 무엇을 배우고 얻게 될까?"라는 질문을 계속 던져야 한다. 아동의 인성 및 기질에 관한 지식과 연령에 따른 발달 특성을 이해하고, 무엇이 효과적이고 바람직한 양육 태도인지 판단해야 한다. 이것이야말로 아이를 진정으로 사랑하는 방법이다.

지금까지 통제적이거나 허용적인 양육 태도의 부정적인 영향에 대해 여러 가지 근거를 들어 설명했다. 그리고 자신의 양육 태도가 가져올 장기적인 결과에 대해 심사숙고해야 한다는 제안도 했다. 하지만 여전히 많은 부모들은 또 다른 반론을 제기할 것이다.

나도 벌을 받으며 자랐지만 아무 문제가 없어요

괜찮다는 말은 과연 얼마나 괜찮다는 뜻일까? 이 말은 언제나 상대적이다. 우리 대부분은 정말 문제없이 자라왔다. 때로는 어릴 적에 받았던 벌에 대해서 웃으며 이야기하기도 한다. 그러나 우리가 어떤 대가를 치르기보다 실수를 통해 배울 수 있는 기회를 가졌다면, 그래도 역시 괜찮았다고 이야기할 수 있을까?

부모 교육 워크숍에 참석했던 스탄이란 사람이 자신이 5학년 때 시험 중 컨닝을 했던 경험을 털어놓았다.

"나는 정말이지 너무 미련하게도 손바닥에 답을 써놓았어요. 선생님은 내가 손바닥을 펼치고 정답을 찾고 있는 것을 발견했죠. 선생님은 내 문제지를 빼앗고는 다른 아이들 앞에서 찢어버렸어요. 저는 F학점을 받았고, 아이들은 저를 컨닝하는 아이라고 불렀죠. 물론 부모님에게도 이 사실을 알렸고, 아버지는 크게 화를 내면서 한 달 동안 아무 데도 나가지 못하게 했어요. 그 후로 다시는 컨닝을 하지 않았어요. 정말이지 F학점을 받을 만했죠."

부모 교육 강사는 이 문제를 해결할 수 있는 다른 방법이 없었는가에 대해 다른 참석자들과 이야기를 나눠보기로 했다.

강사   여러분은 스탄 씨가 F학점을 받은 것이 당연하다고 생각하세요?

부모들   그럼요.

강사   잘못된 행동의 결과로 인해 스탄 씨는 중요한 것을 배웠다고 생각하세요? 아니면 좀 더 벌을 받았어야 한다고 생각하세요?

부모들   글쎄…….

강사   스탄 씨 자신은 어떻게 생각하세요? 컨닝한 대가로 F학점을 받은 것에 대해 어떻게 생각하세요?

스탄   저는 정말 잘못했다고 느꼈고 당황했어요.

강사   그런 경험을 통해 어떤 결심을 하게 되었나요?

스탄   다시는 그런 짓을 하지 말아야겠다고 생각했지요.

강사   아버지로부터 벌을 받고서 어떤 생각을 했어요?

스탄   저는 부모님에게 실망을 드린 거죠. 지금도 제가 부모님을 실망시키고 있지는 않은지 걱정스러워요.

강사   그러면 벌 받은 것이 어떤 도움이 되었나요?

스탄   글쎄요. 사실 저는 부모님께 벌을 받기 전에 이미 다시는 컨닝을 하지 않겠다고 결심했어요. 무엇보다 부모님을 실망시켰다는 것이 가장 큰 부담이었어요.

강사   만약 당신에게 마술 지팡이가 있다면 그 사건을 어떻게 바꾸어놓고 싶으세요? 당신의 행동 중에 무엇을 바꾸고 싶고, 다른 사람들의 말이나 행동 가운데 무엇을 바꾸고 싶으세요?

스탠 컨닝을 하지 않는 거요.

강사 그러고는?

스탠 글쎄요. 그다음은 모르겠어요.

강사 혹시 다른 의견 없으세요? 여러분이 감정적으로 빠지지 않으면 좀 더 쉬운 대안을 생각해낼 수 있을 것 같은데요.

어느 부모 저는 교사인데, 스탠 씨의 이야기를 듣고 많은 생각을 했어요. 그 교사는 우선 스탠 씨를 불러서 왜 컨닝을 했는지 물었으면 좋았을 것 같아요.

강사 스탠 씨, 만약 교사가 그렇게 물었다면 어떻게 대답하셨겠어요?

스탠 시험을 잘 보고 싶어서라고 대답했을 거예요.

어느 부모 저라면 시험을 잘 보고 싶은 마음은 이해할 수 있다고 말했을 거예요. 그러고는 학생에게 시험을 잘 보기 위해 컨닝을 할 때 어떤 느낌이 들었는지 물을 거예요.

스탠 그러면 아마 저는 그 순간 다시는 컨닝을 하지 않겠다고 약속했을 거예요.

어느 부모 그다음엔 학생에게 이 과목은 F학점을 받을 것이라고 말해 주고, 이런 경험을 통해서 네가 컨닝을 하지 말아야 한다는 것을 배웠다니 다행이라고 말해줄 거예요. 그리고 다음에 시험을 잘 보기 위해서 어떤 준비를 할 것인지 계획서를 써

	오라고 할 거예요.
스탄	아마 저는 여전히 죄의식을 느끼고 당혹스러워하겠지만 선생님의 친절하면서도 엄격한 지도에 진심으로 감사하는 마음을 가졌을 거예요.
강사	스탄 씨, 그럼 이제 마술 지팡이를 사용해서 부모님의 행동은 어떻게 바꾸어볼 수 있겠어요?
스탄	우선은 부모님이 제가 얼마나 죄의식을 느끼고 당혹스러웠는지 알아주셨으면 해요. 그리고 제가 얼마나 혹독한 교훈을 얻었는지 공감해주셨다면 어땠을까 하는 생각이 들어요. 제가 충분히 반성했고, 다음에는 올바르게 행동할 것이라고 믿어주셨으면 좋았겠죠. 어쨌든 여전히 저를 사랑하고 있다는 믿음을 주시면서 더 이상 나 자신에게 실망하는 일을 하지 않길 바란다는 말씀도 해주시고요. 와, 그러고 보니 제가 부모님을 실망시키는 것보다 자신을 실망시키는 것에 대해 얼마나 중요하게 생각하고 있었는지를 알게 됐어요. 그게 정말 중요한 것 같아요.

이 토론을 통해 부모의 진정한 사랑에 관해 몇 가지 중요한 내용을 정리해볼 수 있다.

1. 진정한 사랑이란 아이로 하여금 제멋대로 행동하도록 내버려두는

것이 아니다.
2. 진정한 사랑이란 아이가 자신을 애정으로 지지해주는 부모 곁에서 스스로 행동의 결과를 탐색해볼 수 있는 기회를 가짐으로써 건강하게 성장할 수 있도록 돕는 것을 의미한다.
3. 많은 이들이 벌을 받으며 자랐어도 특별한 문제없이 성장했다지만, 그들이 친절하면서도 엄한 부모 밑에서 자신의 실수를 통해 배울 수 있는 기회를 가졌다면 훨씬 더 많은 것을 배웠을 것이다.

그저 문제없이 성장했다는 것이 중요한 게 아니다. 우리에겐 언제나 좀 더 나아질 수 있는 기회가 존재한다. 우리가 살고 있는 세상은 그대로 정지되어 있지 않다. 이미 알고 있듯이 가족도 아이들도 모두 성장하고 변화한다. 따라서 부모 역시 달라져야 하고, 과거에 사용했던 것보다 더 효과적인 방법을 발견하고 실천해나가야 한다.

부모는 순간의 위기를 넘기려는 방법에 의존한다

부모들이 그토록 통하지 않는 방법을 계속 고집하는 이유는 또 있다. 그들은 자신이 알고 있는 최선의 방법을 가지고 여러 문제를 똑같이 해결하려고 한다. 아이가 원하는 걸 그냥 들어주거나, 아니면 벌을 주는 방법이 당장 그 순간에는 잘 통하기 때문이다.

부모가 요구를 들어주거나 벌을 주면 일단 아이는 울음을 그친다. 하지만 그 순간의 문제를 해결하는 데만 급급한 방법이기에 궁극적으로 아이가 살아가는 데 필요한 가치를 배울 수 있는 기회를 빼앗는 것이다. 그 순간의 위기를 넘기려는 부모의 판단 때문에, 일시적인 방법들이 신중하게 고려되지 않은 채 계속해서 무심코 사용되고 있는 것이다.

부모에게서 배운 대로 자기 아이를 대한다

이 문제에 대해서는 11장에서 좀 더 자세히 살펴볼 것이다. 대부분의 부모가 자신의 부모가 보여줬던 양육 태도를 좋아하거나 혹은 싫어한다. 만약 부모의 방식을 좋아한다면, 설령 바람직하지 않다 해도 아마도 그 방식대로 아이를 키우려고 할 것이다.

문제가 되는 것은 자기 부모의 양육 태도를 좋아하지 않은 사람들이다. 상당수의 부모들이 자신이 키워진 방식대로 아이를 키우지 않겠다고 다짐한다. 이런 사람들은 대개 극단적인 두 양육 태도 중 하나를 선택하게 된다. 그들의 부모가 너무 엄격했다면 자신은 아이들에게 아주 관대하게 대하려고 할 것이다.

부모는 쉽게 감정에 빠지고 상식적 판단을 놓친다

사랑은 정말 강력한 감정이며 인간 행동에 중요한 영향을 미친다. 우리가 여러 번 언급한 것처럼, 부모들이 통하지도 않는 방법을 계속 고집하는 것도 바로 사랑 때문이다. 부모가 감정에 빠지면 대개 두 가지 극단적인 모습 중 한 가지를 선택하게 된다.

그 첫 번째가 부모들은 자신에게 있는 약점 버튼이 자극을 받았다고 느끼면 무턱대고 화부터 낸다. 어느 부모든 약점을 갖고 있는데, 아이들은 그것을 아주 잘 알아챈다. 일단 약점이 자극을 받으면 부모는 감정적으로 반응한다. 그 순간 평소 알고 있던 자녀 교육에 관한 모든 정보는 날아가버리고 진공 상태가 되는 것을 느낀다.

이런 경우 부모는 심하게 화를 내는데, 결국 아이도 같은 감정 상태에 빠지게 만든다. 이때 부모가 문제해결 방법으로 아이와 싸우거나, 아니면 그 상황을 회피해버린다면 그때부터 부모와 자녀 간 일종의 전쟁 상태에 돌입하게 된다.

그러한 상황이 되면 부모는 다시 정상적인 감정 상태로 돌아올 때까지 일단 부드러운 태도로 아이에게 타임아웃을 선언한다. 그리고 자신의 감정을 건드릴 만한 약점 버튼을 잘라내는 방법을 찾는다. 부모들이 갖고 있는 약점 버튼은 대개 "다른 아이들은 다 갖고 있다고요", "엄마는 공평하지 않아요", "엄마가 미워요" 하는 말로, 이런 말을 들는 부모는 쉽게 마음이 약해져서 결국 아이에게 지거나 울컥 화를 내버린다.

약점 버튼은 비언어적인 경우도 있다. 예를 들어, 아이가 눈동자를 빠르게 굴린다든지, 씩씩거린다든지, 방문을 쾅 닫고 들어가버리는 행동으로 부모를 자극한다. 하지만 아이가 부모의 약점 버튼을 눌러도 반응하지 않으면 아이들은 다시는 버튼을 누르지 않게 된다.

두 번째 극단적인 모습은, 아이가 감정적으로나 신체적으로 힘들어하는 모습에 마음이 약해진다는 것이다. 어떠한 상황에서든 부모는 아이가 괴로워하는 것을 보고 싶어 하지 않는다. 그 순간 느끼는 괴로움이 아이에게 더 많은 것을 배울 수 있는 기회를 준다고 해도 마찬가지다.

다행스럽게도 아이들은 스스로를 달래고 위로할 수 있는 능력을 갖고 있으며, 경험을 통해 많은 것을 배울 수 있다. 물론 부모로서 아이의 슬픈 모습, 또는 화난 모습을 지켜보는 일이 쉽지는 않다. 하지만 진정한 부모의 역할이란 아이를 무조건 구출해주는 것이 아니라, 아이의 감정을 이해하고 공감해주는 것이다. 일단 아이를 따뜻하게 안아주고, 아이의 이야기를 반영적으로 들어주면서 진정으로 아이를 이해해주는 것이 바로 아이를 과잉보호하지 않고 경험을 통해 스스로 배울 수 있도록 도와주는 방법이다.

앞에서 몇 가지 학술적 연구 사례를 살펴보았는데, 굳이 이러한 연구가 아니더라도 우리의 실제 경험에서도 비슷한 결과를 발견할 수 있다. 벌과 보상은 장기적으로도 좋지 않은 결과를 낳을 뿐 아니라, 진정으로 아이를 사랑하는 방법도 아니다. 또 아이들의 마음의 변화나 성장에도 좋은 영향을 주지 못한다.

사람들은 흔히 자녀 교육에 있어 어떤 방법이 효과적인지 잘 인식해야 한다고 말한다. 벌과 보상 또한 즉각적인 효과가 있기 때문이다. 아이에게 마트에서 돌아다니지 않고 엄마 옆에 얌전히 있으면 계산대에 있는 사탕을 사주겠다고 하면 어떤 아이든 말을 잘 들을 것이다. 한편 이와는 반대로 심한 벌을 줌으로써 당장 아이의 잘못된 행동을 막을 수 있다. 그러나 벌을 받거나 보상을 받는 그 순간 아이들의 마음속에서 일어나는 생각, 감정 그리고 판단을 고려해본다면 그런 방법이 얼마나 무의미한지를 알 수 있을 것이다. 조용히 하는 대신 사탕을 받은 이이는 거짓 행동을 하는 방법을 배우게 된다. 또 벌을 받은 아이는 자신보다 힘이나 권력이 있는 사람에게 언제나 굴복하거나 아니면 회피하는 자세를 배우게 된다.

부모 교육 워크숍에서 벌과 보상의 부정적인 영향에 대해 토론할 기회가 있었다. 그런데 캐런이라는 한 어머니는 이런 방법이 전혀 백해무익하다는 사실을 받아들일 수 없다고 했다. 그녀는 행동주의 교육 방식(교육의 효과적인 방식으로 벌과 보상이 가장 좋다고 보는 입장)을 옹호하는 한 대학에서 박사학위를 받았다. 그녀는 여러 해 동안 행동주의가 사람들에게 어떤 동기를 갖게 하는 데 가장 효과적이라는 것을 배운 것이다.

캐런은 워크숍에서 보상이 가져다주는 장기적인 영향에 관한 역할놀이를 하면서 아이 역할을 맡았다. 역할 놀이에서 캐런은 아침에 침대를 잘 정리하면 초콜릿과 별 스티커를 받았다. 스티커 판을 모두 채우면 아주 커다란 보상을 받는 것이었다.

역할 놀이의 마지막 단계에서는 어른들이 아이들의 정신세계를 이해하도록 하기 위해 "아이 역할을 해보니 어떤 생각과 느낌이 들었나요?"라는 질문을 꼭 던진다.

캐런에게도 똑같은 질문을 던졌다. 그러자 그녀는 "이제 알았어요. 저는 어린아이로서 계속 어떻게 하면 보상을 더 받을 수 있을지를 생각하거나, 보상을 못 받더라도 어떻게 하면 어른의 요구를 거부할 수 있을지를 생각하고 있었어요. 지금 당장은 보상을 받으려고 요구대로 하겠지만, 다음엔 아마 제 행동을 변화시키기보다는 보상을 받는다는 것 자체에만 관심을 갖게 될 거예요. 이건 도무지 믿을 수 없는 일이네요"라고 말하며 몹시 놀란 표정을 지어 보였다.

알피 콘은 『보상이 미치는 벌의 효과』라는 책에서 벌과 보상을 강조하는 행동주의 교육 방식을 보편화시킨 스키너(Burrhus F. Skinner)에 대해 이렇게 말했다. "스키너는 토끼나 비둘기 같은 동물에게 했던 실험 결과를 사람에게 적용해서 책을 썼다." 이는 곧 동물에게 먹이와 같은 보상을 줌으로써 기대하는 행동을 하도록 훈련시킨 원리를 그대로 인간에게 적용했다는 것이다.

어린아이들은 분명히 인격이 있는 사람이며, 그러기에 이들의 감정과 생각을 존중해주며 살아가는 방법을 가르쳐야 한다. 보상과 벌에 지나치게 의존하는 것은 아이들의 인격을 무시하는 것이다.

우리 인간은 실수를 통해 더 많은 것을 배워나간다는 사실이 얼마나 다행스러운가. 지금이라도 늦지 않았다. 모든 부모는 진정으로 자녀를 사랑한다는 것의 의미를 진지하게 생각해보고, 그 고민의 과정에서 얻어진 값진 교훈을 따라 행동해야 한다.

훌륭한 부모도 실수를 한다

우리는 아이들을 무조건 칭찬하거나, 벌을 주거나, 제멋대로 하도록 내버려두는 부모들이 '나쁜 부모'라고 얘기하는 것이 아님을 다시 한번 밝혀둔다. 어느 조사 결과에 따르면 자녀를 사랑하고 최선을 다해 키우려고 애쓰는 부모 가운데 80퍼센트가 아이를 체벌해본 적이 있다고 한다. 이 조사 결과를 놓고 어떤 사람은 그것이 정당하다고 생각할 것이고, 어떤 사람은 뭔지는 몰라도 다른 대안이 있어야 한다고 생각할 것이다. 아이를 체벌하는 것의 대안으로 무조건 아이 뜻대로 해주는 허용적인 방법을 원하지는 않기 때문이다.

하지만 많은 사람들이 '흑 아니면 백'이라는 생각에 빠져서 그 사이에 있을 수 있는 가능성을 간과하고 만다. 설령 중간적인 방법이 있다 해도 그것이 최선이기보다는 어쩔 수 없는 궁여지책일 뿐이라고 생각한다.

아이를 체벌하는 것에 대해 옹호하는 부모들은 "매를 아끼면 아이를 망친다"는 옛말을 믿는다. 그러나 아이들은 부모 마음대로 움직일 수 있는 존재가 아니라, 부모가 제대로 이끌어주어야 하는 존재이다. 아이들도 자유의지를 갖고 있으며, 때로는 잘못된 행동을 할 자유도 갖고 있다. 그래서 체벌을 통해서가 아니라 존중과 사랑으로 가르침을 주어야 한다.

아이를 키우면서 많은 어려움을 겪는 부모들이 우리에게 도움을 청하면서 늘 하는 말이 있다. "저는 정말이지 이런 저런 방법을 다 써봤어요." 그러면 우리는 그 방법을 모두 적어보라고 한다. 그들이 적은 목록은 온통 체벌에 관한 것뿐이었다. 때리기, 소리치기, 위협하기, 꼼짝 못하게 하기, 장난감 빼앗아버리기 등이다. 그러나 어느 부모도 아이에게 벌을 주는 일을 달갑게 생각하지 않는다. 이런 부모에게 자신의 행동에 대해 심사숙고해본 뒤 소리치거나 벌을 주는 대신 오히려 아이의 좋은 행동을 칭찬해주는 방법을 활용해보도록 알려주면 희망을 갖고 안심한다.

아이에게 보상을 주는 부모 역시 아이들을 사랑하기 때문에 이 같은 양육 태도를 보인다고 말한다. 그러나 진정으로 아이를 사랑하는 것은 자신의 양육 태도가 가져올 장기적인 영향을 깊이 고려해보는 것이다.

다음 장에서는 아이를 진정으로 사랑하는 훈육 방법과 이를 제대로 실천할 수 있는 구체적인 내용을 알아볼 것이다. 당신은 지금껏 아이들에게 제대로 통하지도 않는 방법을 사용해왔고, 그것이 당신에게도, 아이에게도 결코 바람직하지 않다는 것을 깨달았다면, 이제부터는 그 방법을 중단하고 새로운 아이디어에 귀를 기울여보자.

8장

어떻게 해야 아이를
독립시킬 수 있을까

'이유(離乳)'의 사전적 의미는 '젖먹이가 자라서 젖을 먹지 않게 됨'이다. 사람 외에 다른 모든 동물은 이유의 중요성을 알고 있다. 이유를 하지 않으면 새끼들이 결코 어른이 될 수 없다는 것을 본능적으로 알고 있기 때문이다.

어미는 새끼가 이유하는 과정을 좋아하지 않는다는 사실 때문에 마음이 흔들리지 않는다. 당신은 이유할 시기가 되면 어미가 새끼들을 밀어내고, 새끼들은 조금이라도 젖을 얻어먹으려고 어미에게 치대는 장면을 본 적이 있을 것이다. 송아지나 망아지 들은 조금이라도 더 젖을 빨려고 애쓰고, 어미는 머리로 새끼들을 밀어내기 바쁘다. 새끼들이 아무리 젖을 얻어먹으려고 발버둥 쳐도 어미는 새끼들의 독립심과 생존을 위해 이유가 필수적인 과정임을 알고 있다.

이유, 자립심을 키우기 위한 첫걸음

인간은 동물과는 분명 다르지만, 어떤 면에서는 비슷하다. 우리 아이들 역시 세상을 살아가는 데 필요한 자립심을 키우기 위해 이유를 해야 하기 때문이다. 이유란 단순히 엄마의 가슴과 젖에서 아이를 떼어내는 것이 아니라, 점진적이면서도 애정 어린 태도로 아이의 정서적·물리적 의존도를 줄이는 것이다.

이유를 할 때 동물과 사람 간의 가장 큰 차이라면, 사람은 동물처럼 냉정하지 못하고 때때로 감정에 더 치우치는 경우가 있다는 것이다. 예를 들어, 엄마가 이유를 하려고 애쓰는데 아이가 계속 울어대면 결국 엄마는 다시 젖을 물리고 만다. 사랑이라는 이름으로 아주 커다란 실수를 저지르고 만 것이다. 아이를 지나치게 사랑함으로써 아이에게 순간의 고통을 인내할 기회를 주지 않았고, 결과적으로 보다 더 어려운 고통을 겪게 만들었다.

사실 대부분의 아이들은 이미 이유할 준비가 되었는데도 이를 지연시키는 일들이 일어난다. 예를 들면, 아이의 울음소리에 마음이 약해져 계속 젖을 주고 싶은 마음이 들고, 밤에 우윳병을 물리면 아이가 잠을 잘 자기 때문에 그 유혹에 흔들리고, 또는 보채는 아이를 달래는 가장 쉬운 방법이라는 등의 사정이 그것이다.

자연적인 발달의 섭리가 알려주는 이유 시기를 놓치면 그 이후의 과정은 아이나 엄마 모두에게 몹시 힘들어진다. 이런 경우 엄마의 젖이나 우윳병은 진정으로 필요한 것이 아니라 그저 습관적으로 원하는 대상일 뿐이다. 아버지도 마찬가지다. 아이들에게 진정으로 필요한 것을 해주기보다는, 사실은 본인이 원하는 것을 너무 자주 해준다.

 이런 부모의 행동은 아이를 위하는 게 아니라 오히려 해를 끼치는 일임을 이해한다면 그렇게 행동하지 않을 텐데 정말 안타깝다. 다음 182쪽의 표는 아이들이 원하는 부모의 행동과 진정으로 아이들에게 필요한 행동을 대비해서 보여주고 있다.

스스로를 돌보지 못하는 아이, 누구의 책임인가

당신은 사랑이라는 이름으로 이유에 실패하는 경우는 흔히 있을 수 있는 일이라고 믿고 있을지 모른다. 다음은 아흔네 살 헤이젤 할머니의 이야기이다.

 그녀는 캐나다의 농장에서 자랐다. 그녀는 삼남매 가운데 유일하게 생존한 아이였기 때문에 부모에게 더할 나위 없이 사랑스럽고 소중한 존재였다. 그런데 아들도 없이 딸 하나와 외지에서 농장을 경영하며 살기가 쉽지 않았다. 그녀의 아버지는 농장을 포기하고 다른 일을 하기 위해 작은 마을로 이사를 했다. 이후에도 그녀의 아버지는 할 만한 일을 찾아 여러 번 이사를 다녔지만 마땅한 일자리를 찾지 못한 채 떠

아이들이 원하는 것	아이들에게 필요한 것
엄마가 나를 재워줄 거야.	스스로 잠자리에 드는 방법을 배운다.
엄마와 같은 방에서 잘 거야.	자기 방에서 혼자 자는 연습을 한다.
엄마가 옷을 입혀줄 거야.	혼자 옷 입는 법을 배운다.
텔레비전에서 본 장난감은 다 살 거야.	갖고 싶은 아이의 마음은 이해하지만 무조건 사주지 않는다. 용돈을 모아 사게 하는 등 아이 스스로 살 수 있는 방법을 가르친다.
부모님이 내 문제를 다 해결해줄 거야.	스스로 문제를 해결하는 방법을 배운다.
부모님은 내가 어떤 문제나 갈등을 겪지 않도록 보호해줄 거야.	부모는 아이가 스스로 갈등을 극복할 수 있다고 믿고 있음을 깨닫게 한다.
내가 금전적인 문제를 일으켰을 때 엄마는 나를 도와줄 거야.	금전적인 문제를 일으켰을 때 그 실수를 통해 무엇을 배우고, 어떻게 해결할 수 있을지에 대해 고민하도록 이끈다.
나에게 자동차를 사줄 거야.	스스로 자동차를 살 수 있는 방법을 찾아나가도록 도와준다.
자동차 보험료를 내지 못할 때는 부모님이 대신 내줄 거야.	스스로 보험료를 낼 수 있을 때까지 자동차는 사용할 수 없다는 것을 안다.
내가 원하는 것은 무엇이든 하도록 내버려두지.	무슨 일이든 아이가 할 수 있는 한계가 어디까지인지 함께 의논한다.
훈계, 비난, 벌은 싫어.	훈계, 비난, 벌은 싫지만 서로를 존중하는 가족 간의 회의나 토론을 한다.
언제든 나에게 돈을 빌려줄 거야.	부모에게 빌리고 갚은 돈의 내역을 기록하고, 때로는 부모가 거절할 수 있다는 것을 안다.

돌 수밖에 없었다.

그런 와중에도 헤이젤은 항상 부모로부터 지극한 사랑을 받으며 자랐다. 주위 사람들로부터 공주 같다는 말을 들을 정도로 부모는 헤이젤을 입히는 데 아끼지 않았다. 학창 시절의 댄스파티에서도 그녀는 단연 춤의 여왕을 차지했다. 많은 남자들이 그녀와 춤을 추려고 다툼을 벌일 정도였다. 그러던 어느 날 마침내 알버트라는 청년이 그녀에게 청혼했고, 그들은 결혼까지 하게 되었다.

그들은 보다 나은 삶을 위해 캘리포니아로 이사를 했고, 알버트는 정말 열심히 일했다. 헤이젤은 가정주부로서 딸 캐서린을 키우는 데 열중했다. 알버트는 그의 아내와 딸을 너무 사랑했고, 그들에게 삶의 어떤 고통이나 어려움도 주고 싶지 않았다. 마치 헤이젤의 아버지가 그랬던 것처럼.

그러나 헤이젤은 돈을 관리하고, 운전을 하고, 세금 고지서를 처리하는 그 어떤 일도 배우지 않았다. 그녀는 가계 수표조차 어떻게 쓰는지 몰랐고, 고장 난 물건도 전혀 다룰 줄 몰랐다. 그 모든 것을 알버트 혼자서 처리해야 했다.

세월이 흘러 점점 나이가 들자 알버트는 아내의 건강 관리는 물론 약 먹는 것까지도 챙겨주어야 했다. 알버트는 자신 없이 살아야 할 아내가 걱정되었다. 그래서 기회가 있을 때마다 딸 캐서린에게 자신이 죽으면 엄마를 잘 돌보라고 일러줄 정도였다.

마침내 알버트가 여든여덟의 나이로 세상을 떠났다. 그 후 헤이젤은 아무 일도 하지 않은 채 슬픔을 가누지 못했다. 딸은 엄마에게 가계 수표 쓰는 방법과 세금 내는 방법을 알려주려고 무던히 애를 써봤지만, 헤이젤은 그저 "난 못해"라고 말할 뿐이었다. 끝내 딸도 엄마에게 가르치는 것을 포기하고 말았다.

헤이젤에게는 더 이상 아무런 희망도 없었고, 삶의 어떤 만족도 느끼지 못했다. 딸이 아무리 잘해주어도 오직 남편이 그리울 뿐 전혀 행복하지 않았다. 헤이젤은 점점 딸에게 불평을 늘어놓으며 사소한 것까지 트집을 잡았다. 그녀는 딸에게도 돌봐야 하는 가족이 있다는 사실을 깨닫지 못했던 것이다.

이처럼 너무 많은 사랑을 받으며 자란 헤이젤은 그로 인해 스스로를 돌보는 데 필요한 힘을 키울 수 있는 기회를 갖지 못했던 것이다. 그녀는 지금껏 주위의 지나친 사랑만 받아왔기 때문에 그들이 없는 남은 인생은 행복을 느끼지 못하며 살고 있다.

아이들은 독립할 준비가 되어 있다

앞서 2장에서 이야기한 것처럼 아이들도 자신과 다른 사람 그리고 세상에 대한 판단을 갖고 있다. 아이가 이유를 해야 할 때, 또는 이유를 늦추었을 때 과연 어떤 판단을 하는지도 중요하다.

우리가 진행하고 있는 부모 교육 워크숍에서 참석한 부모들에게 다음과 같은 질문을 던졌다. "과연 아이들이 혼자 옷을 입을 수 있는 나이는 몇 살일까요?" 놀랍게도 많은 부모들이 네 살 또는 다섯 살이 될 때까지는 어렵다고 이야기했다.

사람은 대개 자신이 자랄 때 부모가 어떻게 키웠는지에 따라 생각의 틀을 형성한다. 세 살 된 아이도 만약 그 부모가 아이의 기본 생활 습관을 가르치기 위해 시간을 투자하고 노력했다면, 또 정해진 일과 규칙을 일관되게 지키도록 했다면, 그리고 아이 혼자 편하게 입고 벗을 수 있는 옷(예쁜 버클이나 단추 같은 것들은 아직 소근육 발달이 안 된 어린 아이에게는 혼자 채우고 풀기가 어렵다)을 사주었다면 충분히 옷을 입고 벗을 수 있다는 것이다.

우리는 다음의 질문을 계속 해보았다.

"왜 어떤 부모는 아이의 옷을 계속 입혀줄까요? 물론 아이를 사랑하는 마음 때문이겠지만, 이들은 아이가 혼자 옷을 입고 벗으면서 성취감을 느낄 수 있는 기회를 빼앗고 있다는 사실을 깨닫지 못하는 건 아닐까요?"

이 질문에 많은 부모들은 당연하다는 듯 두 가지 이유가 있을 거라고 대답했다.

1. 부모가 대신 입혀주는 것이 훨씬 편하고 빠르고 쉽다.
2. 아이가 좀 더 깔끔해 보인다. (아마도 이렇게 생각하는 부모들은 빨간

바지에 오렌지색 웃옷을 입고, 신발은 거꾸로 신었지만 얼굴 가득 자랑스러운 표정을 짓고 있는 아이의 모습을 본 적이 없을 것이다. 이런 경우 다시 가서 아이의 옷을 꺼내올 것이 아니라, 사진을 찍어주어 아이의 작은 성취를 축하해주는 것이 좋다.)

물론 또 다른 이유도 있다. 일단 부모가 아이의 옷을 입혀주기 시작하면 아이는 계속 그렇게 해주길 원한다. 나중에는 해줄 때까지 울거나 떼를 쓰기도 할 것이다. 우리는 부모들에게 아이 관리의 편리함이나 아이를 예쁘게 보이고 싶은 마음을 접고, 대신 아이가 스스로 자신의 문제를 해결할 수 있는 능력 있는 사람이라는 생각을 가질 수 있게 기회를 주어야 한다고 얘기한다.

한번 생각해보자. 만약 아이가 혼자 옷을 입을 수 있음에도 부모가 계속 옷을 입혀준다면 아이는 어떤 생각을 하게 될까? 몇 가지 가능성을 생각해보자.

"나는 아무런 능력이 없어."

"사랑이란 다른 사람이 나를 돌봐주는 거야."

"나는 얼마든지 특별한 대접을 받을 권리가 있어."

"나는 사람들의 관심을 받고, 다른 사람들이 내가 원하는 것을 해주도록 만들 수 있어."

이런 상황에서 우리는 아이들이 내릴 만한 보다 건전한 판단의 예를 찾아내기 어렵다. 만약 당신이 지금껏 아이의 옷을 입혀주었고, 이제야 그것이 아이를 진정으로 사랑하는 방법이 아니라는 것을 깨달았다면 그다음 해야 할 일이 있다. 그건 바로 어떻게 이 일을 쉽게 그만둘 것인가이다.

고통은 순간이다

우리는 아이들에게 이유가 결코 쉬운 일이 아님을 알고 있다. 그런데 왜 부모에게도 어려울까? 그건 바로 정서적인 문제와 관계가 있다. 부모에게는 아이를 자신에게서 떼어내려는 측면과 언제까지나 붙잡아 두고 싶어 하는 두 가지 측면이 공존한다. 또 부모는 아이가 괴로움을 겪는 것을 원치 않는다. 이유를 하는 동안 화가 난 아이는 떼를 쓰거나 큰소리로 울 수도 있고, 엄마를 미워할 수도 있다. 아마 그 순간 아이는 정말로 자기가 엄마를 미워한다고 믿고 있는지도 모른다. 그러나 일단 성공적으로 이유를 하게 되면 아이는 당신에게 고마움을 느낄 것이다. 만약 당신이 이유를 적절한 시기에 하지 못한다면 시간이 흘러 아이가 당신을 탓하게 될 일이 생길지도 모른다.

아이에게 많은 것을 해주면 해줄수록 점점 더 많은 것을 요구한다고 느낀 적이 있을 것이다. 부모는 자신이 아이를 위해 무언가를 해주면 그것을 고맙게 생각할 거라고 생각했는데 아이가 그런 태도를 보이면 크게 상처받고 실망한다.

다행스럽게도 정반대의 상황도 있다. 만약 당신이 적절한 시기에 이유를 시키고 자립심을 길러주면 아이는 당신에게 매우 감사해할 것이다. 아이가 성장하면 사춘기라는 '심리적인 이유의 시기'를 만나게 되는데, 이것은 그 전의 나와 헤어지고 새로운 나를 만나는 과정이다. 아이가 부모와의 이유를 적절한 시기에 이루어냈다면, 모든 것이 혼란스러운 사춘기 또한 스스로 건강하게 극복해낼 수 있다. 따라서 성공적인 이유를 위해 두 가지 사항을 염두에 두어야 한다.

1. 많은 어려움이 있을 것임을 예상한다.
2. 옳다고 판단한 대로 친절하면서도 엄하게 행동한다.

• **많은 어려움을 예상한다**

진정으로 아이를 사랑하는 일이 때로는 마음을 불편하게 만들 수도 있다는 말을 이해하기 어렵겠지만, 꼭 염두에 두어야 할 아주 중요한 말이다. 부모 입장에서는 아이가 원하는 대로 들어주고, 떼쓰는 아이를 무조건 달래는 것이 훨씬 마음이 편하다. 그러나 이유는 부모나 아이 모두에게 힘든 것이지만 아이의 건강한 성장을 위해 꼭 필요한 과정이다. 만약 당신이 이유를 하는 동안 아이가 전혀 고통을 느끼지 않는다면 오히려 뭔가 잘못된 것임에 틀림없다. 제대로 된 이유 과정은 고통을 수반하기 때문이다.

예를 들어, 당신은 아이에게 "안 돼"라고 말하는 것이 고통스러울 수 있다. 또 아이가 혼자 자는 연습을 하는 동안 울고 떼쓰는 모습을 지켜보는 일도 부모로서 결코 즐거운 일이 아니다. 당신이 아이를 사랑하지 않는 건 아닐까 하는 불안감을 느낄지도 모른다.

우리는 아이의 건강과 정서적인 안정 그리고 생득적인 불안감까지도 고려하지 말라는 것이 아니다. 다만 아이가 부모를 마음대로 조종하고 있는 건 아닌지 식별할 줄 알아야 한다고 말하는 것이다. 만약 당신이 그런 느낌을 받는다면 실제로 당신은 아이에게 조종당하고 있는 것이다. <mark>당신이 아이에게 조종당하고 있다는 느낌이 바로 이유를 시작해야 하는 때임을 알려주는 좋은 증거이다.</mark>

아이가 자기 부모가 세상에서 가장 까다로운 사람이라고 생각하는 건 부모에게는 달갑지 않은 일이다. 아이로부터 "다른 애들은 원하는 건 엄마가 다 해줬어요. 그런데 엄마는 제 마음을 몰라주고 절대로 못하게 해요"라는 말을 들을 때가 그렇다. 그래서 당신은 아이의 사랑을 잃고 싶지 않은 마음에 원하는 대로 들어주는 양육 태도를 보이고 만다. 다시 한번 생각해보자. 진정으로 아이를 사랑하는 방법이 정말 무엇이든 아이가 원하는 대로 들어주는 것인가?

- **옳다고 판단한 대로 친절하면서도 엄하게 행동한다**

태도가 가장 중요하다는 말을 들어본 적이 있을 것이다. 좋든 싫든 이 말은 부모 역할에 대해서도 적용된다. 아무리 현명한 행동을 한다 해도 굴욕적이거나 수줍어하는 태도를 취한다면 기대하는 결과를 얻기 어렵다. 비난이나 모욕, 훈계나 벌을 주지 않고 올바르게 훈육할 수 있는 용기가 많은 부모들에게 부족하다.

아이에게 다음과 같은 말을 한 적이 있는지 한번 생각해보라.

"너는 엄마가 돈으로 만들어진 줄 아니?"

"넌 너무 이기적이야. 도대체 세상이 다 네 마음대로 될 거라고 생각하니?"

"안 된다는 말을 그렇게 못 알아듣니?"

"지금까지 나는 네가 해달라는 것은 다 해주었는데, 너는 계속해서 더, 더, 더 해달라고만 하는구나."

당신이 아이에게 부모가 돈으로 만들어졌다는 느낌을 주지 않았다면 어떻게 아이가 부모를 그렇게 생각하겠는가? 그동안 자기가 원하는 것은 무엇이든 가질 수 있었는데, 어떻게 아이가 이기적이지 않을 수 있겠는가? 한 번도 들어본 적이 없는데 어떻게 안 된다는 말을 수용하겠는가? 아이가 원하는 걸 다 해주는데도 부모에게 고마워하기는커녕 더 많은 것을 바라기만 한다는 사실이 놀랍지 않은가?

친절하면서도 엄하게 아이를 대하는 양육 태도가 처음에는 다소 불편하겠지만, 당신이 다만 아이의 마음을 무시하지 않고 따뜻한 태도로 원칙 있는 자세를 보여준다면 아이는 당신을 미워하지도 않을뿐더러, 순간적인 화를 마음에 담고 있지도 않을 것이다. 단, 당신이 아이의 행동을 바로잡겠다고 의도적으로 불친절하게 대했다면 마음 한구

석에서 일종의 죄의식을 느끼게 될 것이고, 아이는 그 마음을 눈치채고 죄의식 버튼을 누를 것이다. 결국 당신의 죄의식이 아이에게 지나친 사랑을 베풀게 만든다.

자, 당신이 옳다고 판단한 대로 친절하면서도 엄하게 행동하는 것이 진정으로 아이를 위하는 길임을 명심하자.

• 아이가 심하게 보채요

Q 저는 5개월 된 아들을 두고 있는데, 2주 전부터 아이가 심하게 보채기 시작했어요. 아이는 때때로 정신없이 소리를 지르는데 마치 숨이 잠깐씩 멈추는 듯해요. 장난감을 쥐어주기도 하고, 노래를 불러주기도 하면서 달래보지만 소용이 없어요. 아이는 금세 싫증을 내고 또다시 소리를 지르곤 합니다.

저는 이가 나려고 그러나 싶었는데, 혹시 아이가 이렇게 보챌 때마다 제가 달려가서 달래주면 계속 이러지 않을까 걱정이 됩니다. 그래서 간혹 아이가 소리를 지르고 보채도 얼마간은 그냥 혼자 내버려두었는데, 그럴수록 아이는 더 크게 울어댑니다. 정말 어떻게 해야 할지 모르겠어요. 가끔은 저 역시 그만 좀 하라고 소리 지르고 싶지만 알아듣는지도 모르겠고요. 결국 아이는 제가 안아주면 곧바로 웃는답니다.

A 솔직히 우리도 아이가 이가 나오는 고통 때문에 그러는 건지, 아니면 엄마를 훈련시키려는 의도로 그러는 건지는 잘 모르겠군요. 어쨌

든 아이를 달래기 위해 어떤 요구라도 들어주는 것과 아이 행동을 바로잡기 위해 극단적인 방법을 사용하는 것 외에 좀 더 나은 방법을 찾기란 그리 쉬운 일이 아니죠. 특히 갓난아이들을 다루기가 더 어려워요. 아이를 울도록 내버려두었다가 열이 나는 것을 지켜보는 일은 참으로 고통스럽죠.

무엇보다 아이를 달래주면서 동시에 훈육하는 것 사이에 조화를 찾는 것이 중요해요. 아이가 엄마를 조종하도록 내버려두는 것은 좋지 않으니까요. 어떻게 조화로운 방법을 찾을 수 있을까요?

우선 당신의 통찰력에 귀를 기울여보세요. 당신이 아이에 의해 조종당하고 있다고 느낀다면 그건 사실일 거예요. 그렇다고 아이에게 소리 치는 것은 결코 좋은 해결 방법이 아니에요. 그 아이의 발달 단계에서는 전혀 이해하지 못하니까요. 가장 먼저 아이가 배가 고프거나, 졸리거나, 기저귀가 젖지 않았다는 것을 확인했다면 아이가 울거나 심지어 소리를 지르더라도 그대로 내버려두는 겁니다.

이 연령의 아이들은 말보다는 행동을 더 잘 이해하죠. 만약 소리를 질러도 엄마의 관심을 받지 못한다는 것을 알게 되면, 아이는 더 이상 그렇게 하지 않을 거예요. 단, 여기서 주의할 게 있어요. 절대로 일관되지 않은 행동을 해선 안 된다는 겁니다. 어떤 때는 소리 지르는 아이를 안아주었는데, 또 어떤 때는 그대로 내버려둔다면 좋지 않아요. 그 순간은 참기 어렵겠지만 당신이나 아이를 위해 올바른 방법을 취하고 있다는 생각에 확신을 가지세요. 당신에게 한 가지 바람직한 사례를 들려줄게요.

"나는 정신없이 보채는 아이를 다루었던 그 시절을 잊을 수가 없어요. 처음에는 아이를 무시해야겠다고 생각했지만, 그것이 잘하는 것인지 확신을 갖지 못했죠. 그러던 어느 날이었어요. 어머니가 집에 오시더니 나에게 바늘이 어디 있느냐고 물었어요. 그때 아이는 바닥에 누워 거의 발작하듯 울고 있었죠. 그런데 어머니는 아이를 거들떠보지도 않고 바늘이 있는 곳으로 걸어가는 게 아니겠어요. 그제야 나는 내 방법이 잘못되지 않았다는 확신을 갖고 죄의식에서 벗어날 수 있었어요. 우리 아들은 지금 아주 훌륭한 아버지가 되었답니다. 그는 자신이 애정을 받지 못했다는 느낌을 가져본 적이 없었다고 자신 있게 말하더군요."

아이를 사랑할수록 냉정해져야 하는 이유

요란다는 아이들을 너무 사랑했기 때문에 안 된다는 말을 하지 못했다. 심지어 이런 태도를 아이들이 어른이 될 때까지 계속 유지했다. 그녀는 딸 버버리를 자신의 사업 매니저로 채용했다. 버버리는 돈이 필요했고, 요란다는 가끔 딸에게 돈을 빌려주고, 또 딸의 주택 대출금도 대신 내주기도 했다. 딸이나 사위가 그럴 형편이 못 된다는 것을 잘 알고 있었기 때문이다. 하긴 자식이 잘사는 것을 원하지 않는 부모가 어디 있겠는가.

어느 날 세 사람이 모여 재정적인 문제에 대해서 이야기를 나누었다. 요란다는 두 사람이 대출금을 갚을 능력도, 또 그렇게 고급스러운 집을 유지할 만한 형편도 안 된다는 것을 알게 되었다. 그러나 버버리는 앞으로 절약해서 그 집을 잘 유지하겠다고 했다. 엄마와 남편이 쉽지 않을 거라고 말하자 버버리는 울면서 뛰쳐나갔다. 딸의 그런 모습을 보자 요란다는 몹시 괴로워했고, 버버리의 남편도 마찬가지였다. 결국 두 사람은 버버리의 뜻대로 하기로 했다.

그런데 버버리와 남편은 얼마 못 가 다시 심한 재정난을 겪게 되었고, 부부 관계까지 심각한 지경에 이르렀다. 요란다는 문제가 심각하다는 것을 느꼈고, 그제야 딸의 말을 들어준 게 잘못이었음을 깨달았다. 그때 단호하게 안 된다고 얘기하지 못한 걸 후회하게 된 것이다.

자라는 동안 부모로부터 안 된다는 말을 별로 듣지 않았던 버버리는 그동안 회사의 돈을 몰래 횡령하기까지 했다. 대출금을 내고 가구를 사는 데 회사의 가계 수표를 이용했을 뿐 아니라, 저축을 시작한 지 한 달 만에 또다시 그녀가 사고 싶은 것들을 사기 위해 신용카드를 물 쓰듯 했다.

결국 요란다는 이런 사실을 알게 되었고 엄청난 충격을 받았다. 도대체 어떻게 이런 일이 벌어질 수 있는지 믿기지 않았다. 그럼에도 요란다는 딸에게 또 한 번의 기회를 주기로 했다.

요란다는 자신이 지금껏 사랑이라는 이름으로 저지른 또 다른 잘못을 깨달을 수 있도록 도와줄 상담사를 찾았다. 상담사는 그동안 요란다가 딸을 도와준 것이 아니라 딸을 나약하게 만들었다는 것을 깨달을 수 있도록 이끌어주었다. 그녀는 자신이 올바른 방법으로 아이를 대하기가 너무 어렵다고 느껴 일부러 회피해왔음을 알게 되었다. 그리고 딸을 진심으로 사랑하는 그녀는 지금 버버리에게 필요한 것이 무엇인지도 깨달았다.

요란다는 버버리를 불러 친절하면서도 엄한 태도로 말했다.

"사람은 누구나 실수를 할 수 있어. 괜찮아. 하지만 우리는 그 실수를 바로잡아야 한단다. 너는 회사 돈을 횡령하는 잘못을 저질렀고, 나는 네가 그 잘못을 바로잡기도 전에 또다시 기회를 준 잘못을 한 거야. 나는 너를 언제나 진심으로 사랑한단다. 그리고 너에게 또 한 번의 기회를 줄 의향이 있어. 다만 네가 지금까지 빼돌린 돈을 돌려놓는다면 말이다. 네가 횡령한 돈을 돌려놓으면 다시 회사에서 일할 수 있게 해줄 거야. 하지만 그전까지는 다른 일을 구해봐야 할 것 같구나."

그러자 버버리는 "하지만 엄마가 나를 해고한다면 어떻게 그 돈을 갚을 수 있어요?"라며 엄마의 제안을 거절했다.

요란다는 딸의 말을 듣고 이렇게 말했다.

"나는 네게 무급 휴직을 권고하는 거야. 그리고 네가 이 문제를 잘 해결할 수 있을 거라고 믿는다. 나는 네가 다시 회사에서 일하고 싶어 하길 바란다. 하지만 모든 건 네 선택에 달렸어."

요란다에게 이 일은 지금까지의 경험 가운데 가장 어렵고 고통스런 일이었다. 사실 요란다는 딸이 자신을 미워하게 될까 봐 두려웠다. 그리고 이런 그녀의 우려는 현실로 드러났다.

버버리는 엄마에게 몹시 화를 내며 뛰쳐나갔고, 새로운 직장을 찾았다. 그러나 월급이 만족스럽지 않아 얼마 못 가 그 일도 그만두었다. 그녀는 남편과 의논해 결국 살고 있는 집을 팔았다.

버버리는 엄마와 연락을 끊고 산 지 몇 달이 지나고 나서야 이제는 스스로 자신의 삶을 책임져야 한다는 생각이 들기 시작했다. 그녀는 남편에게 자신의 생각을 전하고 다시 마음을 모으기로 했다. 우선 형편에 맞는 집으로 옮기고, 새로운 직장을 구했다. 부부는 조금씩 요란다의 돈을 갚아나갔다.

버버리는 처음에는 엄마에게 많이 섭섭했지만, 엄마의 돈을 모두 갚고 난 후에는 자신에게 자부심 같은 걸 느낄 수 있었다. 늦었지만 스스로 문제를 해결할 수 있다는 걸 알게 해준 좋은 기회라 생각했다.

또한 엄마가 자신을 냉담하게 대했던 것이 정말 자신을 사랑해서 한 행동임을 깨달았다.

당신이 아이를 위해 한 가장 현명한 일이 그리 즐겁지 않을 수도 있다는 말을 쉽게 수긍할 수 없을 것이다. 부모가 그저 자신의 감정이 이끄는 대로 아이를 대하고 양육한다면 부모 노릇하기가 한결 수월할 것이다. 그러나 틀림없이 당신의 아이는 위험한 물길에 말려들고 말 것이다. 따라서 진정으로 아이를 사랑하는 부모라면 감정에 흔들리지 말고, 친절하고 엄한 태도로 아이에게 스스로 만들어가는 삶을 안내해주어야 한다.

　아이가 스스로 문제를 해결할 수 있다고 믿는다면, 그 과정에서 성취감과 자부심을 얻기를 원한다면, 아이에게 이유의 과정이 얼마나 중요하며, 그것이 아이를 진정으로 사랑하는 방법이란 걸 깨달아야 할 것이다.

9장

인성은 왜 중요하고, 어떻게 길러지는가

상호연결성이 커지는 미래사회에는 상대방을 존중하고 배려하면서 소통하는 '인성'이 필수역량으로 꼽힌다. 또한 새로운 사회문제를 해결하기 위해서는 타인과 공동체, 자연과 더불어 살아가기 위한 성품과 역량도 중요해졌다. 자녀의 인성은 부모의 양육 태도에 크게 좌우되고, 교사와 친구 등 다양한 인간관계를 통해 길러진다. 스스로 생각하고 행동하며 자신의 삶을 가꾸어나가는 과정에서 경험의 축적을 통해 길러지는 것이다.

　부모로서 당신의 모습을 되돌아보라. 부모의 무조건적인 허용과 지나친 사랑 아래 오히려 자기중심적이며, 이기적이고, 반항적인 특성을 견고하게 만들어가고 있는 우리 아이들을 보라. 아이들에게 나아갈 길과 방향을 제시해주는 것이 바로 부모의 역할이다. 아닌 것은 단호하게 안 된다고 말하고 올바른 길을 스스로 찾아나아가도록 이끌어주는 부모의 역할이 그 어느 때보다 중요하다. 다음 위인들의 말을 통해 무엇을 중심에 두어야 하는지 살펴보자.

> 한 사람의 진정한 모습은 그 사람이 편할 때 하는 행동이 아니라, 어렵고 힘든 상황에서 나오는 행동을 통해 알 수 있다.
> — 마틴 루터 킹

이 말은 곧 우리가 아이들을 과잉보호한다면 어떻게 아이가 어려움을 극복할 수 있는 경험을 하겠는가, 라고 묻고 있다.

> 우리의 참된 인성은 아무도 보지 않을 때 우리가 무엇을 생각하고, 어떻게 행동하느냐 하는 데서 나타난다.
> — 잭슨 브라운

아이를 지나치게 통제하거나 벌을 주는 것은 아이로 하여금 '외적통제 소재귀인(外的統制所在歸因, 자신의 행동이나 일의 결과를 가져온 원인이 자신이 아닌 외부적인 것에 있다고 생각하는 성향)'과 같은 성향을 지니게 한다는 뜻이다. 즉, 아이는 자신의 행동이 빚어낸 긍정적·부정적인 결과의 원인이 모두 자신의 의지나 자질 때문이 아니라 외부적인 요인 때문이라고 생각하고 늘 행동에 대한 보상을 기대한다. 예를 들어, 시험 결과를 받으면 이들은 선생님이나 시험 자체를 탓하는 경향이 있다.

반대로 '내적통제 소재귀인(內的統制所在歸因)' 성향을 가진 아이는 자신의 통제로 행동의 결과를 귀인시킨다. 내적통제 성향을 가진 아이는 자신의 행동에 대한 결과가 자신의 능력의 결과물이라고 본다. 자신이 열심히 하면 긍정적인 성과를 얻을 수 있다고 믿는다.

> 어떤 사람이든 역경을 인내할 수 있다. 그러나 그 사람의 인성을 시험하고 싶다면 그에게 권력을 줘봐라.
>
> — 에이브러햄 링컨

당신의 아이가 자신이 갖고 있는 힘을 행사해서 자신에게 필요한 것을 얻는 데 사용하도록 할 것인지, 아니면 세상에 공헌하기 위해 사용하도록 키울 것인지를 생각해보아야 한다는 의미이다.

> 인성은 고통 없이 완성할 수 있는 것이 아니다. 수많은 시행착오와 고통이 사람의 정신을 강하게 단련시키고 성공할 수 있게 한다.
>
> — 헬렌 켈러

설리반 선생님을 만나기 전까지 헬렌 켈러의 부모는 아이를 지나치게 사랑함으로써 오히려 그녀를 망치고 있었다. 헬렌 켈러가 성공할 수 있었던 것은 바로 설리반 선생님이 강한 아이로 만들기 위해 지도했던 교육적 노력의 결과였다.

아이들의 인성은 어떻게 길러지는가

아이를 지나치게 사랑하는 부모는 대개 무엇이 옳은지보다는 무엇이 편한지에 따라 행동한다. 말하자면 장기적인 결과에 대한 올바른 이해를 기초로 판단하는 것이 아니라, 자신의 순간적인 감정에 치우쳐 아이를 양육한다. 이들은 인성이란 부모와 환경에 의해 학습되어지는 것이며, 다음에서 이야기하는 것들을 배워보는 경험을 통해서만 발달할 수 있다는 것을 인식하지 못한다.

- 자신과 다른 사람에 대한 존중
- 다른 사람과 지역사회의 복지를 위해 공헌하려는 의지
- 정직
- 성실
- 근면
- 자기 통제력
- 책임감
- 감사할 줄 아는 태도
- 용기
- 쾌활함

아이들의 인성은 타고나는 것이 아니다

아이들의 기질과 성격은 어느 정도 타고나는 것이지만, 인성은 타고나는 것이 아니다. 앞에서 말한 바와 같이 **인성이란 교육에 의해 길러지고, 경험을 통해 학습되는 것이다.** 다른 사람을 존중하고, 공정하게 행동하고, 책임감을 갖고 타인을 도울 줄 아는 태도는 훈계를 통해서 길러질 수 있는 것이 아니다. 훈계는 단지 방어하고 회피하게 만듦으로써 자아 개념을 손상시킬 뿐이다. 훈계를 듣는 동안 아이는 자신이 부적절한 사람이라는 감정에 빠지거나, 반항심을 갖거나, 아니면 더 이상 듣고 싶지 않다며 상황을 회피해버리고 만다. 실제로 부모의 훈계가 열 마디를 넘어가면 아이들은 거의 집중하지 않는다는 사실은 상당히 중요한 의미를 시사한다.

'교육'이란 뜻의 'education'이라는 말은 라틴어 'educare'에서 유래한 것으로 '앞으로 이끌어준다'는 뜻을 갖고 있다. 즉, 부모가 아이들에게 자신의 경험을 통해 문제를 해결하고, 다른 사람에게 공헌할 수 있는 사람이 되기 위한 여러 가지 학습 환경을 마련해주고 이끌어주어야 한다는 말이다. 그런데 많은 부모들이 아이들 머릿속에 좋은 말만 마구 채워 넣어주면 인성교육이 되는 줄 알고 있다. 이들은 자신의 양육 태도가 왜 효과가 없는지 어리둥절해한다.

인성교육에 꼭 필요한 네 가지 기본 욕구

우리는 이 책의 여러 부분에서 좋은 인성 발달의 기초가 되는 네 가지 요소에 대해서 두루 이야기하고 있다. 이 장에서 좀 더 종합적으로 정리해보고자 한다. 우선 인간에게 필요한 네 가지 기본 욕구는 무엇일까? 능력 있고, 사회에 공헌하고, 자신의 삶을 충분히 즐길 수 있는 사람이 되기 위해 아이들에게 필요한 것은 다음과 같다.

1. 소속감(집단의 중요한 구성원이라는 의식)과 인정감(집단의 구성원으로서 자신의 역할에 대해 인정받고 있다는 의식)
2. 유능감(어떤 일이든 해낼 수 있다는 자신의 능력에 대한 자신감)
3. 독립적인 판단력과 자율성
4. 개인의 행복뿐 아니라 사회에 공헌하기 위해 필요한 사회적 능력과 생존 능력

• 소속감과 인정감을 느끼고 있는가

부모에게 건강하고 행복한 아이로 키우는 데 가장 중요한 것이 무엇이냐고 묻는다면 한결같이 사랑이라고 대답할 것이다. 그러나 사랑 그 자체만으로 충분하지 않다. 그건 단지 시작일 뿐이다. 우리가 이 책에서 이야기하고 있는 것처럼 사랑에 대한 정의는 다양하다. 그 가운데 어떤 사랑은 아이에게 소속감과 인정받는다는 느낌을 주지 못한다.

아들러는 소속감은 인간의 기본 욕구로, 사람은 누구나 자신이 속할 수 있고 인정받을 수 있는 토대를 필요로 한다고 했다. 아이들이 능력 있고 자신감 있는 성인으로 자라기 위해 필요한 신념과 태도를 한마디로 표현하면 바로 소속감과 인정감이다.

<u>우리는 모두 어딘가 속해 있기를 원하고, 있는 그대로의 자신이 받아들여지고 조건 없이 사랑받기를 원한다.</u> 아이들은 더욱 강한 소속감의 욕구를 갖고 있다. 아이들은 자신이 소속되고, 조건 없이 사랑받을 수 있는 가족이 있다는 확신을 필요로 한다. 아이들이 자라면 이러한 소속감은 자연스럽게 또래가 만들어준다. (중고등학교 교실 복도에 한두 시간만 서 있어 보면 지나가는 많은 아이들이 왜 비슷한 문구가 쓰여진 옷을 입고, 유행하는 운동화와 머리 모양에 관심을 갖는지 알게 될 것이다.)

그런데 자신감 있고, 여러 가지 생존 능력을 가진 아이일수록 다른 사람에 의해 무조건적으로 영향을 받지 않는다. 반면 자신이 어딘가에 소속되어 있다는 것을 확신하지 못하는 아이는 소심하고 잘못된 행동을 하기 쉽다. 아이들의 잘못된 행동은 마치 "나를 좀 봐주세요. 나를 좀 끼워줘요. 내 감정을 이해해줘요. 나를 마음대로 하려고 하지 마세요"라고 소리치는 것이라고 생각해본 적은 없는가? 아이들의 잘못된 행동은 일종의 소속감에 대한 욕구 표현이다.

많은 사람들이 학교 내에서 일어나는 학교폭력 문제를 아주 심각하게 걱정하고 있다. 끔찍한 학교폭력 사건들은 우리 가정과 학교가 혁신적으로 바뀌어야 한다는 경각심마저 불러일으키고 있는 실정이다.

아이들은 소속감과 인정감을 느끼지 못하면 이를 보상받기 위해 잘못된 네 가지 목표 중에 어느 하나를 선택하게 된다. 즉 끝없는 관심을 요구하거나, 잘못된 힘을 행사하거나, 복수하려 하거나, 뻔히 잘못될 것을 알고 있는 행동을 거침없이 해버린다.

미국 FBI에서도 오늘날 학교폭력의 원인이 무엇인지에 관해서 조사한 적이 있다. FBI가 범죄를 저지른 청소년을 상담한 결과 가장 핵심적인 문제는 바로 이들에게 소속감과 인정감이 부족하다는 것이었다. 이들은 자신이 어디에도 소속되어 있지 않다고 믿었을 뿐 아니라, 사람들로부터 따돌림을 당하고 있다고 느꼈다. 그들은 마침내 또래집단에서 내쫓긴 이방인처럼 행동했고, 이것이 복수의 불을 당기게 한 원인이었다.

당신은 아마 이러한 예가 부모가 아이를 지나치게 사랑하는 것과 무슨 상관이 있을까 하고 의아해할지도 모른다. 이 극단적인 예는 바로 인간에게 필요한 네 가지 욕구의 중요성을 보여주는 것이다.

<u>문제는 아이를 지나치게 사랑하는 부모들이 아이의 소속감과 인정감에 너무 많은 신경을 씀으로써 오히려 아이에게 역효과를 불러일으킬 수 있다는 것이다.</u> 아이들은 부모가 지나치게 허용적이거나 통제적인 태도로 대할 때 어떤 소속감이나 인정감을 느끼지 못한다. 대신 부모가 나를 위해 무언가를 해줄 때, 끊임없는 관심을 쏟아줄 때, 언제나 나를 구원해줄 때, 무엇이든 지시할 때만 부모에게 속한 사람이라는 판단을 한다. 그래서 아이를 지나치게 사랑하는 경우, 아이가 자신

의 능력에 자신감을 갖고 내면으로부터 소속감과 인정감을 느낄 수 있도록 도와주는 게 아니라, 다른 사람에게 의존하려는 성향을 부추기는 꼴이 되고 만다.

아이에게 소속감과 인정감을 길러줄 수 있는 방법은 여러 가지가 있다. 우리가 가족회의에 대해 얘기하면서 이미 언급하기도 했지만, 이 장의 끝부분에 가서 좀 더 확장된 내용을 제시하고자 한다. 아이가 건강한 소속감과 인정감을 갖도록 도와주는 것이야말로 아이를 진정으로 사랑하는 초석이 될 것이다.

• 유능감을 키워주고 있는가

아이들이 자신의 능력을 시험할 수 있는 경험을 하지 않는다면 어떻게 자신이 능력 있는 사람이라는 신념을 키울 수 있을까? 그런데도 많은 부모가 아이들에게 너무 많은 것을 해줌으로써 그들이 직접 경험할 수 있는 기회를 빼앗고 있다.

아이들이 원하는 것과 필요로 하는 것은 아주 다르다. 아이들은 특별한 대우를 원한다. 하지만 특별한 대우는 아이들이 유능감을 얻을 수 있는 기회를 빼앗는 것이다. 아이들은 눈에 보이는 모든 장난감을 갖고 싶어 한다. 그러나 모든 장난감을 사주는 것은 아이에게 물질만능주의를 가르치는 것이며, 좌절을 극복할 수 있는 기회를 도둑질하는 것과 같다.

부모가 많은 것을 해줄수록 아이는 자신을 능력 있는 사람이라고 인식하지 못할뿐더러, 스스로 어려움을 극복하려는 노력도 하지 않게 된다. 단순히 아이에게 너는 능력 있는 사람이라고 말해주는 것은 아무런 의미가 없다. 말 그 자체의 영향력으로 유능감이 키워지는 게 아니다. 유능감은 오직 아이들이 직접 경험함으로써 키울 수 있다.

유능감과 자존감

다시 학교폭력에 대한 주제로 돌아가 보자. 많은 자녀 교육 전문가들이 아이들의 자존감을 강조해왔다. 아이들이 자신의 가치와 능력에 대해 어떻게 인식하느냐가 중요하다는 얘기다. 그렇다면 문제를 일으키는 학생은 자존감이 너무 낮은 것인가, 아니면 너무 높은 것인가?

1998년 미국 심리학회가 지원한 연구에서 아주 흥미로운 결과를 제시했다. 공격적인 성향이 두드러진 아이는 대체로 자신이 특별하고 뛰어나다는 의식을 강하게 갖고 있다는 것이다. 말하자면 나르시시즘과 같은 성향이 많다는 것이다. 그래서 다른 사람들이 자신의 능력을 인정해주고 칭찬해주지 않을 때 분노를 표출하거나 폭력을 행사한다는 것이다.

앞에서도 살펴보았듯이 <u>진정한 자존감이란 스스로 능력 있는 사람이 되기 위해 필요한 역량과 태도를 배우는 가운데 형성된 유능감에 대한 인식이다. 그런데 부모는 이런 경험을 직접 체험하도록 기회를 주기보다는 자신의 편의에 따라 아이를 대하려고 한다.</u>

유능감과 실수

부모는 아이가 성장하면서 저지르는 실수가 아이에게 치명적인 악영향을 줄 것이라고 생각한다. 그래서 부모가 알아서 해결해주거나, 그도 아니면 그런 실수가 생기지 않도록 아예 미리 모든 것을 예방하려고 한다.

그러나 아이의 실수에 대응하는 가장 좋은 방법은 아이가 자신의 실수를 받아들이고, 이를 스스로 해결하도록 도움을 주는 것이다. 그래야만 다음에 똑같은 실수를 저지르지 않는 방법을 터득한다. 실수에 대해서 벌을 주거나 부모가 알아서 뒤처리를 해주는 양육 태도는 아이의 유능감 발달에 전혀 도움이 되지 않는다. 아이의 실수는 더 중요한 것을 가르칠 수 있는 좋은 기회임을 알아야 한다.

마크 트웨인(Mark Twain)은 "훌륭한 판단은 경험에서부터 오는 것이며, 경험은 잘못된 판단에서부터 오는 것이다"라고 말했다. 아이들은 정말 '힘들고 어려운 방법'을 배울 수 있는 기회를 선택할 수 있어야 한다.

행동의 결과를 미리 탐색해보는 것은 아이의 유능감 발달에 매우 효과적이다. 결과에 대한 대가를 부여(이것은 벌을 위장한 비효과적인 방법이다)하는 대신, 아이에게 자신이 선택한 행동의 결과에 대해 탐색할 수 있는 기회를 주는 것이 중요하다. 좀 더 구체적으로 '어떻게'와 '무엇'이 포함된 질문을 사용해보자.

- 무슨 일이 생겼니?
- 그것을 해내려고 네가 어떻게 했니?
- 지금 벌어진 결과에 대해 너는 어떻게 생각하니?
- 이런 경험을 통해서 무엇을 배웠니?
- 이번에 깨달은 걸 가지고 다음에는 어떻게 잘할 수 있을까?
- 이 문제를 해결하려면 네가 어떻게 해야 할지 생각해보았니?

이 방법의 핵심은 바로 아이가 자신의 행동이 가져온 결과에 대해 충분히 탐색하고 반성하는 데 있다. 하지만 당신이 빈정거리는 듯한 말투로 이런 질문을 하거나, 당신이 원하는 대답이 나오길 기대한다면 효과를 볼 수 없을 것이다. 놀랍게도 아이들은 그 차이를 아주 잘 알아챈다. 아이는 자신의 말을 진심으로 들어주고 인정해준다는 것을 알면 자신의 실수에 대해 깊이 숙고해보고 자신이 갖고 있는 능력을 긍정적으로 발휘할 수 있게 될 것이다.

- **독립적인 판단력과 자율성을 건설적으로 사용하고 있는가**

부모들은 선뜻 받아들이지 못하지만 아이들도 독립적인 판단력을 갖고 있다. 문제는 그것을 어떻게 사용하는가이다. 아이들이 그것을 파괴적으로 사용할 것인지, 아니면 건설적으로 사용할 것인지, 이것을 다른 사람들과의 힘겨루기에 사용할 것인지, 아니면 사회에 공헌하기 위해 사용할 것인지가 중요하다.

지나치게 허용적인 부모는 아이에게 자신의 판단력을 부모를 조종하는 데 사용하도록 이끌고, 아이를 지나치게 통제하는 부모는 반항과 불평하는 데 사용하도록 가르치고 있다.

당신은 아이의 판단력을 보다 건설적인 방법으로 사용할 수 있도록 도와주고 있는가? 아이에게 선택할 권리를 주고 있는가? (물론 아이가 너무 어리면 좀 더 제한적인 선택의 폭을 주고, 성장할수록 그 선택의 폭을 넓혀주어야 한다.) 가족 간의 문제를 해결하기 위한 가족회의에서 브레인스토밍을 하거나, 일과 규칙과 행동 수칙을 만드는 과정에 아이들을 적극적으로 참여시키고 있는가? 아이에게 자신의 문제를 해결할 수 있는 기회를 주고, 아이의 해결 방안에 대해 신뢰를 보이고 있는가? 아이가 자신의 판단력을 사용해서 다른 사람을 도울 수 있다고 가르치고 있는가? 아이가 문제해결 능력을 직접 활용해볼 수 있는 기회를 주고 있는가?

위에 나열한 질문들을 잘 실천하기 위한 가장 좋은 방법은 무엇일까? 그건 바로 아이도 적극적으로 참여할 수 있는 효과적인 가족회의를 하는 것이다. 효과적인 가족회의에 관해서는 나중에 다시 구체적으로 언급하겠다.

• 사회적 능력과 생존 능력을 길러주고 있는가

아이에게 사회적 능력과 생존 능력을 학습할 수 있는 기회를 제공하는 것도 인성교육의 중요한 내용이다. 토머스 스탠리(Thomas J.

Stanley)는 『백만장자의 조건(The Millionaire Mind)』이라는 책을 쓰기 위해 수많은 백만장자들을 면담하면서 흥미로운 사실을 발견했다. 뜻밖에도 그들 대부분은 성공적인 사람이 되기 위한 조건으로 돈을 많이 버는 것을 꼽지 않았다. 사실 스탠리가 만난 백만장자 대부분이 자신이 모은 돈을 사회에 환원하였으며, 이에 대해 행복감을 느끼는 사람들이었다.

또한 백만장자가 되는 데 있어 우수한 학교 성적도 그리 중요한 요인이 아니라는 것이다. 그가 만난 사람들 대부분은 자신이 특별히 학식이 많거나 머리가 좋다고 생각하지 않았다. 그들이 배운 것은 끈기였으며, 자신을 조절할 수 있는 능력과 통찰력이었다. 다음의 다섯 가지가 바로 그들의 경제적 성공에 바탕이 된 능력이다.

1. 정직 : 모든 사람들에게 정직할 것
2. 자기 규율 : 자신을 통제하기 위한 규율을 갖는 것
3. 사회적 능력 : 다른 사람들과 조화롭게 지내는 것
4. 좋은 동료를 만나는 것
5. 성실할 것 : 다른 사람들에 비해 훨씬 열심히 일할 것

그렇다고 학교생활이 전혀 중요하지 않다는 것은 아니다. 하지만 많은 부모들이 너무 많은 시간을 아이가 숙제를 잘하는지, 성적이 좋은지를 점검하는 데만 쏟을 뿐, 아이에게 정직과 자기 통제력 그리고 사

회적 능력이나 성실성을 키울 수 있게 제대로 된 기회를 주지 않는다는 건 심각한 문제가 아닐 수 없다.

아이의 자기 통제력을 길러줄 수 있는 좋은 방법은 스스로 계획을 세우고 일과 규칙을 만드는 것이다. 아이가 자신이 만든 규율을 지키지 않을 때는 앞서 제시한 '어떻게'와 '무엇' 유형의 질문을 사용해서 실수의 결과를 탐색해보도록 한다. 때로는 실패가 가장 좋은 교육 방법이 될 수 있다.

아이로 하여금 무슨 일이 벌어졌는지, 무엇 때문에 그런 일이 벌어졌는지, 그 결과에 대해 어떻게 느끼는지, 그리고 앞으로 어떻게 하고 싶은지에 대해 반성하고 생각해보는 기회를 준다는 것은 얼마나 소중한 경험인가?

스탠리가 제시한 목록 중 세 번째는 동정, 존중, 감정 이입, 의사소통, 좋은 매너와 같은 사회적 능력을 말한다. 이는 사회에 공헌할 수 있는 사람으로 성장하기 위해 꼭 필요한 중요한 소양이다. 만약 뛰어난 학식이 자신만을 위해 사용되거나, 남을 해치는 것으로 사용된다면 도대체 무슨 의미가 있겠는가? 자기 규율과 열심히 일하려는 의지가 자신만을 위해 사용된다면 또한 무슨 의미가 있겠는가? 아이들이 남에게 받는 것만이 아니라 주는 법도 함께 배울 때 우리 사회는 행복해질 수 있을 것이다.

2000년 5월 11일자 『USA 투데이』지에는 이 신문사가 주관한 '미국 고등학생의 자원봉사 활동 프로젝트'에 관한 기사가 실렸다. 이 프로젝트에 참여하고 있는 학생들은 모두 사회에 공헌할 수 있는 활동을 하고 있었고, 그들의 프로젝트 내용은 다음과 같다.

- 저소득층 자녀나 혜택받지 못한 아이들을 위한 개인 지도
- 노숙자 자녀를 위한 개인 지도
- 양로원 및 환자 요양소 방문 음악 연주
- 치매 환자를 위한 음악 자극 프로그램 제공
- 국제적인 문맹 퇴치를 위한 언어교육협회 창단
- 인터넷 개인 지도자 모임 창설
- 자원봉사자를 위한 모임 창설
- 병원 자원봉사

인성 발달을 도와주는 가족회의

가족회의의 중요한 목적 중 하나는 아이들이 가족을 위해 공헌할 수 있는 일을 찾을 수 있도록 도와주는 것이다. 인성이란 아이 스스로 만들어가는 것이 아니라 교육에 의해 다듬어지는 것이므로 부모는 가족회의를 통해 아이들의 인성 발달을 도모할 수 있는 기회를 제공해주어야 한다.

앞서 제시한 것처럼 아이들의 네 가지 정서적 기본 욕구, 즉 소속감과 인정감, 유능감, 독립적인 판단력과 자율성, 사회적 능력과 생존 능력이 충족될 때 인성이 발달할 수 있다. 이러한 정서적 기본 욕구를 충족시켜줄 수 있는 가장 간단하면서도 영향력 있는 방법 중의 하나가 바로 지속적으로 가족회의를 하는 것이다.

아이들은 가족회의에 참여함으로써 자신이 존중받고 있으며, 의미 있는 공헌을 하고 있다고 느끼게 된다. 부모, 즉 가족이 자신의 생각에 귀를 기울이고, 자신의 의견을 신중하게 고려해준다는 것을 인식함으로써 아이는 소속감과 인정감을 느낄 수 있다. 또한 가족회의를 통해 아이들이 유능감을 느끼고, 그들의 능력을 유용하게 사용할 수 있도록 일깨워준다면 사회적 능력과 생존 능력을 학습할 수 있다.

요즘처럼 바쁜 시대에는 온 가족이 함께 모이는 시간을 갖는다는 것이 매우 어려운 일이므로, 가족회의는 정해진 시간에 규칙적으로 갖는 것이 중요하다. 가능하다면 아이들의 사고 수준을 생각해 매주 진행하는 것이 좋겠지만, 여의치 않다면 조정할 수 있다. 하지만 중요한 것은 개인적인 일이나 다른 모임만큼 가족 모임 또한 중요하다는 것을 아이들에게 인식시켜주는 것이다.

가족회의는 처음에는 좋은 일이나 감사해야 할 일에 대해서 이야기를 나누며 시작한다. 그리고 그 주에 있었던 문제에 대한 해결책을 함께 의논한다. 마지막에는 가족 간에 함께할 수 있는 즐거운 놀이나 행사를 계획하는 것으로 마무리한다.

사실 가족이 모여 놀이나 행사를 하면서 즐거운 시간을 갖는 것이 쉽지는 않다. 하지만 한 달에 한 번이라도 가족이 즐거운 시간을 함께 보낼 수 있는 놀이나 행사를 계획해보자. 그러한 과정에서 아이들은 가족이라도 서로 생각이 다를 수도 있다는 것을 알게 되고, 타인과 의사소통하는 방법을 배울 수 있다. 브레인스토밍 등의 방법을 통해 다 함께 문제를 해결하는 과정을 경험할 수도 있다.

무엇보다 중요한 것은 우선 참여하는 것이다. 아이들은 가족회의의 구성원으로서 참여하면서 자신이 가족 내에서 중요한 존재라는 자존감을 얻을 수 있다. 아이가 규칙에 대한 의견을 제시하고, 결정 과정에 참여하면 그 규칙을 더 잘 지키려는 동기를 갖게 된다. 소속감과 인정감을 형성하고, 독립적인 판단력과 자율성을 보다 건설적으로 사용하게 된다. 부모가 아이의 의견을 존중하는 모습을 통해 아이 또한 타인을 배려하고 존중하는 인성을 기를 수 있다. 바로 이것이 아이들에게 행복한 개인으로, 또 사회에 공헌할 수 있는 공동체의 구성원으로 성장하는 데 필요한 인성을 키워주는 길이다.

가족 간 놀이와 행사를 위한 계획

1. 재미있는 놀이나 행사 계획을 기록할 수 있는 표(아래 참조)를 만들고 브레인스토밍을 한다. 각 항목마다 돈이 안 드는 것과 비용이 드는 활동을 나눠 적는다.

2. 이 표를 복사해서 가족 모두에게 나눠주고, 다음 가족회의 때까지 작성하여 제출하도록 한다.
3. 가족회의를 열고, 서로 작성한 목록을 공유한다. 그리고 각 항목에 맞는 몇 가지를 선택한 뒤 언제 할 것인지 결정한다. 그다음은 각각 혼자 하고 싶은 일을 정하고 날짜도 결정한다. 믿기지 않겠지만, 어린아이도 스스로 여가를 즐길 수 있는 일을 계획할 수 있다. 이런 과정이 번거롭게 느껴진다면, 당신이 선택할 대안이란 스스로 가족의 대장이 되어 마음대로 일을 계획하고 따르도록 한 후, 재미없다는 가족들의 끊임없는 불만을 듣는 것뿐이다.

계획표

가족이 함께할 수 있는 것		부부가 함께할 수 있는 것		혼자 할 것	
돈이 안 드는 것	비용	돈이 안 드는 것	비용	돈이 안 드는 것	비용

• **일과 규칙 만들기**

아이를 진정으로 사랑하는 가장 좋은 방법 중 하나는 일과에 관한 규칙을 만드는 것이다. 일과 규칙 만들기가 왜 중요할까? 아마도 아침이면 아이를 유치원이나 학교에 보내려고 씨름해본 적이 있다면, 또

적절한 시간에 잠자리에 들도록 하기 위해 실랑이를 벌여본 적이 있다면 일과 규칙을 만드는 일의 중요성을 이해할 것이다.

<mark>어른들은 어떤 일이 반복되는 것에 대해서 쉽게 지루함을 느끼는 반면, 아이들은 오히려 그런 예측 가능한 것과 일관성 있는 것에 대해서 편안함을 느낀다.</mark> 매일 이루어지는 일상을 잘 조직한 일과표는 부모에게 멋진 대장으로서의 경험을 만끽하게 해준다. 왜냐하면 일과표를 잘 만들고 나서 부모가 해야 할 일이란 단지 "다음엔 무엇을 해야 하지?" 하고 아이에게 묻기만 하면 되기 때문이다.

일과표는 가족회의에서 만드는 것이 좋다. 취침과 기상, 식사 시간에 관한 규칙, 숙제에 관한 규칙을 만들어보자. 이때 아이가 일과 규칙을 만드는 과정에 함께 참여해야만 더 잘 지키려고 노력한다는 것을 꼭 명심하자.

- **감사하는 태도 가르치기**

좋은 인성의 기본 가운데 하나가 감사하는 마음과 태도이다. 이런 태도는 타고나는 것이 아니다. <mark>감사하는 태도는 가르쳐야 하는 것이며 부모가 훌륭한 모델로서의 역할을 할 수 있다.</mark> 예컨대, 잠자기 전에 오늘 하루 중 감사하게 느낀 것에 대해 이야기를 나눠볼 수 있다. 정기적으로 가족회의를 통해 감사하기 활동을 해볼 수도 있다.

> **감사하기 활동**
>
> 1. 가족회의가 끝날 무렵 종이를 한 장씩 나눠 갖고, 자신이 고마움을 느꼈던 일들을 적어 계속 파일에 보관한다.
> 2. 식사 중에 고마운 마음을 전할 사람에 대해 이야기를 나눈다.
> 3. 명절이나 크리스마스 파티 때 등 가족 행사에서 그동안 적어두었던 고마운 일들에 대해 함께 읽는다.

• 가족 좌우명 만들기

가족의 좌우명을 만들어보는 것도 아이에게 가족 구성원으로서의 소속감을 느끼게 해주는 좋은 방법이다. 아마도 거의 대부분의 가정에서는 특별히 종이에 적어 기록하지는 않아도 우리 가족만의 좌우명을 갖고 있을 것이다.

좌우명이란 긍정적 메시지를 담고 있거나 격려해주는 것일 수도 있고, 또 통제적인 것일 수도 있다. 부모 교육 워크숍에 참여한 한 어머니는 어릴 적 자기 가족의 좌우명이 '너 자신을 쓰러뜨려라. 완벽하지 않은 건 좋은 것이 아니다'였다면서 웃으며 이야기한 적이 있다. 그녀는 비록 좌우명을 집 어딘가에 적어놓은 것은 아니지만, 지금껏 자신의 삶에 상당한 영향을 미친 것 같다고 말했다.

당신의 어린 시절에는 어떤 가족 좌우명이 있었는가? 당신의 자녀에게는 가족 좌우명을 통해 어떤 신념을 전달하고 싶은가? 당신이 만든 가족 좌우명을 통해 무엇이 이루어지길 원하는가?

자, 이제부터 매달 한 가지씩 가족 좌우명을 만들어 그 의미를 아이들과 함께 나누고 실천해보자. 다음의 예시는 가족 좌우명으로 좋은 본보기가 될 것이다.

1. 서로를 사랑하고 지지해준다.
2. 가치 있는 일은 즐거움을 준다.
3. 단 한 사람에게 필요한 일이라도 할 만한 가치가 있다.
4. 실수란 중요한 것을 배울 수 있는 기회이다.
5. 우리는 어떤 문제이든 훌륭하게 해결할 수 있다.
6. 비난보다는 해결 방법을 찾는다.
7. 감사하는 마음을 갖자.

가족 좌우명 만들기

1. 매달 모든 가족이 모여 가족 좌우명을 결정한다.
2. 첫 주 : 모두에게 가족 좌우명을 쓴 종이를 나눠준다. (아이에게 이 종이를 예쁘게 꾸며보도록 해도 좋다.) 일주일 동안 이 좌우명의 의미가 무엇인지 생각해보고 적어보도록 한다. (어린아이를 위해서 부모가 아이의 말을 받아 적어준다.)
3. 둘째 주 : 가족회의를 열어 지난 일주일 동안 정리한 각자의 생각을 이야기해본다. 각자가 적은 종이를 모아 파일에 보관한다. 또

다른 가족 좌우명을 나눠 주고 그 좌우명이 의미하는 바를 그림으로 그려보도록 한다. 시간을 정해 함께 모여서 해도 좋다.
4. 셋째 주 : 가족회의를 열어 각자 그린 것에 대해 발표하고 이야기를 나눈다. 각자의 그림을 냉장고 또는 적절한 곳에 붙여놓는다. 그리고 가족 좌우명을 실천하기 위해서 다음 주 동안 어떻게 생활할지에 대해서도 이야기를 나눈다.
5. 넷째 주 : 가족회의를 열고 지난주 좌우명을 실천하기 위해 어떤 일을 실제로 해보았는지 이야기 나눈다. 다음 달의 좌우명을 무엇으로 할지 각자 생각해보기로 하고 마무리한다.
6. 다음 달 첫째 주 : 지난달에 그린 좌우명에 관한 그림을 가족 파일에 보관하고, 새로운 좌우명을 결정하고 위의 과정을 반복한다.

- **식사 계획표 세우기**

당신의 가정은 식단을 계획하고, 장을 보고, 식사를 준비하고, 설거지하는 일을 한 사람이 담당하는가, 아니면 가족이 함께 참여하는가? 아이들을 이 과정에 참여시킴으로써 사회적 능력과 생존 능력을 길러줄 수 있는 좋은 기회라고 생각해본 적은 없는가? 실제로 어린아이들도 샌드위치나 야채샐러드 만들기, 과일 씻기와 같은 식사 준비를 충분히 할 수 있다. 다음에 제시한 가족 식사 계획 활동을 시도해보자.

식사 계획을 위한 가족회의

1. 가족을 위한 식사 계획표를 만들어서 한 주의 식단 계획을 세워 본다.
2. 요리에 관한 잡지나 책을 준비한다. 아이들에게 스스로 만들어보고 싶은 요리를 선택하게 한다. 부모 역시 선택한다. 이렇게 선택한 것을 잘라 가족 요리책을 만드는 것도 좋은 방법이다. 여기에 붙여놓은 요리를 하나씩 해먹어 보고, 그중에서 맛있었던 것들을 체크해놓는다.
3. 가족이 맛있다고 인정한 요리의 재료와 만드는 방법 등을 카드로 만들어서 일정한 장소에 보관한다.
4. 장보는 날을 정해 온 가족이 함께 간다. 큰 아이들은 장바구니를 들게 하고, 두 가지 정도의 요리 카드를 보면서 필요한 재료를 찾아오게 한다. 어떤 요리든 기본적으로 필요한 재료(설탕, 밀가루, 깨소금 등의 양념)는 한 사람이 맡아서 준비하게 하면 어린아이들도 충분히 식사 준비를 도울 수 있다.

가족 식사 계획표

	요리 당번	주 요리	반찬	샐러드	후식
월요일					
화요일					
기타					

• 남의 장점을 보는 눈 기르기

현대 기업 경영의 창시자인 톰 피터스(Tom Peters)는 저서 『초우량 기업의 조건(In Search of Excellence: Lessons from America's Best-Run Companies)』에서 성공한 사람들에게는 타인의 좋은 점을 잘 알아보는 능력이 있다고 했다.

<u>당신도 아이가 타인의 장점을 알아볼 수 있는 눈을 키울 수 있도록 도와줄 수 있다. 가정 안에서 시작하면 된다. 서로의 장점을 보려 노력하고, 이를 말로 표현할 때 가족 분위기도 한결 좋아진다.</u>

그러나 아이들이 완벽하게 따라줄 것이라고 기대해서는 안 된다. 아이들 간에 일어나는 다툼은 지극히 정상적인 일이기 때문이다. 다만 아이들이 서로에 대해 칭찬을 주고받는 일을 일상적으로 하다 보면 형제 간에 일어날 수 있는 좋지 않은 긴장감이 많이 줄어들 것이다.

가족 칭찬하기 활동

1. 칭찬 거리를 기록할 수 있는 종이를 냉장고에 붙여놓는다.
2. 칭찬해줄 만한 일을 한 사람을 보면 종이에 적는다. 만약 아이가 칭찬받을 만한 일을 보고도 잘 인식하지 못하면 "저 사람에 대해 종이에 적으면 어떨까?" 하고 묻는다. 물론 아이가 잘 이해할 때쯤 되면 더 이상 물을 필요가 없다.
3. 가족회의를 시작할 때 종이에 적힌 칭찬 내용을 함께 읽는다.

4. 만약 적지 않은 것이 있다면 직접 말로 할 수 있는 기회를 준다.
5. 모든 가족이 적어도 한 가지의 칭찬을 받을 수 있도록 신경 쓴다.
6. 칭찬을 기록한 종이를 파일에 잘 보관한다. 다음 주를 위해 또 다른 종이를 냉장고에 붙인다.

사회에 대한 관심

아들러는 심신이 건강한 사람들이 갖고 있는 특성을 'Gemeinschaftsgefühl'이라고 표현했다. 다른 많은 독일어처럼 정확하게 번역하기는 어렵지만, 대략적으로 '사회에 대한 관심'이라고 말할 수 있다.

이 말에는 상당히 많은 의미가 내포되어 있다. 우선 사회를 살아가는 개인의 태도를 의미하며, 보다 나은 미래를 추구하는 관심을 포함한다. 그리고 내가 몸담고 있는 공동체에 대한 인식, 즉 함께 살아가는 사람들과 주변 환경, 그리고 사회적 관계를 형성할 수 있는 모든 대상에 대한 관심을 의미한다. 그것은 또한 자신과 다른 사람들이 올바르게 살아갈 수 있도록 실천하려는 욕구를 의미하기도 한다.

사회에 대한 관심이란 자기중심적인 것과는 상반되는 개념이다. 그런데 오늘날 많은 젊은이들은 자기중심적인 특성을 갖고 있다는 것이 안타깝다. 아들러는 심신이 건강한 사람들은 지역사회와 공동체 그리고 주변 세계에 공헌하려는 동기를 교육받은 이들이라고 정의하고 있다. 만약 우리 아이들이 사회에 대한 진정한 관심을 가진 사람으로 성장한다면 우리의 가족, 이웃, 학교, 세계가 어떻게 될지 한번 상상해보라. 물론 아이들에게 이런 특성을 길러주는 일이 결코 쉽지 않은 도전이 되겠지만, 모든 부모들은 이 도전에 앞장서야 할 것이다.

10장

아이가 원하는 것과
아이에게 필요한 것은 다르다

다섯 살의 마리사와 그녀의 엄마는 덴버에서 비행기를 타고 할아버지, 할머니가 사는 샌프란시스코로 여행을 가는 중이었다. 엄마는 책을 읽고 있었고, 마리사는 무엇을 할지 찾고 있었다. 엄마는 작은 장난감 가방을 가져왔지만, 마리사는 어릴 때 가지고 놀던 장난감에는 별 관심이 없었다. 마리사는 앞좌석을 발로 차기도 하고, 앞좌석에 달린 식사판을 내렸다 올렸다 하면서 아주 불만스런 표정으로 앉아 있었다. 앞좌석에 앉은 승객이 아이를 무표정하게 돌아보았고, 엄마는 책에서 눈을 떼지 않은 채 마리사에게 그만하라고 말했다.

그러자 마리사는 옆에 앉아 있는 한 남자 승객에게로 관심을 돌렸다. 그는 노트북으로 뭔가를 열심히 작업하고 있었다. 마리사는 장난스럽게 웃음을 지으며 노트북의 키 하나를 살짝 눌렀다. 남자 승객은 웃는 얼굴로 "컴퓨터는 참 재미있는 거지? 그런데 아저씨가 지금 중요한 일을 하고 있으니까 다음에는 이렇게 만지지 말자" 하고 말했다. 장난기가 발동한 마리사는 또 다른 키를 눌렀고, 동시에 엄마가 아이의 손을 낚아채며 하지 말라고 말했다.

　마리사는 순간 기분이 나빴지만, 때마침 스튜어디스가 간식을 갖고 오자 이내 풀어졌다. 마리사는 음료수를 받고 과자를 두 개 더 달라고 했다. 그런데 그만 마리사가 음료수를 쏟아 옆 승객이 보고 있던 서류가 젖고 말았다. 엄마는 서둘러 아이와 자리를 바꿔 앉은 뒤 아이의 의자를 뒤로 눕혀 억지로 재우려 했다. 아직도 샌프란시스코까지 가려면 두 시간이 넘게 남았으므로.

　과연 마리사 엄마의 행동에 무슨 잘못이 있는 걸까? 아마도 아이와 함께 비행기를 타보았거나, 쇼핑을 해보았거나, 또는 식당에 가본 적이 있는 사람이라면 비슷한 경험을 한 적이 있을 것이다. 마리사의 모습을 지켜본 많은 사람들이 아이에게 훈계가 필요하다고 생각했을 것이다. 정말 그렇게 다루어야 하는 것일까?

　쉽게 지루해하고, 혼자서 놀 수 있는 시간이 그리 길지 않은 아이들은 어른들로부터 끊임없는 관심과 특별한 배려를 받고 싶어 한다. 아니면 부모의 심기를 크게 건드리지 않는 선에서 부모를 조종하는 방법을 익혀 자신의 요구를 관철시키려 한다.

　많은 부모들이 아이에게 타인에 대한 배려와 자기 통제력, 책임감 등 다른 사람과 함께 살아가는 데 필요한 태도를 어떻게 길러주어야 하는지 어려워한다. 이런 능력은 아이 스스로 개발할 수 있는 것이 아니고, 경험과 교육을 통해 키울 수 있다.

아이를 평생 응석받이나 의존적으로 살게 하고 싶은 부모는 없다. 그렇다면 강요나 억압 같은 외적 요인에 의해서가 아니라 스스로의 힘으로 책임감 강한 아이로 성장하도록 도와야 한다. 이를 위해 기본이 되는 가치관과 특성을 불어 넣어주는 것이 좋다. 이미 소속감, 인정감, 사회적 능력 등 여러 가지를 소개했는데, 다음의 것들도 매우 중요하다.

- 상호간의 존중과 존엄성
- 일곱 가지 삶의 중요한 가치
- 사회에 대한 관심
- 자신의 감정을 인식하고 조절하기

상호 존중하고 존엄성을 인정하는 태도

기성세대는 요즘 젊은이들에게는 다른 사람을 존중하는 태도가 부족하다고 말한다. 하지만 남을 존중하고, 예의 바르며, 감사할 줄 아는 젊은이도 많다. 나이에 상관없이 상호 존중하는 태도는 건강한 관계 형성을 위해 아주 중요한 것이다. 그렇다면 아이들은 그것을 어떻게 배울 수 있을까?

최근 어느 인터넷 커뮤니티에 한 아버지가 의견을 올려놓았는데, 자신은 요즘 새롭게 유행하는 부모 역할과 양육 태도에 대해서 공감하기 힘들다는 내용이었다. 그는 "우리 아이들은 내가 겁을 줄 때만 나를 존중할 겁니다. 그리고 나는 어떻게 하면 아이들이 나를 무서워하는지도 알고 있지요" 하고 말했다.

과연 무서워하는 것과 존중하는 것이 같을까? 우리는 존중에 담긴 중요한 요소 중 하나가 사랑이라고 알고 있다. 그런데 사랑이라는 말처럼 존중이라는 말도 많은 의미를 갖고 있다. 당신이 존중하고 있는 어떤 사람을 한번 떠올려보자. 당신은 왜 그를 존중하는가? 그 사람이 갖고 있는 특별한 점은 무엇인가? 당신의 아이가 부모에게 그런 마음을 갖기를 원하는가?

남을 존중한다는 것은 비록 자신과 다른 생각과 감정을 갖고 있더라도 그들의 생각과 가치관 그리고 타고난 존엄성에 가치를 부여하는 것을 뜻한다. 또 <u>상호 존중한다는 것은 다른 사람뿐 아니라 자신에게도 가치를 부여하고, 그를 위해 스스로를 통제할 수 있음을 이해한다는 걸 의미한다.</u>

예를 들어, 말대답을 하는 아이에게 "넌 엄마에게 그런 식으로 말할 수 없어"라고 반응하는 것은 너무나 바보 같은 일이다. 이미 아이가 그런 행동을 했기 때문이다. 벌을 주는 것 역시 아무런 효과가 없다. 그와 같은 방법은 그저 잠시 아이의 잘못된 행동이 겉으로 드러나지 않게 만들 뿐이다. 아이가 작은 목소리로 뭐라고 중얼거리는 소리를 들었을 때, 당신이 "지금 뭐라고 했지?"라고 묻는다면 아이는 분명히 "아무 말도 안 했어요" 하고 말할 것이다. 오히려 그럴 때는 "엄마는 네가 그렇게 버릇없이 말하는 걸 참을 수 없어. 우리 둘 다 서로를 존중해줄 수 있을 때 다시 얘기하자"라고 말하는 것이 보다 효과적이다. 그러고는 그 자리를 떠나면 된다. 그다음에는 그 문제를 가족회의에서 하나의 안건으로 올려놓는다.

또한 부모가 다른 사람은 물론 부부 간에도 상대방을 존중하는 모범을 보이면 아이들도 자연스럽게 타인을 존중하는 태도와 방법을 배우게 된다. 반대로 부모가 다른 사람을 함부로 대하고, 공공장소에서 무례한 행동을 보인다면 당신의 아이도 똑같이 남을 배려하지 않는 태도를 배우게 될 것이다.

존중이란 개념을 연구한 선구자로서 아들러의 이론을 인용하면, 존중이란 똑같다는 차원의 의미가 아닌 평등의 개념을 갖고 있다. 평등이란 어린아이뿐만 아니라 모든 사람들이 서로 간의 차이에도 불구하고 똑같이 존중받아야 함을 의미한다. 그래서 아들러는 어린아이들을 포함한 모든 사람이 존중받고 존엄성을 인정받아야 한다고 말했다.

어린아이들을 존중한다는 것이 그들에게 어른의 권리와 특권을 준다는 의미는 아니다. 이는 아이들에게 수치심과 모욕감을 주는 방법으로 교육시키지 않고, 벌을 주기보다는 실수를 통해 배울 수 있는 기회를 주고, 아이에게도 성인과 똑같은 존엄성이 있다는 사실을 수용하라는 의미이다.

가정에서도 부부 간에 서로 존중하지 않거나 다른 사람을 무시하면서 아이의 요구만 들어준다면, 아이는 다른 사람의 권리나 감정 따위는 중요하게 생각하지 않는 사람으로 성장할 것이다. 다시 말해서 가족 중에서 오로지 아이만이 소속감과 인정감을 가져야 하는 존재가 아니라는 것이다. 그런데 부모들은 그렇게 하고 있다. 남을 존중하는 법을 경험하도록 도와주는 것이 진정으로 아이를 사랑하는 방법이다.

서로를 존중하고 존엄성을 인정하는 태도는 소속감이나 인정감과도 관련이 있다. 앞에서 예로 들었던 마리사의 경우도 어른들로부터 관심을 끌어 소속감을 느끼고자 했다. 아무도 자신에게 관심을 두지 않았을 때 아이는 관심을 끌 수 있는 아주 효과적인 방법을 찾았던 것이다. 문제는 그것이 통했다는 데 있다. 즉, 부모는 잘못된 방법으로 아이의 실수에 주의를 기울였고, 의도하지는 않았지만 결국 그런 행동을 더욱 강화하는 결과를 낳았다.

일곱 가지 중요한 삶의 가치

글렌(H. Stephen Glenn)과 넬슨(Jane Nelsen)의 『독립심이 강한 아이로 키우는 부모의 지혜(Raising Self-Reliant Children in a Self-Indulgent World)』라는 책에서는 어른뿐만 아니라 어린아이들이 성공적이고 효과적인 삶을 살아갈 수 있도록 도와주는 '일곱 가지 삶의 가치'를 제시하고 있다. 이는 세 가지의 인식과 네 가지의 능력으로 이루어져 있다.

1. 자신의 능력에 대한 긍정적 인식 : 나는 직면한 문제를 해결하고 경험 속에서 힘과 지혜를 얻을 수 있는 능력이 있다.
2. 자기 존재에 대해 인정받고 있다는 인식 : 나의 삶은 의미 있으며 뚜렷한 목적을 갖고 있다. 나는 독특하고 의미 있는 방식으로 다른 사람들에게 공헌할 수 있다.
3. 자신이 삶의 주인이라는 인식 : 나는 내 삶을 스스로 계획하며 나의 행동과 선택에 대해 책임을 진다.
4. 자기 통제력 : 자기 평가와 자기 통제 그리고 자기 훈육을 통해 개인의 정서를 조절할 수 있는 능력
5. 긍정적 대인관계 : 다른 사람과 효과적으로 의사소통하고, 협상하고, 나누고, 감정 이입하고 협력할 수 있는 능력
6. 문제해결 능력 : 책임감, 적응력, 융통성, 정직함을 바탕으로 일상생활에서 일어나는 일의 한계가 무엇인지 알고, 그 결과에 제대로 대처할 수 있는 능력
7. 판단력 : 도덕과 윤리, 지혜와 지식에 기초하여 판단할 수 있는 능력

솔직히 어른도 이런 소양을 제대로 갖추고 있는 사람이 드물다. 또 지나치게 아이를 사랑하는 방법으로는 이런 소양을 키워주지 못한다. 어떻게 해야 아이들에게 이런 소양을 길러줄 수 있을까?

아이를 지나치게 사랑하는 부모들이 가장 저지르기 쉬운 잘못 중 하

나가 바로 아이를 위해 모든 것을 대신 해주는 것이다. 겉으로는 그것이 정말 아이를 사랑하는 것처럼 보인다. 그러나 <u>아이를 위해 부모가 무엇이든 해주는 것은 아이들에게 스스로는 아무것도 할 수 없다는 인식을 심어줄 수 있어 매우 위험하다.</u>

부모 교육 워크숍에서 아들을 둔 한 어머니가 고민을 털어놓았다. 아이가 늘 겉옷이나 과제물 등을 잊어버리고 챙겨가지 않는다는 것이다. 강사가 그런 경우 어떻게 하느냐고 묻자 그녀는 매일 아침마다 아이가 놓고 간 것을 들고 학교로 뛰어간다고 했다. 그녀는 아들이 감기에 걸리거나 성적이 떨어지길 원하지 않기 때문에 그렇게 할 수밖에 없다고 말했다.

엄마가 매일 아들의 실수를 메워주기 위해 동분서주하는 한, 그 아이는 일과를 스스로 계획하거나 자신을 통제하는 능력을 키울 수 없다. 아마도 당신은 이 아이가 감기에 걸리든, 과제물을 가져오지 않았다고 선생님에게 꾸중을 듣든 그냥 내버려두면 어느새 아이 스스로를 챙기게 된다는 사실에 깜짝 놀랄 것이다. 숙제 한 번 가져가 않았다고 큰일이 나지 않을뿐더러, 겉옷 한 번 입지 않았다고 해서 불치의 병에 걸리는 것도 아니다.

그렇다고 아이에게 벌을 주기 위해 일부러 아이를 방치하라는 뜻은 아니다. 대신 "옷을 가져가지 않아 하루 종일 추웠어. 그런 일이 생기지 않도록 하려면 어떻게 해야 할까?" 하는 질문을 아이 스스로 하게 함으로써 자신의 행동이 가져온 결과를 탐색해볼 수 있는 기회를 주어야 한다.

가장 권장할 만한 방법 중 하나는 아이에게 성공적인 사람이 되기 위해 필요한 여러 가지 능력을 가르치는 것이다. 문제는 아이를 가르치는 데 인내와 시간이 요구된다는 것이다. 그래서 많은 부모들이 그 순간만 넘기면 된다는 식으로 좀 더 쉬운 방법을 찾게 된다.

혼자서 아이를 키우는 마크는 빨래하는 날이 제일 괴롭다. 열 살인 그의 딸은 옷을 벗어서 세탁 바구니에 넣는 법이 없었다. 그래서 빨래하는 날마다 옷장이며 서랍, 침대 밑을 샅샅이 뒤져야 했다. 마크는 딸의 버릇을 고쳐주려고 정말이지 별별 방법을 다 써보았다. 훈계도 해보고, 위협도 해보고, 빨래를 해주지 않고 방 안에 쌓일 때까지 놓아두기도 했다. 그러나 아무것도 바뀌지 않았다. 끝내는 아빠가 포기하고 온 방 안을 뒤져 빨래를 해주었다.

마크는 어느 날 친구에게 딸의 버릇에 대해 하소연했다. 그 친구는 "왜 네가 아이를 따라다니면서 해주니? 그러면 아이가 빨래를 세탁 바구니에 넣어야 한다는 걸 어떻게 깨달을 수 있겠어?" 하고 물었다. 마크는 할 말이 없었다. 그제야 딸아이가 스스로 빨래를 하고 정리할 줄 알아야 할 때가 되면 과연 잘 해낼 수 있을지 걱정이 되었다.

주말 오후 마크는 딸아이를 불러 차분하지만 단호하게 말했다.

"아빠는 네가 아무데나 던져놓은 빨랫감을 찾아 세탁하는 일이 너무 힘들어. 그러다 보면 빠뜨리는 것도 있고, 정작 네가 필요할 때 입을 수 없는 일도 생겼지. 자, 이제부터는 세탁 바구니에 들어 있는 것만 빨래할 거야. 양말도 거꾸로 뒤집어놓은 건 빨지 않을 거야. 그러니까 앞으로 빨래가 안 된 것은 바로 네 책임이야. 그리고 세탁기를 사용하는 방법을 알려줄게."

딸아이는 아무렇지 않다는 듯 "마음대로 하세요"라고 대답했다.

월요일 아침이 되자 마크가 예상했던 일이 벌어졌다. 아이가 입고 갈 옷이 하나도 없었던 것이다. 딸아이는 "지금까지 계속 아빠가 빨아주셨잖아요" 하면서 불평을 했다.

마크는 "그랬지. 하지만 세탁 바구니에 있는 것만 빨겠다고 이미 맘을 했잖니. 그 옷을 그대로 입든지, 아니면 오늘 밤에 네가 스스로 빨든지 해야겠구나"라는 말을 던지고는 방을 나와 버렸다. 마크는 딸아이를 도와주고 싶었지만 꾹 참고 아이가 스스로 문제를 해결하도록 내버려두었다.

드디어 마크의 행동이 잘한 것임을 확인할 수 있는 일이 생겼다. 저녁 식사를 준비하는 동안 딸아이는 식탁에 앉으면서 이렇게 말했다.

"오늘 아침에는 죄송했어요. 세탁기 사용 방법을 한 번만 더 가르쳐 주세요. 지금 막 제 침대 밑에서 더러운 청바지를 발견했거든요."

"좋아. 이리 와 봐. 먼저 내가 지금 하고 있는 카레 만드는 법을 알려줄게. 오늘 어떻게 지냈는지 이야기 좀 해줄래? 그리고 저녁 먹고 나서 세탁기 사용법을 알려주마."

이후로 딸아이와 갈등을 빚는 일이 간혹 있긴 했지만, 시간이 지나면서 마크는 아이가 스스로 자기 일을 처리할 수 있음을 신뢰하게 되었다. 말하자면 마크는 덜 까다로워졌고, 아이는 자신의 생활을 스스로 조절하고 처리할 수 있다는 데 자부심을 느끼기 시작했다. 이렇게 서로가 변화하려는 과정은 많은 노력과 인내를 필요로 하지만, 아이의 밝은 미래를 보장해주는 방법임에는 틀림없다.

많은 부모들이 <u>아이들에게 삶의 역경을 스스로 극복할 수 있는 능력과 자신감을 길러주는 데 도움을 주어야 한다.</u> 유능감과 자신감은 보상이나 칭찬, 웃는 얼굴, 또는 과잉보호를 통해서 가르칠 수 있는 것이 아니다. 아이들은 살아가는 데 필요한 능력을 배우고 직접 경험해볼 수 있는 기회가 필요하다. 아이들은 실수를 통해 배움으로써 자신의 성공 경험을 즐길 수 있어야 한다.

부모가 언제나 아이 곁에서 삶의 문제를 해결해줄 수는 없다. 진정으로 아이를 사랑하는 것은 어렵고 힘든 세상에서 성공적으로 살아가기 위해 꼭 필요한 기술을 배울 수 있도록 도와주는 것이다. 그리고 문제의 해결책을 탐색해보고, 결과를 통해 깨닫는 과정에서 삶에 대한 여러 가지 판단을 할 수 있는 기회를 주는 것이다.

사회에 대한 관심과 다른 사람을 배려하는 태도

앞에서도 잠깐 언급했지만 많은 젊은이들이 가정과 지역사회에서 남을 위해 봉사하고 서로 협력하지만, 그렇지 않은 젊은이도 많다. 그들의 첫 번째 관심은 '그게 나에게 무슨 이득이 있나?' 하는 것이다. 우리 아이들이 살아갈 미래사회는 서로의 장단점을 통해 좋은 결과를 만들어내는 협업이 필요한 사회이다. 다른 사람과 소통하고 협업하지 못한다면 당신이 바라는 성공적인 삶을 살기 어렵다.

그렇다면 어떻게 사회에 대한 관심과 타인을 배려하는 태도를 키워줄 수 있을까? 기회가 된다면 어린이집에 가서 네다섯 살 아이들을 가만히 관찰해보라. 아이들이 스스로 일을 맡아서 하는 것을 매우 좋아한다는 사실을 발견할 수 있을 것이다. 유아를 가르치는 교사들은 아이들에게 자신의 능력을 발휘해보게 하고, 다른 사람에 대한 관심을 넓힐 수 있도록 기회를 주는 것이 아주 중요하다고 교육받는다.

가정에서도 아이들은 자신이 청소기를 밀고 싶다거나, 세탁기에 세제를 넣어보고 싶다는 등 부모를 도와보려고 따라다니면서 사정한다. 남을 돕고 싶어 하는 아이들의 이런 욕구를 어떻게 다루어야 할까?

대개 바쁜 부모들은 아이가 귀찮게 따라다니며 자기가 해보겠다고 하면 제발 방해하지 말고 가서 놀라고 한다. 많은 부모들이 이 교육의 기회를 제대로 이용하지 않는 것이 안타깝다.

사회에 대한 관심과 다른 사람을 배려하는 태도를 기르기 위한 기회는 어디든 널려 있다. 아이들에게 항상 몸담고 있는 공동체에 관심을 갖도록 도와주는 것이야말로 당신이 세상에 남길 수 있는 가장 중요한 유산이며, 진정한 사랑을 실천하는 길이다.

자신의 감정을 인식하고 조절하는 능력

『남자다움이라는 신화에서 아들을 구원하는 방법(Real Boys: Rescuing Our Sons from the Myths of Boyhood)』이라는 책에서 윌리엄 폴락(William Pollack)은 우리의 문화가 남자아이들로 하여금 감정에 빠지지 않고 항상 강인한 사람이 될 것을 강요하고 있다고 지적했다. 저자는 감정에 빠지지 않을 것을 강조하는 이유로, 오늘날 너무 많은 남성들이 의기소침하고, 쉽게 분노하고, 폭력적인 성향을 보이고 있기 때문이라고 했다.

사실 남녀노소 할 것 없이 모든 사람에게는 자신의 감정을 조절할 수 있는 능력이 필요하다. 현재 자신의 감정 상태를 잘 인식하고, 이를 반영할 수 있는 능력이 바로 올바른 판단력과 문제해결 능력의 바탕이 된다. 그러나 안타깝게도 많은 사람들이 자신의 감정을 그저 묻어버리거나 주변 사람들에게 쏟아내는 극단적인 방법을 배워왔다. 하지만 둘 다 결코 좋은 방법이 아니다.

아이를 지나치게 사랑하는 부모는 종종 아이의 감정에 의해 조종을

당한다. 이런 부모는 아이가 항상 행복하길 원하기 때문에 아이가 행복하지 않다는 신호를 보내면 당장 자신이 무엇을 해줘야 하는 걸로 해석한다.

- **자신의 감정을 다스리는 능력**

불안이란 일상생활 속에 내재된 아주 정상적인 감정이다. 놀라거나 원하는 것을 하지 못했을 때, 누군가에게 거절당했을 때, 무력감을 느낄 때 당신은 불안감을 느낀다. 요즘처럼 복잡한 사회에서는 이밖에도 불안감을 느끼는 상황이 더 많다. 그러나 <u>다행히도 우리 모두 이런 불안감을 극복할 수 있는 몇 가지 능력을 갖고 태어났으며, 그 밖의 다른 기술들을 배울 수도 있다.</u>

하지만 지나치게 아이를 사랑하는 부모는 아이의 감정에 대한 책임까지도 떠안고는 무조건 달래주고, 뭐든 대신 해줌으로써 아이에게서 스스로 자신의 감정을 다스릴 수 있는 능력을 빼앗고 있으니 어찌 안타깝지 않겠는가.

감정을 다스린다는 것은 자신의 감정을 파악하고 조절하는 것이다. 화가 나거나 스트레스를 받을 때 자신의 마음을 가라앉힐 수 있는 능력이고, 불안을 느낄 때는 한 발짝 뒤로 물러나 당신의 감정을 찬찬히 들여다볼 수 있는 능력이다. 때로는 어떻게 해야 할지 방법을 찾을 때까지 일단 당황스럽고 불편한 감정을 참을 수 있는 능력이다. 불안의 정도는 다양하다. 어떤 경우에는 다른 사람을 달래는 것보다 자신을 달래는 데 더 많은 시간이 필요하다.

아이들 스스로 자신의 감정을 다스릴 수 있다는 믿음을 갖는 것이 진정으로 아이를 사랑하는 부모의 태도이다. 그렇다고 해서 아이를 격려해주고 위로해주지 말아야 한다는 게 아니다. 불안해하는 아이에게 "네가 어떤 감정인지 알아. 하지만 그것을 다스리면서 네가 많은 것을 배울 수 있다고 생각해"라는 말을 해주는 것이 더 좋은 격려가 될 수 있다는 얘기다.

또 다른 방법으로는 아이의 기분이 좀 나아질 때까지 잠시 타임아웃의 시간을 갖도록 알려주는 것도 좋다. 감정이 한창 고조되어 있을 때 조용히 앉아 있거나, 잠시 산책을 하거나, 책을 읽는 방법 등이 아이의 마음을 가라앉히는 데 도움이 된다. 그런 다음 <u>아이가 자신의 감정 속에 숨어 있는 '메시지'를 찾도록 도와준다. "이런 마음이 나에게 무엇을 알려주는 걸까?" 하는 물음을 갖게 한다.</u>

아이에게 부모가 함께 있어주길 원하는지, 아니면 혼자 있는 시간을 갖고 싶은지 물어보는 것도 좋은 방법이다. 대체로 아이가 잠시 혼자 있는 시간을 가지면 북받치는 감정을 가라앉히는 데 도움이 되며, 또다시 문제가 생길 가능성이 적어진다.

• **혼자 있는 시간을 준다**

아이가 자신의 감정을 다스릴 수 있는 능력을 키우기 위해서는 혼자 있는 시간을 갖는 것이 필요하다. 아이의 감정에 대해서조차 책임을 지려고 하는 부모는 아이는 언제나 행복해야 한다고 생각할지도 모른다. 아이를 위해 즐거운 일들을 만들어주는 것이 절대로 잘못은 아니다. 그러나 부모가 아이에게 여러 가지 자극을 주는 것과 혼자만의 시간을 통해 스스로를 들여다보는 것은 다르므로 그 사이에서 균형을 취하는 게 좋다.

갓난아기에게는 자기 발이나 딸랑이를 가지고 혼자 놀도록 내버려두면서 끊임없는 자극을 주지 않는 것에 별 죄의식을 느끼지 않지만, 조금 더 큰 아이가 무엇인가를 하지 않고 있으면 불안해하게 된다. 아이는 능동적인 존재라는 믿음을 갖고, 혼자만의 시간을 갖도록 지켜보는 것도 필요하다.

• 아이가 느끼는 대로 내버려둔다

부모가 사랑이라는 이름으로 저지르는 또 하나의 잘못이 아이의 감정을 부모가 조절하려고 드는 것이다. 아이가 나쁜 감정이나 슬플 감정을 느껴서는 안 된다고 생각하기 때문이다. 그래서 때로는 아이에게 "너는 아무것도 두려워할 것 없어"라는 말이나 "그런 식으로 엄마에게 말하지 마"라는 말을 한다.

이외에도 가장 흔한 것이 "울지 마"라고 말하는 것이다. 당신 역시 어릴 때 어른들로부터 "만약 울음을 그치지 않으면 정말 혼날 줄 알아" 같은 식의 위협하는 말을 많이 들어 보았을 것이다. 세 살 아이조차도 넘어져서 울고 있는데 부모가 "울지 마. 엄마가 울지 말라고 했지?" 하는 말을 여러 번 하면 진짜 무섭고 아프더라도 울지 않으려고 애를 쓴다.

이렇듯 부모는 아이들이 어렸을 때부터 자신의 감정을 부정하는 법을 가르친다. 부모 자신도 어릴 때부터 자신의 감정을 부정하도록 배워왔기 때문에 아이가 고통스러워하는 것을 그냥 참고 지켜보지 못하는 것이다. 대부분의 부모가 이유가 어떻든 내 아이가 우는 것을 보면 몹시 불안해하고 힘들어한다. 아이가 고통을 느낄 만한 일을 아예 예방하려고 애쓰는 이유도 바로 이 때문이다.

하지만 <u>아이의 감정 표현을 억압하는 것은 더 많은 고통을 준다. 아이에게 필요한 것은 자신의 감정을 잘 인식하도록 하는 것이다.</u> 이를 위해 부모는 옆에서 "정말 힘들겠다" 또는 "정말 무서웠겠구나"라는 말을 해주면 된다. "울지 마" 하고 말하기보다 "그래, 울고 싶으면 그냥 좀 울어라" 하고 말해주는 것이 아이에게는 더 도움이 된다.

부모는 아이들의 자존감은 쉽게 깨지고, 다른 사람과 경쟁하는 과정에서 쉽게 상처받을 뿐 아니라, 심지어는 다른 아이가 가진 것을 갖지 못해도 붕괴될 수 있다고 믿고 있다. 그래서 어린이 축구리그 게임은 패자가 없는 방식으로 진행된다. 즉, 모든 팀이 트로피를 타게 되어 있다. 하지만 아이들에게 물어보면 팀의 점수가 몇 점인지 정확히 알고 있다. 진실은 바로 경쟁에는 승자와 패자가 있으며, 그래서 때로는 상처받은 감정을 극복할 수 있어야 하고, 당혹스러운 상황에 직면하는 것도 삶의 한 부분이라는 것이다.

따라서 아이가 살아가면서 만나게 될 많은 문제를 해결하는 데 필요한 능력을 부모로서 제대로 가르치지 않는다면, 아이는 작은 실패에도 크게 좌절해 다시는 일어설 수 없거나, 아예 경쟁 자체를 회피해버리는 삶을 살게 될 것이다.

우리는 앞에서 부모나 아이가 서로 자신의 감정을 인식하고 표현하는 데 도움이 되는 반영적 경청하기와 의사소통 능력에 대해서 설명한 바 있다. 이러한 방법을 통해 부모는 아이의 감정에 귀를 기울이고, 부모의 훈육의 의도를 정확히 전달함으로써 훈계하거나 통제하지 않고도 아이를 도와줄 수 있다.

부모의 무조건적인 위로나 통제 없이 스스로 자신의 감정을 인식하고 다른 사람이 받아들일 수 있는 방법으로 표현할 수 있는 아이들은 건강한 인간관계를 맺으며 보다 독립적인 성인으로 성장할 수 있을 것이다.

진정한 사랑은 아이에게 필요한 것을 주는 것

아이를 진정으로 사랑하는 법을 실천하는 데는 많은 시간과 노력이 필요하다. 또한 많은 인내와 고민 그리고 자기 훈련이 필요하다. 진정으로 아이를 사랑한다는 것은 부모의 양육 태도가 가져올 장기적인 결과를 고려하는 것이다. 그리고 아이들이 실망하고 당혹스러워하는 모습을 보고 마음이 약해지지 말아야 한다. 또 아이를 보다 바람직한 방법으로 키우기 위해 힘든 과정을 선택한 만큼 충분히 강인해져야 한다.

아이들이 원하는 것을 당장 해주는 일은 그리 어렵지 않다. 하지만 우리 가족과 사회, 더 나아가 세계를 위해 아이에게 꼭 필요한 것을 주는 일이란 그보다 훨씬 더 어렵고 중요하다는 걸 명심해야 할 것이다.

11장

나는 어떻게 지금의
모습이 되었을까

목요일 아침 에밀리는 제일 좋아하는 카페에서 여동생 마지를 만나기로 했다. 둘은 이 만남을 몇 년째 계속 해오고 있다. 목요일의 만남은 바쁜 일상 속에서 여유를 느끼게 해주는 유일한 즐거움이었다. 둘은 서로의 가족과 아이들에 관한 소식을 주고받으며 즐거운 시간을 보내곤 했다. 그런데 오늘은 왠지 마지가 불안하고 긴장하고 있는 것 같았다.

에밀리가 무슨 일이 있느냐고 묻자 마지는 언니를 쳐다보더니 울음을 터뜨리며 "아만다 때문에 그래" 하고 말했다.

"나는 아이들이 열서너 살은 되어야 사춘기가 시작된다고 생각했어. 그런데 아만다는 도무지 통제 불능이야. 어젯밤에 그 아이가 친구와 만난다고 했는데, 사실은 남자애들을 만나고 있었지 뭐야. 게다가 화장까지 한 거 있지. 도대체 언제 화장품을 샀는지 몰라. 어쨌든 아만다에게 넌 아직 남자 친구들을 만나기에는 어리다고 하니까, 내 앞에서 소리를 지르며 욕까지 하는 게 아니겠어. 언니, 내 말을 믿을 수 있어? 난 정말 그때 완전히 이성을 잃어버렸어. 나는 아만다를 집으로 데리고 들어와 방에서 한 발자국도 못 나오게 했어. 그러고는 소리를 질렀지. 아만다도 나에게 막 소리를 지르더군. 그런데 그 순간 옛날에 내가 빌리와 파티에 가려고 한 일 때문에 엄마와 싸웠던 일이 생각났어. 언니도 그 일 기억해?"

에밀리는 "그래, 그건 정말 괴로운 일이었어" 하고 말했다. 마지는 다시 울기 시작했다.

"나는 만약 나 같은 딸을 갖는다면 엄마처럼 하지 않을 거라고 늘 생각했어. 아이와 차분히 대화하고, 서로에게 소리 지르는 일 없이 잘 지내려고 했어. 하지만 그 순간 아이와 싸우지 않고는 어떻게 해결할 방법이 없었어. 난 아만다를 정말 사랑해. 하지만 너무 걱정스러워. 아이가 너무 빨리 자라려고 하는 것 같아. 도대체 어떻게 아이를 다루어야 할지 모르겠어. 어떻게 해야 하지?"

아마도 많은 부모들이 마지의 심정에 공감할 것이다. 어느 부모나 아이에게 실수를 할 수도 있고, 나중에 후회할 말을 하기도 한다. 아이의 잘못된 행동에 대해 격하고 충동적인 감정으로 반응하는 것이 왜 문제가 되는지를 이해하는 건 그리 어렵지 않다. 더 큰 문제는 아이를 위해 항상 최선을 선택하고 있다는 부모의 아이들도 일탈 행동을 하고, 잘못된 선택을 하고, 반항을 하고, 때론 심하게 상처받는 경험을 한다는 것이다.

오늘날은 아이들이 위험에 처할 가능성이 훨씬 더 많아졌다. 부모가 할 수 있는 일이란 한때의 잘못된 행동이 아이에게 영구적인 해를 끼치지 않기를 바라는 것뿐이다.

<u>세상에는 완벽한 부모도, 완벽한 자녀도 없다. 불행 중 다행인 것은 그런 완벽함이 필수는 아니라는 것이다.</u> 그리고 우리에게는 실수를 통해 더 많은 것을 배우고 성장할 수 있는 기회가 주어진다. 따라서 효과적이고 바람직한 부모 역할에 필요한 것은 좀 더 신중히 생각하고, 이해하고, 사랑하고, 인내하며 믿음을 갖는 것이다.

부모도 한때는 어린아이였다

역사를 통해 깨닫고 배우지 못하는 사람은 반드시 잘못을 반복한다는 말이 있다. 단순 비교일 수도, 아니면 적절한 비유가 될지도 모르지만 부모들은 의식적·무의식적으로 자신의 어릴 적 경험에 따라 아이에게 반응하는 경향이 있다.

잠깐 창밖을 내다보자. 아마도 나무와 건물, 또는 부산한 거리가 보일 것이다. 당신은 의식하지 못하지만 창문틀이나 유리가 당신이 볼 수 있는 시야를 결정한다. 이처럼 당신의 삶을 통해 쌓아왔던 많은 생각과 감정, 편단이 당신 자신과 다른 사람과의 관계, 그리고 당신의 가능성을 바라보는 방식을 결정한다.

당신이 갖고 있는 판단과 생각은 어렸을 때부터 형성된 것이기에 그것이 자신에게 얼마나 영향을 미쳤는지에 대해서는 인식하지 못했을 것이다. 마지는 성장하면서 자신의 엄마와 같은 부모는 되지 않겠다고 의식적인 판단을 했지만, 딸 아만다와 실랑이를 벌이면서 자신이 엄마와 같은 행동을 하고 있다는 것을 깨달았다. 한편 에밀리는 같은 가정환경과 부모 밑에서 자랐지만 부모로서 마지와는 다른 양육 태도를 갖고 있었다. 왜 그럴까?

인식, 특히 자기 인식이 변화를 위해 선행되어야 할 첫 번째 단계이다. 만약 <u>당신이 아이를 사랑하는 방법이 궁극적으로 바람직하지 않고, 아이에게 도움이 되지 않는다는 의심이 들 때 가장 먼저 해야 할 일은 바로 당신 자신을 이해하는 것이다.</u>

당신은 어떻게 지금의 모습이 되었을까

인간의 발달을 결정하는 요인 중에 환경이 더 중요한지, 유전적 요인이 더 중요한지에 대한 논쟁은 오랫동안 계속되고 있다. 그러나 이를 종합해보면 개인의 성격은 그 두 가지 요인의 결합으로 이루어진다고 말할 수 있을 것이다. 주디 리치 해리스와 같은 작가는 부모가 아이에게 미칠 수 있는 영향은 아무것도 없다고 말한다. 즉, 유전과 교우관계가 아이의 성격을 결정하는 요인이라는 것이다.

또한 아들러학파의 심리학자들은 두 요인만큼 중요한 세 번째 요인이 있다고 주장한다. 그것은 바로 <u>개개인이 소속감과 인정감 그리고 의미를 찾기 위해 해야만 하는 일이나 행동에 대해 내리는 무의식적인 판단이다. 달리 표현하면, 그것은 사람의 뜻과는 무관하게 일어나는 일이 아니라 당신이 경험한 것에 대해 스스로 내리는 판단이라는 것이다.</u> 이러한 판단이 바로 세상을 바라보는 인식의 틀을 만든다. 모든 미래의 경험이 당신이 갖고 있는 사고 체계에 의해 지각되고 색깔이 덧씌워지는 것이다.

부모, 조부모, 어린이집 교사 등 당신을 돌봐준 사람들이 당신의 환경과 어린 시절의 경험을 결정한다. 그렇다면 당신에게 어떤 영향력을 주었는지 살펴보자.

• 가정환경

어린아이들은 세상에 대해 제한된 경험을 갖는다. 그래서 다른 가족이나 가정도 자신과 같은 환경을 갖고 있다고 생각한다. 그러나 좀 더 자라 시야를 넓히면서 가족의 생활 모습과 상황은 다양하다는 것을 알게 된다.

실제로 수백 개의 요인이 한 가정의 환경에 영향을 줄 수 있다. 아이들은 그런 요인에 기초하여 수백 가지 판단을 내릴 수 있다. 당신의 가족이 처한 환경과 그에 대해 당신이 내린 판단을 떠올려보면 좀 더 이해하기 쉬울 것이다.

당신의 가족은 편안한 집에서 좋은 음식을 먹을 수 있었는가, 아니면 가난하고 어려웠는가? 함께 사는 가족 수가 많았는가, 아니면 적었는가? 당신이 남자, 여자, 또는 어린아이에 대해서 갖고 있는 인식에 영향을 줄 만한 인종적·문화적 배경이 있는 가정에서 자랐는가? 복잡한 도시에서 자랐는가, 아니면 한적한 시골에서 자랐는가? 주변 이웃의 생활이 당신과 비슷했는가, 아니면 많이 달랐는가? 성장하면서 당신은 자신과 세계에 대해 어떤 판단을 내렸고, 그런 환경에서 살아가기 위해 무엇을 필요로 했는가?

대부분의 판단은 우리가 인식하기 어려운 반의식의 수준에서 이루어진다. 이런 당신이 살아가면서 만나는 사람들과 해결해야 할 문제, 그리고 자녀 양육에 대해 가진 다양한 판단은 수많은 경험을 제공한 가정환경에서 영향을 받았다.

우리는 앞서 아이들도 어른과 마찬가지로 일상생활 속에서 접하는 다양한 경험을 통해 상황과 사물에 대한 자신만의 판단을 갖고 있는데, 부모는 이 사실을 미처 깨닫지 못함을 지적한 바 있다. 이것은 아주 중요한 잘못이다. 왜냐하면 아이의 판단 또한 성격 형성의 바탕이 되기 때문이다. 따라서 부모는 가정환경과 양육 태도에 따라 아이가 어떤 판단을 내릴지 예상할 수 있어야 한다. 이는 당신의 양육 태도를 변화시켜야 하는 이유이기도 하다.

- **가족의 분위기**

당연히 가족마다 각기 다른 분위기를 갖고 있다. 당신의 가족은 유쾌하였는가? 서로에게 애정적이었는가? 서로를 존중해주는 분위기였는가? 아니면 냉랭하고 거리감이 있었는가?

가족을 생각하면 따뜻한 집 안와 늘 재미있게 대화를 나누는 모습을 떠올리는 당신은 어릴 적 학교에서 집으로 돌아오는 길이 즐거웠던 기억이 있을 것이다. 반대로 항상 고함치고 물건을 집어던지는 소리로 가득했던 모습을 떠올리는 당신은 방과후 집으로 가는 대신 친구의 집으로 향했던 기억이 있을지도 모른다. 한 가족의 분위기는 가족 간의 관계는 물론, 자신과 다른 사람들과의 관계에서 개인이 어떤 판단을 내리는 데 강한 영향력을 미칠 수 있는 중요한 요인이다.

당신은 자신과 세계에 대해 어떤 판단을 갖고 있고, 당신의 가족 분위기에 적응하기 위해 무엇을 필요로 했는가? 만약 당신에게 형제자매가 있다면 그들과는 다른 판단을 갖고 있다고 생각하는가? 당신의 판단이 아이를 위해 만들어주고 싶은 가정환경에 어떤 영향을 주었는가? 당신의 아이는 어떤 판단을 갖기를 원하는가?

- **부모의 가치관**

부모는 아이들의 첫 번째 선생님이고, 아주 중요한 가르침을 주는 존재이다. 누가 당신을 키웠든지 간에 주위의 어른이 당신에게 옳고 그름의 기준을 가르쳤고, 인생에서 가장 중요한 것이 무엇인지를 보여주었다. 그것이 아마도 가치관을 형성하는 데 큰 영향을 주었을 것이다. 예컨대, 어떤 종교적 신념을 따르도록 한다는 것, 돈과 재물을 모으는 것, 다른 인종이나 피부색을 가진 사람에 대한 두려움 같은 것도 당신을 키운 어른들의 행동을 통해 형성된다.

당신이 갖고 있는 남자(남자들은 가정을 잘 돌보지 않는다, 남자는 소리를 잘 지르고 항상 대장이 되려고 한다, 남자는 친절하면서도 강인하다 등 남자에 대한 인식) 또는 여자(여자는 약하다, 여자는 모성애가 있다, 비판적이다, 남편에게 항상 순종해야 한다는 등)에 대한 관념 역시 어른들로부터 영향을 받은 것이다. 주위 어른들의 행동을 지켜보면서 어떤 윤리와 도덕적 가치를 배웠다.

하지만 때로는 주위 어른이나 부모가 갖고 있던 가치관이나 행동과는 정반대로 사고하고 행동하는 사람들도 있다. 당신의 부모가 어떤 종교를 강요했다면 당신은 그것을 신봉했을 수도 있고, 아니면 아예 무신론자가 되었을 수도 있다. 당신의 부모가 가족에게 충실하지 않았다면, 아마도 당신은 좀 더 책임감 있는 부모가 되려고 했을 것이다.

부모님의 가치관과 행동 양식에 대해 검토해보고 생각을 정리하려면 시간이 좀 걸리겠지만, 우선 몇 가지 질문을 던져보면 대충 생각의 물꼬를 틀 수 있다. 성장하면서 부모님이 보여준 가치관에 대해 당신은 어떻게 판단했는가? 만약 형제자매가 있다면 그들과 당신의 판단은 어떻게 다른가? 당신의 판단이 아이들을 키우는 데 어떤 영향을 주었는가? 아이들은 당신의 가치관을 수용하는가, 아니면 거부하는가?

당신의 가치관과 행동 양식이 부모님과 같은 점은 무엇이고, 다른 점은 무엇인가?

• **출생 순서**

한 가정 내에서도 아이들은 각기 다른 특성을 갖고 태어난다. 이 때문에 우리가 자꾸 이런 질문을 하는 것이다. "당신의 형제자매는 부모님의 가치관과 행동 양식에 대해 다르게 판단하는가?"

단지 한 가지 특성에 비추어 인간의 행동을 일반화하는 것은 그리 현명하지 않지만, 당신이 가진 어떤 특성은 가족과 환경에 의해 영향을 받는 것으로 보인다. 그중 당신이 형제 중 첫째인지, 아니면 막내인지, 또는 중간인지, 외동아이인지에 따라 가족 내에서 소속감과 인정감을 갖기 위해 필요로 하는 것이 다를 수 있다.

물론 출생 순서와 관련한 다양한 정보를 다루는 것이 이 책의 본래 의도와 깊은 상관은 없지만, 몇 가지 우리가 고려해볼 만한 내용을 살펴보면 다음과 같다.

출생 순서와 상관없이 모든 아이들은 성장하면서 다음의 질문에 대해 답을 얻어야만 한다. "내가 이 가족 내에서 소속감과 인정감을 갖기 위해서는 무엇을 해야 하나? 무엇이 나를 특별한 존재가 될 수 있게 해줄까?" 아이가 가족 내 자신의 위치에 대해 갖게 되는 인식이 정체성 발달에 영향을 줄 수 있다.

대개 첫째 아이에게 따라다니는 말은 '첫 번째'이다. 첫째 아이들은 어떤 상황에서든 일단 첫 번째여서 가족의 모든 관심과 교육에 대한 열의 또한 한 몸에 받기도 한다. 그래서 첫째 아이들은 부모의 기대에 부응하기 위해 무엇이든 잘하려고 하거나, 아니면 어른들의 기대에 부응하는 데 지쳐버려 반항적인 경향을 보이기 쉽다. 첫째 아이들은 대부분 어른들에게 둘러싸인 세계에서 삶을 시작하므로 그들의 선택은 대개 어른들의 반응에 따라 결정된다.

한편 막내는 '어린 아기'라는 단어가 항상 따라다닌다. 그래서 자신의 특성을 이용해 주변 사람들을 조종하는 방법을 쉽게 배운다. 막내들을 보고 큰 아이들은 "버릇이 없다"고 말한다. 가족 내에서의 규칙도 막내에게는 좀 느슨하게 적용되기 때문에 큰 아이들과 마찰을 빚곤 한다. 또 막내는 큰 아이들에 비해 더 빨리 원하는 것을 얻고 싶어 하기 때문에 행동을 통제하는 규율과 한계를 넘어서려고 한다.

중간 아이들은 사실 '이것도 저것도 아닌 흔들리는' 위치에 있다. 첫째 아이가 가질 수 있는 여러 기득권을 갖지도 못하고, 그렇다고 막내가 받을 수 있는 특별한 대접도 받지 못한다. 중간에 태어난 아이들 중에는 아무 이유 없이 반항적인 행동을 보여 이리저리 치이면서 대접받지 못하고 자란 데 대한 보상을 받으려는 경향이 있다.

출생 순서가 전적으로 사람의 성격을 결정짓는 것은 아니다. 그외 다른 많은 요인도 함께 영향을 미친다. 그러나 당신이 가족 내에서 자신의 위치에 대해 어떤 판단을 갖느냐가 성격 형성에 많은 영향을 줄 수 있다.

출생 순서와 관련해서 당신도 앞에서 설명한 내용에 동의하는가? 아니면 가족의 일원이 되기 위해 다른 판단을 했는가? 당신의 형제자매 중에 앞에서 설명한 것과는 다르게 판단하는 사람이 있는가? 우리가 설명한 내용을 고려해서 당신의 아이들이 출생 순서에 관련하여 어떤 판단을 내리고 있는지 고려해보자.

- **부모님의 양육 태도**

당신이 양 부모 밑에서 자랐건, 아니면 편부모나 조부모 밑에서 자랐건 당신을 키운 어른은 나름의 양육 태도를 갖고 있었다. 그리고 그것이 현재 당신이 아이들을 키우는 방식에 어떤 식으로든 영향을 미치고 있다. 당신의 부모님은 지나치게 통제적이었는가, 아니면 허용적이었는가? 당신을 학대했는가, 아니면 방치했는가? 또는 친절하면서도 엄하게 키우려고 노력했는가?

만약 당신의 부모님이 무조건 복종하고 따르는 것을 강조했다면 당신은 아마도 문제를 일으키지 않기 위해 부모님의 말씀에 순종하는 아이로 자랐거나, 아니면 반대로 자유로워지기 위해 무조건 반항했을 것이다. 만약 당신의 부모님이 알코올 중독이나 정신적 문제를 갖고 있었다면, 당신이 부모와 자녀의 관계에 대해 갖고 있는 생각과 판단은 아주 달라졌을 것이다.

이제 당신은 아이를 둔 부모가 되었기에 어떤 가치관과 철학을 가져야 할지 결정해야 한다. 이를 위해 먼저 <u>당신의 부모님이 보여주었던</u>

양육 태도의 결과에 대해서 검토해보는 것이 중요하다.

당신은 부모님의 양육 태도에 대해 어떤 생각을 가졌는가? 부모님 간에 차이는 없었는가? 혹 당신은 부모님의 양육 태도와는 다르게 아이들을 키워야겠다고 생각하지는 않았는가? 다르게 키우려는 방식이 당신의 아이들에게 어떤 영향을 주고 있는가? 당신의 부모님과는 다른 양육 태도가 아이들에게 잘 통하는가?

당신이 자라온 가정환경과 그에 대한 당신의 판단이 어떠한지를 살펴보면 당신이나 아이에게 좋은 영향을 줄 수 있는 양육 태도를 찾아 나가는 데 도움이 될 것이다. 만약 당신의 과거 경험을 되돌아보는 것이 너무 힘들고 고통스럽다면 상담자가 될 만한 사람을 찾아 도움을 받을 것을 권한다.

앞서 예로 들었던 마지를 기억할 것이다. 그녀에게는 딸과의 갈등을 해결하기 위한 상담자로 언니가 있었다. 그녀는 에밀리와 여러 번 이야기를 나누고 고민을 함께하면서 아이를 키우는 데 있어서 앞으로 어떻게 해야 할지에 대한 조언을 들을 수 있었다. 그럼으로써 자신이 경험했던 어린 시절을 자녀에게 되돌려주기보다는, 현재 아이들에게 긍정적인 영향을 줄 수 있는 방법을 선택할 수 있었다. 이런 행운이 당신에게도 올 수 있다.

아이를 위한 삶이 아니라 당신의 삶을 살아라

부모의 양육 태도에 영향을 주는 또 다른 요인이 있다. 부모들이 내리는 무의식적 판단 중에는 자신이 실현하지 못한 꿈과 목표에 대한 미련이 숨어 있다. 아마도 어린 아들의 요람에 풋볼을 넣어주었다는 운동선수나 아주 어린아이에게 악기를 가르친다는 음악가의 이야기를 들어본 적이 있을 것이다. "아이가 원하지 않는 한 아무것도 가르치지 않을 거예요"라고 말하는 부모가 있는가 하면, "그게 뭐 잘못인가요? 나는 내가 했던 잘못을 아이가 똑같이 겪지 않기를 바라는 마음일 뿐이에요"라고 말하는 부모도 있다.

하지만 당신이 좋아하는 취미와 관심, 스포츠에 대해서 아이는 전혀 관심을 갖지 않을 수도 있다. 당신은 손주를 원하지만 아이들은 자식을 낳고 싶어 하지 않을 수도 있다. 부모의 가치관과 소망을 받아들이지 않는 아이를 그대로 인정하기란 쉽지 않겠지만, 아이를 진정으로 사랑하는 부모라면 아이의 모습 그대로를 받아들여야 한다.

<u>현명한 부모는 아이들도 어른처럼 자신의 삶을 위해 준비하고 있으며, 자신의 꿈을 위해 노력할 때 좀 더 행복하고 생산적인 삶을 살 수 있다는 것을 이해한다.</u> 부모가 자신과 아이의 차이를 제대로 인식하고 진정으로 사랑한다면, 아이가 부모의 기대에 부응하든, 그렇지 않든 아이의 모습 그대로를 사랑하는 방법을 알게 될 것이다.

자녀는 소유물이 아니라 선물이다. 당신이 날씨를 바꿀 수 없듯이

아이의 모습 또한 마음대로 바꿀 수 없다. 다만 아이가 할 수 있고, 가지고 있는 재능과 능력이 빛을 발할 수 있도록 제대로 교육하는 것만이 당신이 할 수 있는 일이다. 칼릴 지브란(Kahlil Gibran)의 시가 바로 이런 진리를 잘 얘기하고 있다.

당신의 아이라고 해서 당신의 것은 아니다.
그들은 삶에 대한 갈망이 낳은 아들이며 딸이다.
그들은 당신을 통해 세상 밖으로 나오지만 당신으로부터 온 것은 아니다.
그들은 당신과 함께 있지만 당신의 소유물은 아니다.
당신은 아이에게 사랑을 줄 수는 있지만, 당신의 생각을 심어줄 수는 없다.
그들 나름대로의 생각을 갖고 있기에 당신이 아이의 몸을 통제할지라도 정신까지 통제할 수는 없다.
아이의 정신은 당신이 들어갈 수도, 꿈꿀 수도 없는 미래의 집에 살고 있다.
당신이 아이와 닮으려고 노력할 수 있을지는 모르지만, 아이가 당신을 닮도록 만들기는 어렵다.
삶이란 거꾸로 갈 수도, 어제에 머물러 있을 수도 없는 것이다.

좋은 부모의 역할이란 아이에게 튼튼한 뿌리와 날개를 달아주는 것이라는 옛말이 있다. 아이에게 진정한 사랑을 베풀고, 일관성 있는 태도로 가르쳐야 한다. 아이는 자신에게 달린 날개를 펼치며 자유롭게 살아가야 하고, 부모는 자신의 꿈을 향해 나아가야 한다. 아이의 있는 모습 그대로를 인정해주고, 때로는 놓아주는 것이야말로 부모가 줄 수 있는 진정한 사랑이다.

12장

자신을 아는 것이
자녀 양육의 시작이다

이제 당신의 양육 태도에 대한 판단이 어떻게 이루어진 것인지 어느 정도 이해하게 되었을 것이다. 그럼 나의 성격이 어떤지, 그것이 아이와 주변 사람들에게 어떤 영향을 주는지를 탐색해 보는 것도 여러 가지 면에서 도움이 될 것이다.

　사람의 성격을 파악하기 위한 다양한 방식을 몇 가지 범주로 묶어 판단한다는 것은 분명히 한계가 있다. 다만 어떤 성격의 특성을 설명하고, 그 성격을 형성하는 데 영향을 주는 사람들의 판단이 무엇인지를 알아보는 것이라면 유용할 수 있다. 따라서 우리는 이스라엘의 심리학자인 니라 케퍼(Nira Kefir)가 제시한 '성격 이론'에 기초하여 의견을 제시하고자 한다.

　우리는 지금까지 여러 차례 아이들이 자신과 부모 그리고 삶 자체에 대해서 내리는 판단이 무엇인지 부모가 이해하고 관심을 갖는 것이 중요하다고 강조해왔다. 자녀를 갖기 전까지 당신 역시 자신에 대해서 수없이 많은 무의식적 판단과 신념을 형성해왔을 것이다. 이러한 판단이 당신의 성격을 형성해왔다. 성격의 특성이 무엇이냐가 어떤 사람인지를 모두 보여주는 것은 아니지만, 당신이 소속감을 느끼고 삶의 주요 목표를 달성하기 위해 선택하게 되는 행동 방식을 설명해줄 수는 있다.

일반적으로 성격의 특성은 네 가지 유형으로 나뉘어진다. 낙천적, 통제적, 우호적, 우월주의적 유형이 그것이다. 다음 표에서 보듯이 각 유형마다 장점과 한계를 갖고 있다. 또 유형에 따라 가장 두려워하는 것이 무엇인지를 제시하고 있다.

사람들은 스트레스를 받거나 변화에 직면했을 때 자신이 갖고 있는 성격 유형에 따라 행동하게 된다. 자신의 성격 특성에 따라 어려움을 극복하려고 하지만, 본래 의도와는 다르게 성격적 특성이 자신을 더 어렵게 만들기도 한다. 예컨대, 비난을 피하기 위해 통제적인 특성을 선택한 사람은 종종 너무 냉정하다는 비난을 받는다. 스트레스를 피하기 위해 낙천적인 특성을 선택한 사람은 발전이 없다는 비난을 받는다. 남에게 거절당하는 것을 피하기 위해 우호적인 특성을 선택한 사람은 결국 타인에게 이용당하기도 한다.

그러면 성격적 특성과 실생활은 어떤 관계가 있을까? 11장에서 이야기했던 마지와 에밀리의 경우를 다시 떠올려보자. 마지는 상담을 통해 자신의 성격적 특성이 '통제적'이라는 것을 발견했다. 그녀는 자신이 무엇이든 통제할 수 있다는 느낌이 들어야만 편안했다. 바로 그런 생각이 자신의 엄마뿐 아니라 딸과 갈등을 빚게 만든 것이다. 마지가

[주요 성격 특성]

성격 특성	가장 두려워하는 것	두려움을 피할 수 있는 방법이라고 믿는 것	장점	단점	상대방 반응	불안
낙천적	· 정신적·신체적 고통과 스트레스 · 다른 사람의 기대 · 다른 사람에 의해 공주에 몰리는 것	· 편안함을 찾는다. · 특별한 대우를 요구한다. · 다른 사람을 편안하게 해준다. · 다른 사람과 대응하는 것을 피한다. · 쉬운 길을 택한다.	· 쉽게 일을 처리한다. · 요구가 많지 않다. · 혼자 하길 좋아한다. · 평화주의자 명랑하다. · 동정적이다. · 예측가능하다.	· 재능을 개발시키지 않는다. · 능력에 폭을 제한한다. · 성장 기회를 회피한다.	· 성가심 · 모방 · 지루함 · 인내 부족	· 생산 능력의 제한 · 인내 부족 · 개인적 성장 기회 부족
통제적	· 수치 · 비판 · 예상치 않은 것들	· 자신과 다른 사람, 또는 상황에 대한 통제	· 리더십 · 조직적·생산적이다. · 지속적 · 확신 있고 규칙을 잘 따른다.	· 완고하다. · 참견적이고 지시적이다. · 사회적 친밀감을 키우지 않는다.	· 반항 · 저항 · 도전 · 당황	· 친구 부족 · 친밀 관계 부족 · 초조함

성격 특성	가장 두려워하는 것	두려움을 피할 수 있는 방법이라고 믿는 것	장점	단점	상대방 반응	불안
우호적	• 거절 • 방치 • 학대	• 다른 사람을 즐겁게 한다. • 인정을 받으려는 적극적인 욕구 표출 • 소동적인 태도가 연민을 불러일으킨다.	• 우호적이다. • 사려 깊다. • 협력적이다. • 공격적이지 않다. • 자선봉사	• 상대가 좋아하는 것이 무엇인지 확인하지 않는다. • 자신을 돌보지 않는다.	• 처음에는 즐거워하나 나중에는 싫증내고 거부한다.	• 자신과 타인에 대한 존중감 결핍 • 분개함
우월주의적	• 수치 • 비판 • 예상치 않은 것들	• 좀 더 많이 한다. • 다른 사람보다 나아야 한다. • 정당하고 좀 더 유능해야 한다.	• 자신이 넓다. • 이상주의적이다. • 끈기 있다. • 사회적 관심이 많다. • 실천적이다.	• 일 중독증 • 과도한 책임감을 가짐. • 너무 많은 일에 참여하려고 한다.	• 부적절함과 죄의식을 느낀다. • 비평을 피하고 거짓말을 한다.	• 당황해한다. • 시간이 부족하다고 느낀다. • 내가 모든 것을 해야 한다고 생각한다.

자신이 옳고 중요하다고 생각하는 대로 상대방도 똑같이 행동할 것을 강요할수록 다른 사람들로부터 강한 반발을 사게 된다.

여러 번 지적했지만 부모의 과도한 통제는 아이들의 반항심을 자극한다. 그래서 마지의 딸은 엄마의 말에 반항을 하고, 마지는 딸을 제대로 통제할 수 없다는 생각에 수치심을 느꼈다. 그것이 그녀를 화나게 하고 참지 못하게 만든 것이다. 그녀의 성격적 특성은 또한 불안정하다고 느끼는 상황이나 변화에 저항하도록 만들었고, 위협을 느꼈을 때 뒤로 물러나게 만들었다.

자신의 성격적 특성을 이해함으로써 마지는 자신은 물론 다른 사람까지도 힘들게 했던 통제적 스타일을 고쳐나갈 수 있었다. 즉, 갖고 있는 단점보다는 장점을 살리는 데 더 많은 노력을 해야 한다는 것을 깨달았다. 그리고 더 이상 딸과 힘겨루기를 하지 않도록 어떤 판단을 내릴 때 딸의 입장을 고려하려고 노력했다.

자신의 1차적 성향 발견하기

사람의 성격에는 1차적 특성과 2차적 특성이 있다. 전자는 불안감을 느낄 때 드러나는 것이며, 후자는 안정적이고 편안할 때 드러나는 것이다. 당신의 1차적 성향을 알아보는 방법이 있다. 다음에 적은 말들 중에서 당신에게 가장 잘 맞는 것을 선택해보자.

- 낙천적 : 나는 나 자신과 주변 사람들이 편안하게 느끼고, 나에게 너무 많은 것을 기대하지 않을 때 가장 기쁘다. 나는 긴장하거나, 고통을 느끼거나, 스트레스를 받을 때 가장 힘들다.
- 통제적 : 나는 무엇이든 잘 정돈되고 정리되었을 때, 어떤 상황을 내가 통제할 수 있다고 느낄 때 기쁘다. 나는 당연하게 생각했던 일을 했는데 수치를 당하거나 비난 받을 때 가장 괴롭다.
- 우호적 : 나는 다른 사람을 기쁘게 하고 갈등을 겪지 않을 때 기쁘다. 나는 누구에게 거절당하거나 소외감을 느낄 때 가장 괴롭다.
- 우월주의적 : 나는 중요하다고 생각하는 것을 달성했을 때 가장 기쁘다. 나는 자신이 다른 사람과 비교해서 무가치하거나 뒤떨어진다고 느껴질 때 가장 괴롭다.

당신이 가장 스트레스를 많이 받는 상황에서 보이는 태도와 행동 묘사가 당신의 1차적 성향이며, 편안한 상황에서 보이는 태도와 행동이 2차적 성향이다. 2차적 성향을 보일 때는 어떤 불안이나 문제가 없는 상태이기 때문에 상당히 합리적인 모습을 취하고 있음을 알 수 있다. 유념할 것은 불안할 때 드러내는 1차적 성향을 편안한 상황에서도 똑같이 드러낸다면 오히려 긍정적인 행동으로 나타나게 된다. 예컨대, 당신의 마음이 편안할 때 주로 드러내는 성격 특성이 통제적이라면, 결코 긍정적으로 볼 수 없는 통제적 특성이 그리 나쁜 행동으로 표출되지 않는다는 것이다. 즉, 당신은 통제적인 성격 특성이 갖는 단점보다는 장점을 드러내서 반응하게 된다.

만약 당신이 편안할 때 나타내는 2차적 성향이 우호적이라면 당신은 다른 사람을 즐겁게 해주는 것 자체를 즐기며 좋아할 것이다. 또 당신은 다른 사람들이 고마워할 줄 모른다고 해서 실망하지도 않는다. 그런데 만약 이런 우호적인 성격 특성이 불안할 때 주로 나타내는 1차적 성향이라면 자신에게 사람들이 고마워할 줄 모른다고 화를 내고 괴로워할 것이다.

당신의 2차적 성향이 우월주의적이라면 당신은 다른 사람들을 존중하는 태도로 어떤 일에 함께 참여하도록 잘 이끌어주는 좋은 리더가 될 수 있다. 그러나 1차적 성향이 우월주의적이라면 당신은 다른 사람을 믿지 못해 무엇이든 다 알아서 하려고 할 것이다.

또 당신의 2차적 성향이 낙천적이라면 당신은 아주 훌륭한 집안의 주인이 될 수 있다. 당신은 사람들을 편안하게 해줄 수 있는 방법을 알고 있기 때문이다. 반대로 1차적 성향이 낙천적이라면 당신은 위험에 맞서 열심히 도전하기보다 그저 편안하게 처리할 수 있는 일만을 찾기 때문에 다른 사람들을 더 불편하게 할 수도 있다.

예를 들면, 마지는 자신의 삶이 잘 진행되고 있다는 생각을 할 때는 통제적인 1차적 성향을 사용했거나, 아니면 우호적인 2차적 성향을 사용했을 것이다. 그럼으로써 그녀는 아이와 큰 갈등 없이 지낼 수 있었다. 그리고 아이와의 갈등이 증폭되자 마지는 자신의 성향을 점검해보았고, 그것이 미칠 악영향을 검토해보았다. 그녀가 자신의 행동에 대한 책임을 지려고 하자 딸아이도 자신과 마찬가지로 행동하려 했다는 것을 알게 되었다.

성격 특성이 양육 태도에 미치는 영향

당신의 아이도 특정한 성격 특성을 갖고 있다. 따라서 당신과 아이의 성격 특성이 잘 맞을 수도 있고, 그렇지 않을 수도 있다. 그런데 안타깝게도 많은 부모들이 자신이 피하고 싶어 하는 감정을 아이가 갖게끔 만들고 있다. 예컨대, 우월주의적인 부모가 아이에게 열등감을 느끼게 할 수 있다. 통제적인 성향을 가진 부모는 아이로 하여금 거절당하고 있다는 느낌을 갖게 할 수 있다. 낙천적인 부모는 아이들이 능력을 키울 수 있도록 제대로 도와주지 못하기 때문에 아이들에게 고통과 스트레스를 받게 할 수 있다.

당신과 아이가 스트레스를 받는 상황에서 취하는 행동 양식의 특성을 제대로 이해한다면 앞으로 좀 더 바람직한 방식으로 서로 대화하고 문제를 해결하는 데 도움이 될 것이다. 다음 표는 부모의 1차적 성향이 자녀에게 어떤 영향을 주는지를 보여주고 있다.

예컨대, 마지의 언니인 에밀리는 자신의 1차적 성향이 우호적이라는 것을 알았다. 그녀는 스트레스와 긴장을 싫어한다. 그래서 무엇이든 쉽게 할 수 있는 일을 선택한다. 마지는 엄마와 끊임없이 부딪혔던 데 반

[성격 특성이 양육 태도에 미치는 영향]

성격 특성	긍정적 영향	부정적 영향	보완할 점
낙천적	• 편안하고 예측 가능하며 작은 기쁨을 즐기려는 태도를 아이에게 보여준다.	• 지나치게 허용적인 태도로 아이의 나쁜 버릇을 조장할 수 있다. • 어떤 상황에서 필요한 것보다 단지 편한 것에 더 관심을 가진다.	• 일과 규칙 세우기, 생존 능력 가르치기 • 목표 설정과 함께 문제 해결하기 • 아이 스스로 선택한 결과를 탐색할 기회 제공하기, 가족회의하기
통제적	• 조직 능력, 리더십, 인내, 확신, 법과 질서를 존중하고 시간을 관리하는 능력을 키워준다.	• 자신과 다른 사람, 또는 상황에 대한 통제	• 아이에게 자율 주기 • 가족회의하기 • 스스로 선택, 결정할 기회 주기 • '무엇을'과 '어떻게' 식의 질문하기
우호적	• 다른 사람에게 우호적인 태도, 사려 깊고, 평화적인 문제해결 능력, 협상 능력 등을 키워준다.	• 다른 사람의 평가에 민감하거나, 분개나 죄의식 또는 복수심을 심어줄 수 있다.	• 아이의 문제해결 능력 믿어주기 • 함께 문제해결하기 위해 가족회의하기 • 서로 나누는 방법 이해하기
우월주의적	• 성공과 성취에 대한 모델을 보여주고, 스스로 잘하려는 성취동기를 키워준다.	• 훈계와 설교, 지나친 기대로 아이가 무능력감을 갖게 되거나, 가능성보다는 이분법적으로 판단하려는 성향이 강해진다.	• 아이 스스로 옳다고 생각하는 것을 할 수 있는 기회 제공하기 • 아이의 세계 이해하기, 유머 감각 살리기, 욕구와 목표 달성을 지원해주기 • 모든 가족 구성원이 동등하게 참여하는 가족회의를 지속적으로 갖기

해, 에밀리는 엄마와의 갈등에서 오는 스트레스와 불쾌감을 느끼고 싶지 않아 엄마를 아예 회피해버렸던 것이다.

어느덧 에밀리는 결혼을 해 아홉 살 아들을 두고 있다. 그녀의 아들은 우월주의적 성향을 갖고 있다. 그 아이는 무엇이든 열심히 했고, 또 잘했다. 에밀리는 한 번도 아들에게 공부를 하라거나 숙제를 하라고 말한 적이 없다. 아이는 언제나 스스로 잘했고, 만약 자신의 생각대로 잘되지 않거나 남들로부터 충분히 인정받지 못하면 당혹스러워했다. 이런 아이와 실랑이를 벌이는 일이 에밀리에게는 힘든 일이었다. 그녀는 잠시 숨을 돌리려고 아이를 멀리했고, 아이 또한 자기 하고 싶은 대로 행동했다. 두 사람의 성격 특성이 항상 조화를 이루지는 못한 것이다.

에밀리가 해결해야 할 문제는 자신을 조절해서 아이 교육에 대한 불안감을 덜면서, 친절하면서도 엄한 부모 역할을 하는 것이다. 그녀는 가족회의를 활용해 아이의 지적 능력과 창의성을 건설적으로 개발할 수 있는 방법을 찾고자 노력했고, 결과는 아주 좋았다.

여기서 우리가 기억해야 할 것은 1차적 성향은 양육 태도를 결정하는 하나의 요소일 뿐이라는 점이다. 같은 부모 밑에서 자랐더라도 다른 1차적 성향을 가질 수 있다. 따라서 각각의 아이들마다 성격 특성을 파악해두면 아이의 마음을 이해하고, 아이가 바깥에서 겪는 경험과 당신의 양육 태도에 의해 어떤 영향을 받는지 그 장기적인 결과에 대해서도 가늠할 수 있을 것이다.

현재 당신의 모습과 부모로서의 양육 태도를 만든 신념이나 경험, 판단을 검토해보는 일이 그리 만만하지는 않을 것이다. 그러나 <u>당신이 누구이고, 왜 그런 행동을 하게 되는지를 이해하려고 노력한다면 자신에 대해 더 많은 것을 알게 될 것이다. 이러한 과정이 당신이 바람직한 부모 역할에 적합하지 않은 신념과 행동을 수정하는 데 큰 힘이 되어줄 것이다.</u>

부모 자신을 존중하라

대부분의 가정에서 관심의 초점은 단연코 아이다. 아이가 어떤 행동을 하는지, 무엇을 잘하는지, 또 무엇을 원하는지가 가장 중요하다. 그렇다 보니 부모는 자신을 돌보는 데 소홀해지기 쉽다. 우리는 부모 역할이 삶의 과업 가운데 가장 중요한 것이라고 믿고 있다. 그것은 지혜와 인내 그리고 많은 에너지를 필요로 한다. 우리는 당신에게 부모로서의 양육 태도에 영향을 준 요인에 대해서 검토해볼 것을 제안했고, 또 효과적이지 않은 것들을 변화시키기 위해 노력하라고 제안했다. 건강한 변화는 건강한 사람에 의해 만들어질 수 있다는 것을 기억하자. 따라서 가장 먼저 선행되어야 할 일은 바로 자신을 돌보는 방법을 배우는 것이다.

사실 자신을 돌보는 것은 선택 사항이 아니다. 너무나 필수적이며,

지혜로운 행동이다. 당신이 육체적·정서적으로 모두 편안하고 건강할 때만이 부모로서 최선을 다할 수 있기 때문이다.

지금 당신이 물이 가득 찬 병을 들고 있다고 상상해보자. 매일매일 당신은 그 물을 조금씩 따라 붓는다. 아이를 위해 조금, 배우자를 위해서도 조금, 또 특별한 상황이 닥치면 한 컵을 붓는다. 부모란 언제나 갖고 있는 물을 부어주기만 할 뿐, 그것을 다시 채울 수 있는 기회가 거의 없다.

아이를 진정으로 사랑하는 좋은 부모가 되려면 당신의 주변 사람뿐만 아니라 당신 자신을 존중해야 한다. 매일매일 당신 자신을 채울 수 있는 시간을 찾고 즐길 수 있는 일을 찾아야 한다. 당신 자신을 존중하며 돌보는 일은 결코 이기적인 행동이 아니다. 지극히 현명한 것이다.

문제는 균형이다

좋은 부모가 되는 일은 조화와 균형을 취함으로써 이루어질 수 있다. 일과 놀이와의 균형, 친절함과 엄한 태도와의 균형, 자신을 돌보는 것과 다른 사람을 돌보는 것과의 균형을 잘 이루는 사람이 바람직한 부모 역할을 할 수 있다. 물론 결코 쉽지 않은 일이 될 것이다.

우리 삶에서 가장 중요한 것은 인식과 노력 그리고 실천과의 사이에 균형을 이루는 것이다. 부모로서의 자신을 이해하고, 변화하려고 노력하고, 당신 자신과 가족의 건강한 삶을 지키는 것이 그런 과정의 일부이다. 당신은 분명히 실수를 하겠지만, 기억할 것은 실수란 당신이 배우고 성장하는 데 좋은 기회를 제공한다는 것이다.

13장

아이를 제대로
이해하는 방법

우리는 부모의 양육 태도가 만들어낼 장기적인 결과에 대해 누누이 강조했다. 그리고 아이가 매 순간 어떤 판단을 하는지에 대해서 유념할 것도 이야기했다. 이 이야기를 당신은 이제는 더 이상 듣기 싫을 정도가 되었을 것이다. 그럼에도 우리는 계속 이야기할 것이다. 아이들이 자신과 부모 그리고 삶에 대해서 갖게 되는 여러 가지 판단이 그토록 중요하다면 부모는 그것에 대해 정확히 알아야 하기 때문이다.

　하지만 매우 주의 깊고 애정적인 부모라 해도 아이가 무슨 생각을 하고, 어떤 판단을 내리며, 그것이 어떤 결과를 불러올지 어떻게 정확히 알 수 있겠는가. 형제자매, 심지어 쌍둥이라도 완전히 똑같은 판단을 내리지 않는다. 어떤 아이는 "나는 능력 있는 사람이야. 그러니까 다른 사람의 도움은 필요 없어"라고 판단하는가 하면, 또 어떤 아이는 "나는 능력 있는 사람이야. 그러니까 다른 사람을 도와줄 수 있어"라는 판단을 할 수 있다. 이외에도 "나는 항상 유능해야만 돼. 나는 실수를 해서는 안 돼"라는 생각을 할 수도 있다.

따라서 아이가 어떤 판단을 하고 있는지를 이해하는 일은 쉽지 않다. 그러나 <u>아이가 매 순간 부모와 자신에 대해 어떤 판단을 내리고 있다는 것을 이해한다면, 당신은 자신의 양육 태도를 끊임없이 점검하고 변화시키기 위해 노력하지 않겠는가.</u>

예컨대, 아이에게 완벽주의적인 기질이 있다고 판단되면 당신은 실수란 많은 것을 배울 수 있는 기회라는 점을 더욱 강조하고, 부모 스스로 그 모델이 되어줄 수 있다. 아이가 다른 사람의 도움을 필요로 하지 않으려 한다면, 당신은 가족회의을 통해 함께 문제를 해결해나가는 과정에 참여할 수 있는 기회를 줄 수 있다. 아이가 자신을 무능력하다고 생각하는 것 같으면, 능력 있는 사람이라는 자신감을 갖도록 작은 성공의 경험을 제공하려고 노력하면 된다.

발달 단계에 맞는 합리적인 기대를 가져라

아이를 이해하는 방법 중 하나로 제안하는 것은 아이의 행동과 능력에 대해서 합리적인 기대를 가지라는 것이다. 아마도 '미운 네 살'이라는 말을 들어보았을 것이다. 그런데 실제로는 미운 네 살은 존재하지 않는다. 네 살이 되면 아이들은 자아가 커져 고집이 세진다. 그래서 부모의 말에 '안 먹어', '안 해', '싫어' 등의 말을 달고 산다. 그러나 겉으로는 부모의 뜻과 반대로 행동할지라도, 진실로 부모에게 대항하려는 의도를 갖고 있지는 않다. 또 일부러 부모를 당혹스럽게 하고, 어렵게 만들기 위해 전략을 세우지도 않는다.

네 살 아이들은 신체와 두뇌, 정서적으로 정상적인 발달 과정에 따라 주변을 탐색하고, 배우고, 실험할 뿐이다. 이 시기의 아이들은 자신의 행동에 대한 어른의 반응을 관찰함으로써 사회적 기술과 예절, 규칙 등을 배운다. 달리 표현하면 네 살 아이들은 부모라는 가장 흥미로운 연구 대상에 대해서 정신없이 실험을 수행하는 과학자이다. 따라서 아이들의 고집이 세지는 것도, 말대꾸하는 것도, 여기저기 활동반경이 늘어난다는 것도 모두 아이가 잘 크고 있다는 증거이다.

다섯 살 아이들은 자기 주도성을 개발하기 위해 엄청난 신체적 에너지를 쏟는다. 에릭슨이 발달 이론에서 밝혔듯이 다섯 살 아이들에게서는 자신이 계획하고 생각한 것을 스스로 해보려는 주도성이 두드러지게 발달한다. 그런데 그 행동이 부모에게는 종종 위험하고, 지저분하고, 불편한 것으로 보여진다. 언제 어떤 행동을 할지 몰라 아이에게서 눈을 뗄 수 없는 다섯 살이 가장 어려운 시기라고 말하는 이유가 바로 여기에 있다.

이처럼 아이들의 발달 단계에 따른 특성을 알면 왜 그런 행동을 하는지 충분히 이해할 수 있다. 아이들의 보편적인 신체적·정서적 발달 단계를 이해하면 당신이 각 연령에 따라 어떤 양육 태도를 취해야 하는지도 알게 된다. 또 아이의 행동만 보고 무조건 통제하는 실수를 범하지 않을 수도 있다.

영유아기의 아이든, 학령기의 아이든 아이의 발달 특성을 이해함으로써 부모는 무조건적인 통제나 허용적인 태도의 함정에 빠지지 않고 아이들에게 필요한 기술과 태도를 제대로 가르칠 수 있다. 또한 부모와 자녀 사이의 벽을 만드는 화를 내는 일, 당혹스러운 행동하기, 서로 상처받는 말 등을 줄여나갈 수 있다.

또 사춘기 자녀가 겪는 신체적·정서적 변화에 대해 이해한다면 아이 때문에 불필요하게 마음 아파하지 않아도 될 뿐 아니라, 서로의 감정을 상하게 하는 일도 줄일 수 있다. 나아가 사춘기 자녀와 실랑이를 벌이지 않고도 문제를 해결할 수 있는 방법을 함께 찾아나갈 수 있다.

이처럼 발달 단계를 안다는 것은 아이에 대해 합리적이고 적절한 기대를 갖게 함으로써 부모가 현명하게 판단하고, 아이와 보다 바람직한 관계를 형성할 수 있는 길이다.

투자할 시간이 없다면 아이를 낳지 마라

세상에 자신이 갖고 있는 시간과 돈에 충분히 만족하는 사람이 있을까? 많으면 많은 대로, 적으면 적은 대로 사람들은 늘 부족하다고 느낀다. 특히나 시간이 그러하다.

요즘 부모들은 아이들에게 여러 가지 죄의식을 갖고 있다고 말했다.

그중 가장 큰 것이 아이와 보내는 시간이다. 부모 교육 워크숍에 참여했던 한 아버지는 눈물을 흘리며 이렇게 고백했다. "저는 텔레비전 보는 시간의 절반 정도밖에 안 되는 시간을 가족과 보냈어요." 그러나 어떤 변화를 가져올 수 있는 죄의식이 아니라면 아무런 소용이 없다.

아이의 모든 행동을 통제하는 데 시간을 보내라는 것이 아니다. 아이 스스로 자신의 행동 결과에 대해서 탐색할 수 있도록 도움을 주는 데 시간을 보내라는 의미이다. 아이를 단순히 재미있게 해주기 위해서 함께 시간을 보내라는 것이 아니라, 아이가 자신의 꿈과 즐거움을 위해 노력할 수 있도록 도움을 주어야 한다는 것이다.

만약 아이가 어리다면 아이를 즐겁게 해주는 것도 중요하다. 어린아이들은 부모와 함께하는 것만으로도 다른 사람과 좋은 관계를 형성하는 데 필요한 행동을 배울 수 있기 때문이다. 또 사춘기가 되면 부모보다는 친구들과 함께 있는 것을 더 좋아하지만, 그래도 부모와의 시간은 중요하다. 짧은 시간이더라도 부모가 자신의 의사를 존중해준다는 느낌을 받으면 가족 모임에도 계속 참여하려고 할 것이다.

어느 지역에서 청소년 센터를 열었는데, 그 지역의 청소년들이 잘 참여하지 않았다고 한다. 그런데 또 다른 지역에서는 청소년 센터를 지으면서 지역의 십대들을 모든 계획 과정에 참여시켰더니 이후 센터에서 주최하는 활동에 대한 참여도가 아주 높았다고 한다. 아이들은 자신이 존중받는다는 느낌을 받을 때 반응한다.

만약 당신이 아이들의 이야기에 귀를 기울일 조금의 여유도 없다면 차라리 햄스터를 기르는 것이 낫다. 아이를 위해 시간과 노력을 기울일 여유가 없다면 자녀를 갖지 말아야 한다. 왜냐하면 아이들은 부모의 시간과 노력을 필요로 하기 때문이다.

이제부터는 아이와 관계를 형성하기 위한 방법과 아이들이 생각하고 느끼는 방식들에 대해 알아볼 것이다. 이런 모든 방법은 당신의 시간 투자를 필요로 한다. 자, 보다 현명한 부모가 되기 위해 당신의 시간을 잘 활용하고 가치관을 검토해볼 수 있는 기회를 가져보자.

침묵하며 아이의 말에 귀를 기울이기

처음으로 상담실을 찾은 마르쿠스라는 아버지는 몹시 불안한 듯 넥타이를 만지작거리며 어렵게 말을 꺼냈다. 마르쿠스는 서른두 살인데 자신의 생활을 "좀 정신없다"고 표현했다. 부인이 어린 딸을 데리고 가출했다는 것이다.

"아내는 저 때문에 항상 괴로워했어요. 제가 너무 나약하다고 생각했죠. 아무래도 결혼하지 말았어야 했나 봅니다."

또한 그는 자신의 직장을 좋아하지 않았고, 대학 공부를 하고 싶지만 너무 늦었다고 생각했다. 만약 대학에 가려고 해도 학비를 마련할 방법이 없다고 했다.

"하지만 가장 큰 문제는 제가 스스로 판단을 하지 못한다는 데 있어요. 저는 어떤 확신을 갖지 못했고, 무엇을 하든지 이게 아니라 다른 것을 해야 하는 게 아닌가 하는 생각을 합니다. 그래서 어떤 일이든 집중하지 못하고 지내죠. 아마도 제게는 어릴 때 아버지가 하신 것처럼 계속 무엇을 하라고 일러주는 사람이 필요한 게 아닐까 하는 생각이 듭니다."

이 말을 듣고 상담사가 물었다.

"아버지가 항상 무엇을 하라고 말해주셨어요?"

"무엇을 생각해보아라, 이렇게 해라, 하고 일러주셨지요. 그래서 저는 어떤 일이 생기거나 결정을 해야 하는 일이 있으면 아버지에게 여쭤봤어요. 대부분 왜 이런 일이 생겼는지, 문제를 해결하려면 무엇을 생각해보아야 하는지 고민하기 전에 아버지가 저에게 어떤 말씀을 해주셨어요. 아버지는 항상 옳았어요. 아버지는 분명 저를 사랑하셨죠. 하지만 돌이켜보면 제게 자신의 판단에 대해 자신감을 가질 수 있는 방법과 기회를 주시지는 않았던 것 같아요."

많은 부모들이 아이의 말에 귀를 기울이기도 하지만 자신의 의견과 충고를 해줄 때가 더 많은 것도 사실이다. 그러나 『긍정 훈육법(Positive Discipline)』의 저자 로트(Lynn Lott)의 말처럼, 아이를 위해서는 부모가 입술을 꼭 다물고 아이의 말을 먼저 들어주는 것이 가장 좋은 방법이다. 다시 말해서 아이의 말에 대해 어떤 조언이나 비평을 하지 않고 들어주는 것이 중요하다. <u>가장 바람직한 부모의 태도는 그</u>

<u>저 아이의 말에 귀를 기울여주는 것이다.</u>

당신의 어린 시절을 한번 떠올려보자. 부모님의 훈계를 듣는 것이 과연 즐거웠는가? 부모님의 일방적인 충고나 비판을 듣는 것이 진정 도움이 되었는가? 아마 당신의 자녀도 마찬가지일 것이다.

아이들이 어떤 특성을 갖고 있고, 어떤 생각을 하는지, 그리고 어떤 선택을 하는지에 대해 알려면 아이들을 잘 이해해야 하는데, 가장 간단하면서도 효과적인 방법은 바로 아이들의 말에 귀를 기울이는 것이다. 아이들의 말을 잘 들어준다는 것은 단순히 아이들이 하는 말뿐 아니라 아이들의 말하는 태도까지도 이해하는 것을 의미한다. 아이가 얼굴 표정과 행동을 통해 전하려는 메시지에도 관심을 기울여야 한다. 우리는 앞서 적극적이고 반영적인 경청하기에 관해서 설명한 바 있다. ==부모가 아이의 감정을 잘 이해하고 있다는 느낌을 주어야만 아이에게 관심과 사랑을 받고 있다는 확신을 심어줄 수 있다.==

사춘기가 되면 부모와의 대화가 부쩍 줄어든다. 또 비밀도 많아진다. 이럴 때는 아이들의 대화에 귀를 기울여보자. 이때 절대 그들의 대화에 끼어들어서는 안 된다. 당신이 또 잔소리할 것으로 예상해 아이들은 입을 닫아버릴 것이기 때문이다. 아이와 친구를 차에 태우고 갈 때, 형제자매와 놀 때 아이들의 대화에 귀를 기울여보자. 이런 행동은 아이의 일기를 훔쳐보는 것이나 전화를 엿듣는 것과는 다르다. 아이들이 대화 속에 자주 듣는 음악 이야기며, 어떤 친구를 새로 사귀었는지, 요즘 가장 관심을 갖는 것은 무엇인지 등에 대해 이야기할 때 관심을 기울이면 요즘 어떤 고민을 하고, 또 어떤 판단을 하는지 알 수 있다. 이때 아이들의 말을 듣고 걱정이 될 경우에는 도움을 줄 수 있는 효과적인 방법을 고민해야 한다.

아이가 좋아하는 것에 관심 갖기

현대사회에는 너무 많은 위험이 도사리고 있다. 부모가 아이들을 걱정하는 것도 어쩌면 당연하다. 아이들이 신체적으로나 정신적으로 상처받을 수 있는 요소가 주변에 널려 있기 때문이다. 그러다 보니 아이를 지나치게 사랑하는 부모는 아이에게 해가 될 만한 일은 아예 못하도록 통제하거나 과잉보호하게 된다. 그러나 아이들은 지나친 통제나 과잉보호에 반항하고 어떻게든 벗어나려 하거나, 반대로 무기력해지기 때문에 올바른 양육 태도라 할 수 없다.

그보다는 아이가 좋아하는 것에 관심을 가져보자. 다음 이야기는 『재혼 가정을 위한 긍정의 훈육(Positive Discipline for Your Stepfamily)』이라는 책에서 인용한 것이다. 아이가 좋아하는 것에 관심을 갖는 방법을 통해 아이와 좋은 관계를 형성한 예이다.

마가렛이 아들의 방문을 두드렸다. 그런데 방 안에서 음악을 크게 틀어놓고 있던 아이는 엄마가 문 두드리는 소리를 듣지 못했다. 열네 살의 알렉스는 힙합 음악을 좋아해서 언제나 음악을 크게 틀어놓았다. 마가렛은 "알렉스, 제발 음악 소리 좀 낮춰! 도대체 왜 그렇게 음악을 크게 틀어놓니?" 하고 소리를 질렀다. 하지만 이내 뭔가 상처받은 듯한 아들의 눈빛을 보고는 약간의 죄의식을 느꼈다.

"저녁 먹을 시간이야. 그만 내려와."

남편이 무슨 일이냐고 묻길래 그녀는 이렇게 말했다.

"알렉스가 음악을 너무 크게 틀어놓고 있어요. 도대체 노래 가사도 너무 이상하고, 왜 저런 음악을 듣는지 모르겠어요. 저런 음악은 못 듣게 하고 싶은데, 요즘 아이들이 온통 그렇다니까 어떻게 할 수가 없어요. 집에서 못 듣게 해도 친구들과 있으면 듣게 될 테니까요. 물론 알렉스가 이상한 행동을 할 거라고 생각하지는 않지만, 그래도 왜 저렇게 이상한 음악을 좋아할까요?"

남편은 싱긋 웃으면서 말했다.

"우리가 저만 할 때 들었던 비틀즈나 롤링스톤즈도 그랬을 거야. 당신 기억 안 나? 부모님이 얼마나 싫어하셨는지. 아마도 비엔나에 왈츠가 처음 들어왔을 때도 마찬가지지 않았을까?"

하지만 여전히 걱정인 듯 보이는 마가렛에게 다시 말했다.

"그것에 대해 알렉스와 차분히 이야기해본 적 있어?"

마가렛은 고개를 저으며 "아니요. 난 그저 훈계만 했네요. 우리 아이가 당신 같은 아버지를 만나 정말 다행이에요. 그렇지 않았다면 아마 난 아이를 계속 괴롭혔을 거예요."

며칠이 지난 뒤, 마가렛은 알렉스를 데리고 마트에 가서 생일 선물로 새로운 CD를 샀다. 그리고 아이에게 말했다.

"엄마는 네가 힙합이나 랩을 왜 좋아하는지 잘 모르겠어. 그러니까 오늘 새로 산 CD를 차 안에서 함께 들으면서 무슨 이야기인지 설명 좀 해줄래?"

알렉스는 몹시 당황한 듯 "엄마, 왜 그래요? 좀 이상해요" 하더니 잠시 생각에 잠긴 후 조금 차분해진 목소리로 "엄마는 이런 음악을 싫어하잖아요. 게다가 이 노래 가사에는 좋지 않은 말들도 들어 있어요"라고 말했다.

"엄마도 그 정도는 알고 있어. 하지만 엄마는 너를 이해하고 싶어. 엄마가 네 나이였을 때 우리 부모님도 내가 듣는 음악을 좋아하지 않으셨어. 내가 듣는 음악을 제대로 들어보신 적도 없었어. 엄마는 너를 그렇게 대하고 싶지 않아. 자, 이제 네가 제일 좋아하는 음악을 함께 들어보자."

그러자 알렉스는 신이 난 목소리로 "그래요, 좋아요. 하지만 엄마는 좋아하지 않을 걸요" 하고 말했다.

알렉스의 예상이 맞았다. 마가렛은 그 음악을 좋아할 수가 없었다. 하지만 계속 음악을 들었고, 알렉스는 자기가 좋아하는 부분과 좋아하는 가수에 대해서 이야기하기 시작했다.

마가렛은 알렉스의 말에 귀를 기울였다. 알렉스는 단순히 음악뿐만 아니라 음악 속에 담긴 인종 차별, 페미니즘, 마약, 십대들의 생각이나 세상의 여러 편견에 대해서도 이야기를 이어나갔다. 마가렛은 그동안 미처 알지 못했던 알렉스의 모습을 발견하고는 내심 놀랐다.

집에 도착하자 알렉스는 CD를 꺼내면서 이렇게 말했다.

"엄마, 제가 이런 음악을 좋아한다고 해서 밖에 나가 마약을 한다거나 무슨 나쁜 짓을 할 거라고 생각하지 않았으면 좋겠어요. 저도 무엇이 옳고 나쁜지 알고 있거든요."

"그래, 알아. 그 음악을 듣게 해주어서 고맙다. 오늘 새로운 음악에 대해서, 그리고 너에 대해서 정말 많은 것을 배웠구나."

며칠 후, 알렉스는 엄마에게 특별한 선물을 주었다. 조금 쑥스러운 표정으로 CD를 내밀며 말했다.

"지난 주말에 친구 집에 갔을 때 CD를 복사했어요. 제가 좋아하는 노래 몇 곡이 들어 있는데, 이 노래는 엄마가 들으면 좋을 것 같아요."

마가렛은 CD를 받고 아들을 꼭 껴안아주었다.

"고마워. 이건 정말 나에게 아주 뜻 깊은 선물이구나."

그 음악이 마가렛의 마음에 드느냐는 중요한 문제가 아니다. 알렉스가 좋아하는 것에 흥미와 관심을 보여줌으로써 두 사람 사이에 닫혀 있던 문이 활짝 열리지 않았는가. 부모와 자녀 사이를 갈라놓았던 문제가 오히려 관계를 개선시키는 데 중요한 역할을 한 것이다.

말하는 대로 들어만 주기

말하는 대로 들어만 준다는 건, 알고 싶은 것을 겉으로 드러내지 않고 그저 상대방의 말을 들어주는 것을 말한다. 부모 교육 워크숍에 만난 많은 부모들은 이런 불평을 한다. "나는 정말 잘 들어주려고 노력했어요. 하지만 아이는 나에게 말하려고 하지 않아요."

그 이유는 부모에게는 매우 궁금한 일이 아이에게는 별로 흥미롭지 않고, 중요하지도 않기 때문이다. 부모가 가장 많이 하는 질문인 "오늘 학교에서 어땠어?" 하는 말에 아이들은 별로 대답하고 싶어 하지 않는다. 그러나 만약 당신이 특정한 질문을 하지 않고 그저 들어주는 방법을 사용한다면, 당신이 아이로부터 들을 수 있는 이야기가 얼마나 많은지 아마 놀랄 것이다.

아이가 학교에서 돌아오면 간단한 간식을 챙겨주고 일단 마주앉는다. 그리고 기다린다. 그러면 어느 순간 당신이 묻지 않았지만 아이는 오늘 하루에 대해 이런저런 이야기를 늘어놓을 것이다.

피셔 부인은 딸아이가 학교 갈 준비를 하려고 목욕탕에 들어가면 함께 들어가 욕조 끝에 앉아 있곤 한다. 그러면 딸이 먼저 묻는다.

"엄마, 왜 거기 있어요?"

"그냥 여기서 너하고 같이 있으려고."

어느 순간 딸아이는 엄마가 거기 앉아 있는 것을 자연스럽게 여기고 학교 갈 준비를 하면서 이런저런 이야기를 하기 시작했다. 물론 부모가 계속 침묵을 지키고 있을 필요는 없다. 하지만 아이의 말 중간에 끼어들어서 훈계를 하지 않도록 조심해야 한다.

'어떻게', '무엇' 유형의 질문으로 관심을 표현하기

아이에게 질문을 하라는 것은 '심문'하라는 뜻이 아니다. '무엇'과 '어떻게' 유형의 질문 기법을 사용하면 아이와 좋은 관계를 형성하고, 아이의 세계와 생각을 이해하는 데 도움이 된다. 9장에서 이미 살펴보았듯이 이런 질문 방식은 아이들에게 자신에 대해 스스로 깊이 생각해볼 수 있는 기회를 주며, 유능감을 갖고 적극적으로 문제를 해결할 수 있는 능력을 키워준다.

물론 당신에게 아이의 관심사를 똑같이 좋아하라는 뜻은 아니다. 하지만 당신이 아이가 좋아하는 것에 관심을 가져주면 아이와 좀 더 가까워질 수 있다. 함께 문제를 해결해나가고, 아이의 행동에 한계를 지어주기 위해서는 비평이나 훈계를 하기보다는 아이가 좋아하는 것에 호기심과 관심을 보여야 한다.

다음과 같은 질문을 한다면 아이는 어떻게 반응할까? 이때 중요한 것은 당신이 말하는 태도임을 유념하자.

"요즘 어떤 영화(텔레비전 프로그램, 쇼, 음악)를 좋아하니?"

"친구들과 있으면 기분이 어떠니?"

"너는 ○○○(아이 친구의 이름)의 어떤 점을 좋아하니?"

"컴퓨터 게임 하는 방법 좀 알려줄래?"(이 질문은 '무엇' 또는 '어떻게' 유형의 질문은 아니지만, 아이의 관심사에 호기심을 보이는 태도를 전달하는 것이라면 무방하다.)

부모 자신의 이야기 들려주기

아이에게 당신이 살아온 삶과 경험을 이야기해주는 것도 아이와 좋은 관계를 형성할 수 있는 한 방법이 될 수 있다. 물론 그렇다고 해서 당신의 과거 경험을 훈계를 하기 위해 사용하라는 뜻은 아니다. 예컨대, "아빠가 어렸을 때는 요즘처럼 장난감이 흔하지 않았어. 그래서 하나라도 아주 아끼고 조심해서 다루었는데 말이지" 하는 식의 말은 전혀 도움이 되지 않는다.

아이에게 가족의 정신적 유산과 역사를 알게 하는 것은 중요하다. 부모가 어떤 사람인지에 대해 아는 것은 아이에게 자신이 누구인가를 좀 더 확실히 알게 해준다. 9장에서 가족회의의 중요성을 이야기했는데, 함께 모여 부모의 옛날 사진이나 기념품 등을 보여준다면 당신이 시도했던 그 어떤 순간보다 더 많은 대화를 할 수 있을 것이다. 하지만 어떤 시도를 하든 가장 중요한 것은 억지로 아이에게 강요하는 것이 아니라 아이의 마음을 자연스럽게 이끌어야 한다는 점이다. 아이는 부모가 자신의 이야기를 잘 들어주고 이해해주고 있다는 느낌을 받으면 부모와 함께하는 시간을 더욱 좋아하게 될 것이다.

아이와 '특별한 시간'을 함께하기

번잡스럽거나 소란스럽지 않으면서 아이와 일대일로 시간을 함께하는 것도 중요하다. 우리는 이것을 '특별한 시간'이라고 부르는데, 아이들은 이런 시간을 갈망한다. 아이와 특별한 시간을 갖는 것은 큰돈이 드는 일이 아니다. 그렇다고 항상 아이들을 즐겁고 행복하게 해주는 것도 아니다.

특별한 시간이란 아이와 무엇이든 함께 해보는 시간이다. 예컨대, 아이에게 "이리 와서 차 엔진이 어떻게 생겼는지 한번 볼래?" 하고 묻는다든지, 도서관에서 함께 책을 고른다든지, 집 앞 산책을 가는 것처럼 아주 간단한 일이다. 잠자리에 드는 짧은 시간도 특별한 시간이 될 수 있고, 학교에 함께 차를 타고 가는 순간도 특별한 시간이 될 수 있다.

특별한 시간이란 말하자면 '엄마와 나만' 또는 '아빠와 나만' 함께하는 시간을 의미한다. 이런 시간은 미리 계획하고 예산을 세운다면 더 좋다. 자녀가 여럿인 경우 한 아이와 함께하는 시간을 정기적으로 계획한다면 아이의 말에 귀를 기울이고 관심사를 공유하기가 훨씬 수월할 것이다.

아이와 좋은 관계를 형성하는 일은 아이가 어떤 판단을 하고 있는지를 이해함으로써 함께 문제를 해결하고, 한계를 정하고, 위험에 대처할 수 있도록 해준다. 특별한 시간을 갖는 일은 부모의 시간을 많이 요구하지 않으면서도, 정기적으로 몇 분씩만 투자해도 아이의 소속감과 아이가 부모로부터 인정받는다는 안정감을 키워줄 뿐 아니라, 아이와 좋은 관계를 형성하는 데도 그 어떤 방법보다 효과적이다.

단, 주의할 것이 있다. 이 시간은 아이의 말을 들어주고, 함께 공감대를 형성하기 위한 것이다. 결코 아이의 행동을 감시하거나 통제하기 위한 수단으로 쓰여서는 안 된다.

화내기 덫에 걸리지 않기

우선 이것을 인정해보자. 모든 부모는 화를 낸다. 부모 교육 워크숍에 참석한 부모들에게 아이에게 한 번도 화를 내본 적이 없는 사람이 있는지 물으면 부모들은 겸연쩍게 웃으면서 주위를 둘러본다. 그러고는 아무도 손든 사람이 없다는 사실에 안심한다. 이처럼 아이를 키우면서 화를 내는 건 일상적인 일이기에, 그것이 해가 될 수도 있다는 생각은 잘 하지 못한다. 앤드류는 아주 힘든 경험을 통해 이 교훈을 얻었다.

스물여덟 살의 앤드류는 타비타와 결혼해서 세 아이를 입양했다. 그는 부모 교육 워크숍에 참석해 이런 말을 했다.

"저는 아주 자유로운 싱글에서 졸지에 세 아이의 아빠가 되었죠. 많은 것이 달라졌지만, 무엇보다 집 안이 왜 늘 지저분한지 이해할 수가 없었어요."

그때까지도 앤드류는 아이들의 발달 단계에 대해서 전혀 모르고 있었던 것이다. 그는 자신이 비합리적인 기대를 갖고 있었다고 말했다. 시간이 지날수록 앤드류와 아이들의 관계는 나빠졌다. 그는 아이들을 과도하게 통제했고, 아내는 그것을 보상해주려는 듯 지나치게 허용적이었다. 어느 순간 아이들은 그를 피하려고만 했다.

그는 아이들이 왜 자신을 존경하지 않는지 도무지 이해할 수가 없었고, 아이들은 아버지의 태도가 참을 수 없었다. 타비타는 그 사이에서 어쩔 줄 몰라했다. 가족 모두가 전혀 행복하지 않았다.

결국 앤드류와 타비타는 부모 교육 워크숍에 참여하게 되었다. 두 사람은 아이들의 말에 귀 기울이고, 아이들의 세계를 이해하고, 아이들과 협력할 수 있는 방법을 열심히 배웠다.

그러던 어느 날 열 살 된 첫째 딸이 자기 방 청소를 하지 않았다. 그것을 본 앤드류는 무척이나 화가 났다. 그래서 "돼지우리 같은 네 방으로 가라. 다시는 네 그런 지저분한 얼굴을 보고 싶지 않다!" 하고 소리치고 말았다.

그다음 주 부모 교육 워크숍에 온 두 사람의 얼굴에는 슬픈 표정이 역력했다. 앤드류는 이렇게 말했다.

"우리는 다시 이전으로 돌아갔어요. 하지만 다시 잘 해볼 거고, 아마 좋아질 거예요. 하지만 제 입을 어떻게 해야 막을 수 있을지 모르겠어요. 지금도 그 순간 아이의 얼굴이 떠올라 가슴이 너무 아파요."

한 번 크게 화를 냈다고 해서 아이와의 관계가 전혀 회복될 수 없는 건 아니다. 부모도 어쩔 수 없이 화를 내는 순간들이 있다. 하지만 당신이 어떻게 느끼느냐와 어떻게 행동하느냐는 다른 문제이다. 아이에게 상처를 줄 수 있는 심한 말은 아이들의 뇌리에 박혀 잘 잊혀지지 않는다. 아이와 서로 존중하는 관계를 형성하는 데는 많은 시간이 걸리지만, 이를 무너뜨리는 것은 한순간이다.

만약 당신이 순간 치솟는 화를 참지 못하고 아이에게 거친 말을 쏟아버렸다면, 실수를 통해 배울 수 있는 좋은 기회라고 생각하자. 그리고 진심으로 아이에게 사과를 하고, 앞으로 같은 실수를 하지 않기 위해 아이와 함께 해결책을 찾아본다. 믿을지 모르겠지만 존경과 겸손한 태도로 문제를 해결하면, 아무리 심한 논쟁을 하더라도 서로 간에 친밀감을 형성할 수 있다.

아이를 믿고 맡기기

사랑으로 아이를 키우는 많은 부모들은 좋은 부모라면 아이가 무엇을 하고, 어디에 있으며, 누구와 함께 있는지 등 모든 것을 알아야 한다고 생각한다. 그러나 자녀가 어디에 있는지 아는 것보다 아이의 특성을 이해하는 것이 더 중요하다. 아이의 특성을 이해하고, 아이가 실수를 통해서 배우고 경험하여 스스로 문제해결 능력을 키워나갈 수 있다는 믿음을 가지고 기회를 주어야 한다.

아이를 키우다 보면 어떤 때는 아이와 충분한 친밀감을 나누고 있다고 생각되지만, 또 어떤 때는 거리감을 느끼기도 한다. 아이의 발달 특성을 이해하면 사춘기 아이들이 왜 부모보다는 친구들에게 고민을 먼저 털어놓고, 갈수록 부모에게는 비밀이 늘어나는지 알 수 있다. 그러면 당신의 아이가 그런 행동을 보이는 것은 결코 문제가 있는 것이 아님을 알게 될 것이다.

중요한 것은 당신이 마음의 문을 열고 아이들과 함께 시간을 보내고, 그들의 세계에 관심을 갖는 것이다. 아이들도 자신에게 도움이 필요할 때 누구를 믿어야 하는지, 어떻게 말해야 하는지 판단할 수 있는 능력을 갖고 있다. 따라서 <u>현명한 부모라면 아이에게 작은 공간을 열어주고, 아이를 이해하고 격려하는 태도를 보여주고, 아이의 말에 귀를 기울일 수 있는 시간을 내어줄 수 있어야 한다.</u> 당신은 분명히 아이와 함께할 수 있는 시간을 찾을 수 있다.

궁극적으로 부모가 해야 할 일은 따뜻한 사랑과 엄한 양육 태도로 아이를 가르치고 격려하면서 자신의 길을 적극적으로 찾아나갈 수 있도록 도와주는 것이다. 물론 아이가 스스로 길을 찾아나가는 과정을 그저 지켜보는 일은 때로는 불안하기 마련이다. 하지만 아이의 발달 특성과 잠재력을 이해한다면 당신의 불안은 조금씩 줄어들 것이다. 당신이 놓치지 말아야 할 것은 아이들의 이야기에 마음을 열고 귀를 기울이고, 진심으로 관심을 보이는 것이다.

14장

친절하면서도
엄한 양육법을 실천하라

당신은 이제 지금까지 아이를 지나치게 사랑해왔음을 인정할 것이다. 자신의 양육 태도가 가져올 장기적인 결과에 대해서 생각해보지 못했던 것, 아이를 통제하거나 아니면 무조건적으로 허용했던 일, 그리고 사랑이라는 이름으로 저질렀던 많은 실수에 대해 깊이 고민하고 깨달았을 것이다. 하지만 이러한 교육과 경험을 통해 익힌 바람직한 부모 역할을 제대로 해보겠다고 굳게 마음을 먹어도 우리는 아마 또다시 실수를 하게 될 것이다. 그래서 실수가 진정으로 많은 것을 배울 수 있는 기회라는 점을 여러 번 강조하고 싶다.

　당신은 여러 장단점을 지닌 아이들을 두고 있다. 아이들은 당연히 실수를 하고, 잘못된 선택을 하기도 한다. 부모인 당신 또한 마찬가지다. 부모 역할의 최종 목표는 완벽한 것을 얻으려는 것이 아니라 아이들이 실수하더라도 그것을 통해 배우면서 성공적이고 행복한 삶을 만들어가는 성인으로 키우는 것이다. 다시 말하면, 부모로서 당신의 임무는 조금씩 아이 곁에서 멀어지고, 궁극에는 없어도 되는 존재가 되는 것

이다. 당신은 언제나 사랑과 지지를 해주기 위해 아이의 주변에 머무르지만, 언젠가는 더 이상 그러한 책임을 지지 않게 될 것이다. 그 순간을 위해 우리에게는 더욱 친절하면서도 엄한 부모 역할이 필요하다.

이 장에서는 자녀를 둔 가정에서 흔히 빚어지는 세 가지 대표적인 갈등 상황을 중심으로 이야기하고자 한다. 바로 돈의 올바른 사용과 집안일 그리고 숙제에 관한 것이다. 어떻게 해야 합리적인 기준을 세우고 아이와 갈등 없이 해결할 수 있을지 살펴보자.

돈의 올바른 사용법을 가르치려면

모든 문제의 근원은 아니겠지만, 돈은 가정의 궁핍을 가져오는 것 이상의 문제를 일으킬 수 있다. 현대사회의 아이들은 부모의 소비 생활에 커다란 부분을 차지하고 있다. 특히 은행과 금융기관은 아이들이 소비 생활에 어느 정도 영향력을 갖고 있는지 잘 알고 있다. 그래서 이들은 "당신의 자녀를 위해 이자율이 낮은 신용카드를 준비해주세요"라는 광고지를 돌리며 청년들을 대상으로 신용카드 영업을 한다. 그리고 불행히도 돈의 가치를 제대로 알지 못하는 젊은이들이 결국 신용카드 빚 때문에 어려움에 처하는 경우가 점점 늘고 있다.

어느 고등학교 교사가 학생들에게 신용카드로 물건을 마구 사들여 하루아침에 엄청난 빚을 떠안게 된 한 젊은 부부에 관한 영상을 보여주었다. 영상을 보고 나서 교사는 학생들과 이 부부의 문제점과 해결 방법에 대해서 토론을 벌였다. 그런데 학생들이 내린 결론은 "부모님에게 가서 도움을 받아야죠" 하는 것이었다. 이 부부가 잘못에 대한 책임을 져야 한다거나, 더 이상의 소비를 하지 말고 시간이 오래 걸리더라도 열심히 일해서 갚아야 한다는 식의 의견은 별로 없었다.

현대사회에서 돈을 벌고 관리하는 일은 매우 중요한 일이기 때문에 부모 역시 아이들에게 이 문제를 가르치고 싶어 한다. 당신은 아이가 돈에 대해 무엇을 배우기를 바라는가? 어떻게 해야 아이들이 올바르게 돈을 벌고, 저축하고, 투자하고, 현명하게 소비하는 방법을 배울 수 있을까? 다음 두 가지 사례를 살펴보자.

열일곱 살인 제이는 엄마의 지갑에서 돈을 훔쳤다. 이 사실을 안 엄마는 딸이 다음에는 남의 돈을 훔치게 될까 두려워서 아이와 함께 상담 센터를 찾았다. 제이는 모자를 눌러 쓴 채 "저는 돈이 필요했어요. 그런데 한 번도 용돈을 받아보지 못했어요" 하고 말하더니 화가 치밀어 오르는 듯 흥분한 목소리로 계속 말을 이었다.

"저는 항상 점심값이나 버스비를 친구에게 빌려야 했어요. 친구들에게 내 것까지 내달라고 하는 건 잘못된 거잖아요. 저는 영화 한 편도 맘대로 볼 수 없고, 햄버거 하나도 사 먹을 수가 없었어요."

"그러면 아르바이트를 해볼 생각은 안 해봤니?" 하고 상담사가 제이에게 물었다.

"그렇게 하고 싶었지만 집 근처에서 일할 만한 곳이 없었어요. 엄마가 데려다주지 않으면 멀리 갈 수도 없잖아요. 그런데 엄마는 데려다주지 않았어요."

그 순간 제이는 엄마를 살짝 쏘아보았다. 그러자 옆에 있던 엄마가 단호한 말투로 덧붙였다.

"아이가 스스로 기름 값을 내고 보험료를 낼 수 있다면 운전을 하게 할 수 있죠. 저는 아이에게 용돈을 주었어요. 그리고 부족하다면 아이가 직접 벌어야 한다고 생각해요. 그런데 아이는 한 번도 그런 적이 없어요."

엄마는 제이에게 일주일에 2만 원씩 용돈을 주었다. 하지만 제이가 양말을 아무 데나 벗어놓거나 본인이 맡은 집안일을 잊어먹거나 실수를 하게 되면 1천 원씩 깎기로 했다. 또 성적이 나빠도 용돈을 조금씩 깎았다.

시간이 지날수록 제이는 용돈이 점점 줄어들어 불안하고 답답해졌다. 자기가 맡은 집안일을 열심히 하려고 했지만 잊어버리기 일쑤였다. 결국 제이의 문제를 해결할 수 있는 유일한 방법은 엄마의 돈을 훔치는 것이었다.

돈을 훔치는 것은 결코 좋은 일이 아니다. 하지만 제이의 어려움도 이해할 만하다. 엄마는 아이를 사랑했고, 그래서 돈에 대해 스스로 책임질 수 있도록 가르치는 것이 필요하다고 생각했다. 그러나 문제는 아이가 스스로 돈을 벌고 관리할 수 있도록 지원해주는 방법이 아무것도 없었다는 것이다.

열일곱 살 브랜든에게는 스스로 돈을 벌어야 할 이유가 없었다. 아버지는 아이가 원하는 것은 무엇이든 사주었다. 다만 너무 바빠서 아이와 함께 시간을 보내지 못했다. 브랜든은 혼자 보내는 시간이 많았고, 여유 있게 쓸 수 있는 돈도 있었다. 브랜든은 열일곱 번째 생일날, 아버지로부터 새 자동차를 선물 받았다. 그런데 음주 운전을 하다가 차를 망가뜨리고 말았다.

아버지는 아이를 야단치고는 다시 새로운 자동차를 사주었다. 하지만 브랜든은 6개월이 못 가서 또 사고를 냈다. 이번에는 좀 더 심한 야단을 맞았지만 결국 또 다른 차를 사주었다.

제이의 엄마는 돈의 씀씀이를 가르치기 위해 지나치게 통제적이었고, 브랜든의 아버지는 지나치게 허용적이었다. 어느 방법도 장기적으로 볼 때 결코 바람직하지 않다. 제이나 브랜든 모두 자신과 삶을 위해 돈을 벌고 관리하는 방법을 배우지 못한 것이다.

그렇다면 올바른 돈의 사용법을 어떻게 가르칠 것인가? 돈의 사용법을 가르칠 수 있는 친절하면서도 엄한 부모 역할은 어떻게 해야 하는 것인가?

• **일정한 용돈을 주어라**

　용돈을 주는 것은 아이들에게 돈에 대해 교육을 시키기 위한 시작이 될 수 있다. 아이들이 돈을 가져보지 않고는 관리하는 방법을 배울 수가 없다. 어떤 부모는 일정한 용돈을 주기보다는 필요할 때마다 돈을 주곤 한다. 또 부모의 기분이 내킬 때나, 아이가 칭얼대고 떼를 쓰면 주기도 한다. 그러나 기분 내키는 대로 돈을 주는 것은 부모나 아이 모두의 마음을 상하게 하는 좋지 않은 방법이다.

　용돈은 아이가 처음으로 돈의 필요성을 갖게 될 때 시작하는 것이 좋다. 일정한 용돈을 미리 결정하고, 일주일에 한 번 정도 준다. 용돈을 정하는 것은 아이가 소비를 위한 예산을 세우는 데 기준이 된다.

　한 주가 다 지나기도 전에 아이의 용돈이 떨어지면 절대로 더 주어서는 안 된다. 아이들은 자신이 원하는 대로 마음껏 용돈을 쓴 결과가 어떤 것인지를 경험할 수 있어야 한다. 그렇다고 용돈의 양에 대해서 절대 협상하지 말라는 뜻은 아니다. 아이의 성장과 필요성을 감안하여 생일이나 새 학년이 시작되는 시기에 용돈을 재협상할 수 있다.

　용돈을 주는 것은 가정 형편과 아이의 요구에 따라 미리 계획하고 서로 협상하는 등 모든 상황이 고려되어야 한다. 만약 아이의 요구가 가정의 경제 형편으로는 어려운 것이라면 아이에게 아르바이트를 권할 수도 있다. 일단 용돈에 대한 협상이 이루어지면 부모는 약속을 지키고 일관성 있게 실행해야 한다. 그럼 계획적인 용돈 주기가 실제로 어떻게 이루어질 수 있는지에 대해 알아보자.

- **친절하면서도 엄한 재정 관리**

캐빈은 엄마와 단둘이 산다. 캐빈의 엄마는 경제적으로 넉넉하지는 않았지만 아이가 어릴 때부터 자신이 가진 것을 스스로 관리할 수 있는 능력을 길러주고 싶었다. 그래서 캐빈이 일곱 살 때부터 일주일에 5,000원 정도의 용돈을 주었다. 캐빈은 엄마와 마트에 갈 때마다 작은 장난감이나 카드를 사는 데 자기의 용돈을 다 써버렸다. 그러면 엄마는 웃으면서 "그래, 네 용돈이니까 그렇게 해. 그런데 돈이 좀 남아 있니?" 하고 묻기만 했다.

캐빈은 종종 뽀로통한 얼굴로 엄마에게 무언가를 사달라고 졸라댔다. 그러면 엄마는 갖고 싶은 것을 못 사는 건 힘든 일이지만, 다음 주 용돈 받는 날까지 기다려야 한다고 말해주었다. 마침내 캐빈은 한 주 동안 용돈을 잘 관리하면 정말로 사고 싶은 것을 살 수 있다는 점을 깨달았다. 캐빈이 자라면서 엄마는 용돈을 올려주었다. 아이의 용돈을 저금하라고 강요하지도 않았지만, 아이가 원한다고 해서 별도의 돈을 주지도 않았다. 캐빈이 친구들은 더 많은 용돈을 받는다고 불평하면 세금 고지서를 정리할 때 아이를 불러 지켜보게 했다.

엄마는 자신이 한 달에 얼마를 벌고, 집 안 관리를 위해 얼마가 필요한지 알려주었다. 캐빈은 살아가려면 전기세를 내고, 화장실 물 사용료를 내야 한다는 사실을 알고 놀랐다. 그외 자동차 관련 비용, 식재료, 병원비 등에 대해서도 이야기를 나누었다. 이때 엄마는 캐빈에게 훈계조로 말하지 않았고, 그저 몇 가지 제안을 하고 아이에게 정보를 주는 태도로 설명했다.

시간이 흘러 청소년이 된 캐빈은 지금도 간혹 갖고 싶은 것을 사달라고 조르기도 한다. 하지만 아이는 집안 상황을 이해했고, 엄마가 얼마나 열심히 일하고 있는지에 대해서 자부심을 가졌다. 캐빈은 열일곱 살이 되자 아르바이트를 시작했다. 스스로 돈을 모아서 사고 싶은 것을 사고 저축도 했다.

캐빈의 엄마는 돈의 사용법에 대해 친절하면서도 엄한 교육 방법을 택했다. 그래서 캐빈은 아주 어릴 때부터 스스로 운용할 수 있는 돈을 가질 수 있었고, 또 한꺼번에 써버리면 나중에 원하는 것을 얻을 수 없다는 교훈도 얻었다. 캐빈의 엄마가 확고한 한계를 세우고 그것을 친절하면서도 엄하게 지켰기 때문에 아이가 경험을 통해 돈의 사용법, 그것의 한계와 가능성에 대해 배울 수 있는 기회를 준 것이다. 물론 이것은 인내와 많은 계획을 요구하지만 충분히 가치 있는 일이다.

왜 아이에게도 집안일을 나누어야 할까

사실 집안일을 거드는 것이 아이에게 중요한 과업은 아니다. 당신도 인정하겠지만 열 살 된 아이가 친구와 노는 것보다 자기 방 치우는 것을 더 좋아한다면 아마도 걱정이 앞설 것이다. 어른들조차도 집안일하는 것을 좋아하지 않는데, 아이들이라고 그것을 좋아할 리가 없지 않은가. 그러나 한 가족이기 때문에 서로를 돕는 일은 중요하다. 모든 가족 구성원이 각자의 책임을 나눠 갖는다면, 당신의 가족은 삶이 좀 더 편안하고 즐거워질 것이다.

• 집안일과 용돈은 별개다

과거 아주 모호한 부모 교육 원리로 누군가 제시한 대안 중 하나가 돈과 집안일을 관련시키라는 것이었다. 그들은 "아이들은 집안일을 싫어하죠. 하지만 돈은 원해요. 그러니까 아이가 집안일을 거들 경우에만 용돈을 주어야 합니다"라는 근거를 내세웠다. 정말 간단한 원리이다. 하지만 누가 어떤 일을 맡을 것인지, 일을 제대로 한 것인지, 그것에 대해 얼마를 주어야 하는지 등에 대해서 실랑이를 벌인 가족이 많을 것이다.

용돈과 집안일을 연관 짓지 않으면 많은 문제를 해결할 수 있다. 예컨대, 다섯 살 된 아이가 침대를 정리하는 대가로 1,000원을 받으면 아주 좋아하지만, 아홉 살쯤 되면 적어도 5,000원을 요구할 것이다. 그리고 열다섯 살 정도가 되면 1만 원을 주어도 그 일을 하고 싶어 하지 않을 것이다.

물론 아이들도 가족의 일원이기 때문에 집안일도 거들어야 한다. 아주 일상적인 집안일이 아닌 좀 특별한 일에 대해서는 약간의 용돈을 주는 것도 좋다. 예컨대, 자동차를 닦는다거나 부모님의 구두를 닦아주면 얼마의 용돈을 주는 것이다. 이런 일들은 아이에게 별도의 용돈을 벌 수 있는 기회를 주지만, 아이들이 하고 싶어 하지 않는다고 해서 부모와 갈등을 일으키지는 않는다.

아이가 집안일을 도와주는 것에 대한 대가로 용돈을 주자는 주장은 아이에게 자신의 역할을 하기 위해 집안일의 일부를 한다는 인식을 심어주지 못한다. 또 자신이 좋아하는 일은 아니지만 자신 몫의 집안일을 맡아 함으로써 가족 모두가 좀 더 편안할 수 있다는 사실을 깨닫지 못한다. 대신 아이들은 집안일에 대한 대가뿐만 아니라 학교 성적이나 모든 성취에 대해서도 보상을 바라게 된다.

어떤 부모는 어른도 결국은 일에 대한 대가로 돈을 받고 있는데, 그것과 무엇이 다르냐고 반문할 것이다. 그러나 어느 사람도 단순히 돈 때문에 일을 한다면 즐겁지 않을 것이다. 열심히 노력하고, 다른 사람과 협력하고, 문제해결 능력을 갖추지 않으면 직장에서 성공할 수 없다. 이런 능력은 집안일을 어떻게 나누어야 할지, 그리고 각자의 책임이 무엇인지에 대해 함께 의논하고 계획하는 일에 아이들을 참여시킬 때만 길러질 수 있다.

극단적인 양육 태도를 가진 부모도 용돈과 집안일에 관한 문제를 겪게 될 것이다. 어떤 부모는 아주 가혹한 방식으로 아이에게 해야 할 일을 지시하고, 심지어 아이가 방을 치울 때까지는 하고 싶은 일을 못하게 한다. 하지만 아이들은 부모의 훈계를 들으면 더욱 하기 싫어하고, 더 방어적이고 반항적인 태도를 보인다. 그러다 더 이상 저항하기 힘들면 아주 최소한의 정도만 해버리고 만다.

다음의 대화를 한번 살펴보자. 당신에게 아주 친숙한 장면이 아닐까?

부모   벗어놓은 신발 좀 잘 정리해라. 그러기 전에는 컴퓨터 게임을 할 수 없어. (한참이 지난 후에) 그런데 양말은 왜 정리 안 하니? 세탁기에 집어넣어. 빨리!

아이   엄마가 양말 정리하라는 말은 안 했잖아요.

아이들의 협조를 얻는다는 건 너무 어렵다. 그래서 아이를 너무 사랑하는 부모, 잔소리하기에 그만 지쳐버린 부모는 아이 뒤를 쫓아다니며 널린 것을 정리해주기 바쁘다. 그러고는 왜 우리 아이는 스스로 할 수 있는 게 하나도 없는지 걱정만 한다.

다시 한번 강조하지만 집안일을 하는 것이 아이들 생활에서 가장 우선되어야 하는 것은 아니지만, 그들 스스로 할 수 있어야 하는 일임에는 틀림없다.

• **집안일을 온 식구가 즐겁게 할 수 있는 법**

한 연구 결과에 의하면 사람들에게 진심으로 존중하는 태도로 협조를 구하면 열 사람 중 일곱 사람은 협조에 응한다고 한다. 그러므로 아이에게 집안일을 하는 대가로 용돈을 주는 것은 서로 돕고 협력하는 법을 배울 수 있는 기회를 빼앗는 것이다.

집안일과 용돈은 분리해서 생각해야 한다. 집안일은 단순하게 가족에게 주어진 일이 되어야 한다. 아무도 부모에게 집안일에 대한 대가로 돈을 주지 않는다. 따라서 아이들도 가족 구성원의 한 사람으로서 가족에 공헌하고 함께할 수 있어야 한다. 이를 위해서는 친절하면서도 엄한 양육 태도가 효과가 있을 것이다.

우선 엄한 태도를 갖는다는 것은 부모가 무엇을 달성하고 싶은지를 인식하는 것이다. 아이들에게 어떤 것을 기대할 때 그 이유는 이런 능력과 지식이 아이가 살아가는 데 필요한 것이기 때문이어야 한다.

또 아이의 연령과 능력을 잘 고려해야 한다. 만약 아이의 발달 단계를 고려하지 않은 채 무리한 것을 요구한다면 아이는 상당히 당혹스러워할 것이다. 예를 들어, 네 살 정도 된 아이에게는 "책 좀 책꽂이에 꽂아놓을래? 인형은 바구니에 넣고" 하는 식으로 간단명료하게 나눠서 알려주면 충분히 자기 방을 정리할 수 있다. 부모가 조금씩 도와주면 훨씬 더 좋을 것이다.

하지만 "네 방 좀 잘 치워"라고만 말해버린다면 아마도 기대했던 결과를 얻지 못할 것이다. 이 연령의 아이는 부모의 말이 의미하는 바를 정확히 이해할 만큼 성숙하지 않았기 때문이다. 또 한 가지 일을 오랫동안 할 만큼 인내력이나 집중력이 충분하지도 않다. 따라서 아이가 그 일을 소화할 수 있을 만큼 신체적으로나 정서적으로 충분히 발달했는지를 항상 고려해야 한다.

다음으로 친절한 태도를 갖는다는 것은 "식초보다는 꿀을 주어야 파리를 더 많이 잡을 수 있다"는 말의 의미를 곱씹어보면 금방 이해할 수 있을 것이다. 아이의 협조를 얻기 위해 강압적인 말을 하는 것은 바람직하지 않다. 다른 사람에게 협조를 구할 때도 웃는 얼굴로 하지 않는가.

당신이 어떤 방법을 선택하든 극단적인 방식은 경계하고, 아이에게 기대하는 장기적인 결과가 무엇인지에 초점을 두어 판단해야 한다. 그래야만 아이들이 집안일을 계속 좋아하지는 않겠지만, 적어도 서로를 괴롭히는 일이 되지는 않을 것이다.

숙제로 인한 갈등을 해결하려면

집안일과 마찬가지로 숙제는 아이들이 가장 싫어하는 일 중 하나다. 그리고 집안일과 마찬가지로 숙제도 아이들이 해야 하는 일이다. 문제는 아이들에게 숙제 말고도 하고 싶은 일이 너무도 많다는 것이다. 숙제 문제에 대해서도 많은 부모가 지나치게 통제적이거나 허용적인 태도를 보인다. 다음의 사례를 들어보자.

낸시는 학교교육이 중요하다고 생각하고 있다. 학교 공부를 잘하는 것이야말로 두 아이에게 가장 중요한 일이라고 생각했다. 아홉 살인 메건은 똑똑하고 자신감 있고 성적도 좋았지만, 열한 살인 조던은 학교생활이 늘 괴로움의 연속이었다. 학교 공부는 항상 어려웠고, 미술에는 재능이 있었지만 미술 시간은 짧기만 했다. 그의 선생님은 많은 숙제를 내주었고, 그것을 모두 받아 적어서 숙제 계획표를 만들어 항상 엄마에게 확인받아야 했다.

낸시는 무엇보다 숙제를 먼저 해야 한다고 생각했기 때문에 숙제를 모두 마무리하기 전에는 아무것도 하지 못하게 했다. 조던 옆에 지키고 앉아서 숙제가 어렵다고 칭얼대는 아이를 재촉하고 달래다 보니 숙제를 끝내는 데 보통 두세 시간이 걸렸다.

조던은 자주 숙제를 잊어버리고, 때로는 마친 숙제도 깜박해서 선생님께 제출하지 않은 적도 있었다. 그때마다 낸시는 조던에게 왜 메건처럼 하지 못하느냐고 다그쳤다. 낸시는 매번 몹시 화가 났고, 조던도 힘들어했다.

열 살 된 캐시도 숙제하기를 싫어했다. 그런데 캐시는 숙제를 안 해도 되는 방법을 알아냈다. 캐시는 부모님에게 학교 숙제가 너무 어려워서 혼자 할 수 없다고 칭얼거리며 울었다. 그러자 직장 때문에 바쁜 부모는 교사였던 할머니에게 부탁해 캐시의 숙제를 도와주도록 했다. 할머니는 캐시의 숙제를 보며 틀린 글자를 고쳐주었고, 틀린 수학 문제를 다시 풀었다. 캐시는 좋아하는 텔레비전 프로그램을 보면서 글씨를 휘갈겨 쓰기만 하면 되었다.

캐시의 부모는 모든 것이 잘되고 있다고 생각했다. 그런데 학부모 상담을 하면서 캐시의 부모는 선생님으로부터 캐시가 혼자서는 아무

것도 하지 못한다는 이야기를 듣게 되었다. 또 캐시가 항상 친구 것을 베끼는 데 능숙하다고 했다. 결국 캐시는 숙제를 다 하기는 했지만, 아무것도 배운 것이 없었던 것이다.

  낸시는 어려움을 겪고 있는 아들을 도와주려고 했지만 지나치게 통제적이었다. 반면 캐시의 부모나 할머니는 아이 대신 문제를 해결해줌으로써 도와주려고 했다. 불행히도 두 아이 모두 학교생활에 잘 적응하지 못했으며, 그런 상황 속에서 자신의 삶을 위해 필요한 어떤 능력이나 태도도 배울 수 없었다.

- **아이에게 책임감을 길러주고 싶어요**

Q 열 살 된 아이 때문에 편지를 씁니다. 아주 똑똑한 아이인데, 무엇이든 꼭 해야 하는 것 이상은 하지 않으려고 합니다. 어떤 것에 대한 동기가 부족합니다. 그리고 무엇을 잘 조직하는 능력도 부족해서 숙제나 책을 가져오지 않고 잘 잊어버립니다. 부모로서 이런 일이 너무 당혹스러운데 어떻게 아이를 도와주어야 할지 모르겠습니다. 아이가 숙제를 안 해가면 학교에서는 당연히 그 대가를 치르게 되는데, 책임감을 길러주고, 무엇이든 최선을 다하려는 동기를 어떻게 키워줄 수 있을까요?

A 책임감 있는 아이로 키우기 위한 가장 최선의 방법은 부모가 무책임해지는 것입니다. 다시 말해서, 아이가 소홀히 하는 것들을 부모가 다 챙겨준다면 아이는 책임감을 가질 필요가 없겠지요. 그것은 아이

를 진정으로 돕는 것이 아닙니다. 이제 일이 되어가는 대로 내버려둬야 합니다. 이렇게 내버려두는 것이 곧 모든 것을 방임하라는 의미가 아니라는 점을 명심하세요.

당신이 아이의 마음을 이해한다는 뜻을 보여주는 것은 좋지만, 아이를 구원하려 들지는 마십시오. 아이가 평온을 잃으면 잠시 아이를 이해하고 있다는 것을 보여주세요. 부모가 아이의 동기를 불러일으키려고 애쓰지 않을 때, 아이가 얼마나 동기화될 수 있는지를 보면 아마도 놀랄 것입니다.

또 다른 방법은 아이에게 훈계하지 말고 아이 스스로 결과를 탐색하도록 하는 것입니다. 아이에게 궁금한 것을 질문하는 방법을 시도해볼 수 있습니다. 당신이 원하는 대답을 하도록 요구하는 것이 아니라, 당신이 진정으로 알고 싶은 것을 질문하는 것입니다.

"너에게 중요한 것은 무엇이니? 네가 만약 숙제를 잊어버린다면 어떤 일이 생길까? 그럴 때 어떤 느낌이 드니? 그런 경험을 통해서 네가 무엇을 배울 수 있을까? 이 문제를 어떻게 해결해야 할지 좋은 아이디어가 있니?"

이외에도 문제를 해결하기 위한 과정에 아이와 함께 참여하는 것도 좋습니다. 아이에게 목표가 무엇인지 묻고, 함께 이 목표를 달성하는 데 도움이 되는 일들은 무엇인지 그 목록을 적어보세요. 그다음에는 아이가 원하는 것을 달성하기 위해 스스로 시도해볼 수 있도록 믿음을 주십시오.

마지막으로 한 가지 더 제안하고 싶은 방법은, 아이가 실패할 수 있는 기회를 주라는 것입니다. 그리고 아이의 실패에 동정을 표시한 뒤, 그 실패를 통해 배울 수 있도록 도와주세요. 당신이 아이에게 줄 수 있는 가장 큰 가르침은 바로 실수야말로 많은 것을 배울 수 있는 아주 좋은 기회이며, 그러한 경험을 통해 다음에는 더 잘할 수 있는 능력이 길러진다는 것을 깨닫게 하는 것입니다.

• **좋은 숙제 습관 들이기**

대부분의 아이들은 숙제를 좋아하지 않는다. 그 점은 인정하고 가자. 다만 부모가 친절하면서도 엄한 태도로 아이가 스스로 숙제 문제를 해결도록 돕는다면, 아이에게 책임감과 자기 통제력을 키워줄 수 있을 것이다.

열 살인 브랜디는 학교생활을 대체로 잘하고 있다. 아주 적극적이고, 자기에게 중요한 일을 할 때는 오랜 시간 동안 집중력도 좋았다. 하지만 하고 싶은 것이 너무나 많은 아이였다. 그래서 집에 와서도 숙제를 하기보다는 좋아하는 운동을 하거나 책 읽기를 먼저 했다. 어느 날 브랜디의 엄마는 선생님으로부터 브랜디가 숙제를 제대로 해오지 않아서 성적이 좋지 않다는 연락을 받았다.

브랜디의 엄마는 그전부터 아이의 숙제를 감독하려고 해보았지만 서로 상처만 받았다. 그래서 이번에는 브레인스토밍을 통해 이 문제를 함께 해결해보기로 했다.

브랜디는 무슨 문제인지 알고 있었기에 약간 불안한 표정이었다.

"선생님이 네가 숙제를 잘 안 해온다고 연락하셨어."

엄마가 먼저 말을 꺼내자 아이는 어깨를 늘어뜨리며 한숨을 쉬었다.

"선생님이 내주는 숙제는 너무 지루한 것뿐이에요. 새로운 것이 없고, 맨날 하던 것들이죠. 정말 재미없어요."

브랜디의 말을 듣고 엄마는 웃고 말았다.

"내가 그 나이 때 했던 말을 그대로 하는구나. 내가 4학년 때도 숙제가 그렇게 재미없었어. 엄마도 알아. 네게는 차라리 『해리 포터』를 읽는 게 더 재미있을 거야. 하지만 학교 숙제는 중요한 거야. 이제 우리가 어떻게 해야 할까?"

브랜디는 어깨를 들썩이며 "몰라요" 하면서 쉽게 협력하려 들지 않았다. 브랜디의 엄마는 아이를 잠시 쳐다보고는 말했다.

"좋아. 이렇게 하자. 너는 어느 정도의 성적을 받아야 한다고 생각하니?"

아이는 질문이 너무 어렵다고 생각했다. 그래서 이마를 찡그리며 "무슨 말이에요?" 하고 되물었다.

"엄마는 네 성적을 스스로 얼마나 만족하는지 그게 궁금해. 어느 정도 해야 너 자신을 자랑스럽게 생각할 수 있니?"

"글쎄요. 아마 80점 정도. 90점 이상을 받는 건 좀 어려워요. 하지만 80점 이하를 받는 건 싫어요. 아마 엄마도 제가 그런 점수를 받으면 싫어하실 거예요."

"엄마는 항상 너를 사랑한단다. 하지만 네가 좀 더 잘할 수 있다는 것을 알아. 그러면 80점 정도를 받는 것을 목표로 할까? 엄마가 보기에도 적당한 목표인 것 같아. 네가 숙제에서 80점 정도를 받으려면 어떻게 해야 할까?"

"글쎄요. 선생님에게 여쭤볼게요. 그런데 엄마는 정말 80점 정도만 받으면 돼요? 나는 90점 정도 받아야 한다고 하실 줄 알았는데. 90점을 받으면 더 좋아하실 텐데, 좀 이상해요."

"네가 80점 정도만 받아도 나는 행복해. 그러면 우리 같이 선생님께 말씀을 드리면 어떨까?"

그 후 브랜디와 엄마는 숙제에서 80점 정도 받기 위한 계획을 함께 세웠고, 브랜디는 학교에 가져갈 준비물을 스스로 챙기기로 약속했다. 전날 밤 학교에 가져갈 준비물과 숙제 등을 미리 정리해서 아침에 허둥대지 않기로 했다. 그리고 학교에서 돌아와서는 숙제를 하기 전에 먼저 1시간 동안 하고 싶은 것들을 하기로 했다. 마지막으로 두 사람은 2주 후에 다시 한번 이야기를 나누기로 했다.

두 사람 모두 숙제 문제가 잘 해결되고 있다고 느낀 것은 몇 주가 지나서였다. 그동안 계획에 약간의 수정이 있었다. 하지만 브랜디와 엄마는 대화를 나누며 해결책을 찾았다. 이런 과정을 거치면서 브랜디는 자신이 존중받고 있다는 것을 느꼈다.

그리고 어느 날 오후 브랜디의 엄마는 아이가 숙제를 점점 잘 해오고 있다고 칭찬하는 선생님의 연락을 받았다.

"정말 기분이 좋아요. 학교에서 좀 더 잘하고 싶어요. 잠깐 나가서 놀다가 수학 문제를 풀 거예요. 엄마, 조금 있다 봐요."

브랜디에게 책임감을 갖도록 하는 과정이 쉽지는 않았지만, 확실히 좋은 결과를 가져온 것만은 틀림없어 보였다.

당신은 이제 어려운 결정을 해야 한다

이 책 속에서 말하고 있는 방법들은 쉬워 보이지만 막상 내 아이에게 적용하려고 하면 결코 만만치 않다는 걸 알게 될 것이다. 부모 역할과 양육 태도에 관한 수없이 많은 책들이 나와 있다. 그 모든 제안은 다 훌륭해 보인다. 그러나 내 아이에게 맞는 방법을 찾기란 쉽지 않다.

부모로서 가장 중요한 과업은 무엇이 내 아이의 앞날을 위해 옳은 방법인지 숙고해보는 것이다. 그러기 위해서는 아이에 대해서 잘 알아야 한다. 그리고 당신 자신에 대해서도 잘 알아야 한다.

이제 시간을 갖고 당신이 아이에게 갖고 있는 기대가 무엇인지를 생각해보자.

아이가 긍정적인 가치관을 가지고 자신은 물론 다른 사람도 존중할 줄 하는 사람으로 자라기를 기대하는가? 아이가 문제를 만났을 때 적극적으로 해결해나가기를 기대하는가?

그렇다면 아이에게 넘쳐나는 사랑을 주면서 독립적으로 살아가는 방법을 가르쳐야 한다. 아이에게 필요한 것을 가르치고, 안내해주고, 어려움을 극복하는 방법을 배울 수 있는 기회를 주어야 한다. 친절하면서도 엄한 양육 태도와 그것이 불러올 장기적인 결과를 고려하는 것이야말로 이 모든 것을 가능케 하는 가장 좋은 방법이 될 것이다.

마치며

부모 역할을 다시 돌아보아야 한다

　변화를 두려워하는 건 인간의 본성이다. 변화가 시작되면 통제력을 잃기 쉽고, 변화에 적응하기 위해 에너지를 써야 하기 때문이다. 그래서 당신이 부모로서의 자신을 되돌아보고, 자신의 양육 태도를 고쳐나가는 일 역시 힘들고 어려울 것으로 예상한다. 우리는 그런 당신의 상황을 충분히 이해한다. 우리 역시 마찬가지였기 때문이다. 하지만 앞으로도 사회는 계속 변화할 것이고, 부모는 아이들의 성장 과정에서 만나는 다양한 문제들을 해결하기 위해 계속 나아가야 할 것이다. 그 과정은 아마도 영원히 끝나지 않을 것이기에 당신은 지금이라도 변화를 시작해야 한다.

　아이를 지나치게 사랑하는 부모들이 공통적으로 갖고 있는 것이 있다. 바로 '걱정'이다. 아이를 낳고, 기르고, 독립시키는 과정에서는 보장할 수 있는 것이 아무것도 없다. 모든 부모들이 질병과 사고, 아이들의 잘못된 판단과 행동, 그리고 아이에게 해를 줄 수 있는 사람들에 대한 걱정을 하기 마련이다.

　당신이 지금껏 아이의 행동을 당신 뜻대로 통제하려고 애썼다면, 반대로 아이에게 모든 것을 허용하거나 당신이 알아서 모든 문제를 해결해주려고 애썼다면, 과연 내가 부모로서 잘하고 있는지, 또 아이들은 잘 자라고 있는지도 걱정스러울 것이다.

　어떤 부모도 아이가 고통이나 갈등을 겪지 않도록 보장해줄 수는 없다. 그러나 당신이 지금까지 해왔던 극단적인 양육 태도를 버리고, 아이를 진정으로 사랑하는 방법을 배운다면 그 걱정을 조금은 내려놓을 수 있을 것이다. 자녀 교육에 대한 당신의 신념과 선택을 다시 검토하고, 아이를 어떻게 이끌어야 할지 장기적인 결과를 두고 신중하게 판단한다면 당신은 아이에게 실패를 만나도 스스로 극복하고, 건강한 사회의 구성원으로서 성장할 수 있는 기회를 줄 수 있다.

　당신의 자녀는 장점과 단점을 모두 가지고 있다. 당신도 마찬가지다. 삶이란 누구에게도 완벽할 수는 없지만, 자신의 의지로 고칠 수 없는 것 또한 없다. 잠시 눈을 감고 아이들의 얼굴을 떠올려보자. 아이가 처음 걸음을 떼던 날, 처음 "엄마! 아빠!"라고 말을 한 순간, 처음으로 혼자 자전거를 타던 순간이 지나간다. 우리 아이들은 매일매일 조금씩 성장해왔다. 각 발단 단계마다 마주하는 문제들을 스스로 극복하며 나아가고 있다. 당신의 사랑 아래서 말이다.

　우리가 사랑이라고 부르는 것은 사실 말로는 다 설명할 수 없는 다양한 능력을 품고 있다. 넘어진 아이의 손을 잡아주고 다시 도전할 수 있게 해주는 것도 사랑이고, 잘못된 길을 들어선 아이의 뒤에서 인내심을 갖고 기다려주는 것도 사랑이고, 아이가 슬퍼하거나 좌절할 틈을 조금도 주지 않고 세상의 걱정으로부터 막아주는 것도 사랑이다.

당신의 사랑은 어떠한가? 지나치게 통제적이거나, 혹은 무조건적으로 허용적인 양육 태도에 의존해왔는가? 아이들이 자신과 삶에 대해 스스로 배우고 성장할 수 있도록 이끌어주고 있는가?

이제 당신은 선택해야 한다. 아이를 위해 부모의 어떤 사랑을 보여주어야 하는지 그 답을 찾아나서야 한다. 당신의 아이에 대해서는 당신이 '전문가'이기에 그 누구도 정답을 대신 찾아줄 수 없다. 우리가 살고 있는 세상은 당신과 모든 부모들이 찾아내는 정답에 그 성패가 달려 있다. 지금부터 함께 찾아보자.

현명한 부모는
넘치게 사랑하고 부족하게 키운다

초판 1쇄 발행 2021년 3월 29일
초판 4쇄 발행 2025년 7월 21일

지은이 제인 넬슨, 쉐릴 어윈
옮긴이 조형숙

펴낸이 하인숙
기획총괄 김현종
책임편집 정지현
디자인 별을잡는그물

펴낸곳 더블북
출판등록 2009년 4월 13일 제2009-000020호
주소 서울시 양천구 목동서로 77 현대월드타워 1713호
전화 02-2061-0765
팩스 02-2061-0766
포스트 post.naver.com/doublebook
페이스북 www.facebook.com/doublebook1
이메일 doublebook@naver.com

ISBN 979-11-91194-10-4 03590

- 이 책은 저작권법에 따라 보호를 받는 저작물이므로 무단전재와 무단복제를 금합니다.
- 이 책의 전부 또는 일부 내용을 재사용하려면 사전에 저작권자와 더블북의 동의를 받아야 합니다.
- 인쇄제작 및 유통상의 파본 도서는 구입하신 서점에서 교환해 드립니다.
- 책값은 뒤표지에 있습니다.

※ 이 책은 『넘치게 사랑하고 부족하게 키워라』의 개정판입니다.